高职高专“十三五”规划教材·国贸专业

浙江省“十三五”优势专业建设项目、浙江省省级课堂教改项目（kg20160891）
阶段性成果之一

进出口操作实务

（第2版）

游蓓蕾　般宝庆　李万里　主　编

谢梦琴　丁雪萍　王怡静　副主编

電子工業出版社
Publishing House of Electronics Industry
北京·BEIJING

内容简介

本书以进出口业务工作实践为主线，以工作过程（项目）为导向，采用任务驱动、工学结合的编写模式，基于进出口业务操作流程，分为交易准备工作、客户开发、出口报价操作、出口还价操作、出口合同的签订、出口合同的履行、进口合同的履行和业务善后 8 个项目。每个项目都包括学习目标、项目引入、情景模拟操作示例、知识链接和能力实训题 5 个部分，对出口业务和进口业务的各个操作环节进行了详细的说明，各个部分衔接合理、脉络清晰。

本书既可作为高职高专院校国际贸易、国际商务、报关与国际货运、国际市场营销、电子商务等专业的教材，也可作为外贸工作人员的业务参考书及培训用书。

图书在版编目（CIP）数据

进出口操作实务 / 游蓓蕾，殷宝庆，李万里主编. —2 版. —北京：电子工业出版社，2019.6
ISBN 978-7-121-35981-1

Ⅰ. ①进… Ⅱ. ①游… ②殷… ③李… Ⅲ. ①进出口贸易－贸易实务－高等学校－教材 Ⅳ. ①F740.4

中国版本图书馆 CIP 数据核字（2019）第 011118 号

责任编辑：贾瑞敏　　特约编辑：胡伟卷　许振伍
印　　刷：涿州市京南印刷厂
装　　订：涿州市京南印刷厂
出版发行：电子工业出版社
　　　　　北京市海淀区万寿路 173 信箱　邮编 100036
开　　本：787×1 092　1/16　印张：15.5　字数：387 千字
版　　次：2014 年 8 月第 1 版
　　　　　2019 年 6 月第 2 版
印　　次：2019 年 6 月第 1 次印刷
印　　数：1 200 册　　定价：48.00 元

凡所购买电子工业出版社图书有缺损问题，请向购买书店调换。若书店售缺，请与本社发行部联系，联系及邮购电话：(010)88254888，88258888。

质量投诉请发邮件至 zlts@phei.com.cn，盗版侵权举报请发邮件至 dbqq@phei.com.cn。

本书咨询联系方式：电话 010-62017651；邮箱 fservice@vip.163.com；QQ 群 427695338；微信 DZFW18310186571。

前言

2013年，我国实现进出口总值4.16万亿美元，超越美国成为最大贸易国，但距贸易强国尚有较大差距。随着我国对外贸易的不断发展，竞争力不断增强，迫切需要一大批进出口业务核心技能过硬、综合业务素质高的职业技术院校学生充实到企业生产经营一线。为了适应新形势下外贸行业转型及对外贸业务员岗位的技能和素质要求，吸收新的行业企业成果以满足教学需要，我们编写了本书。本书是浙江省“十三五”优势专业建设项目、浙江省省级课堂教改项目（kg20160891）阶段性成果之一。

本书的主要特色如下。

1. 针对性、可操作性强，突出高职应用特色

本书突出对学生职业能力的训练，理论知识的选取紧紧围绕工作任务完成的需要来进行，同时又充分考虑了高等职业教育对理论知识学习的需要，并融合了外贸业务员、国际货代员、报关员对知识、技能和态度的要求。

2. 内容系统化，脉络清晰

本书是在进出口业务员岗位工作任务和职业能力分析的基础上，依据与外贸业务专家组共同开发的进出口实务操作标准进行教学内容序化和整合而成的。全书以一名高校毕业生在外贸企业从事一笔真实进出口业务的经历贯穿整个教学过程，结构合理，脉络清晰。

3. 遵循“项目导向、任务驱动”的教学理念

本书打破以知识传授为主要特征的传统学科教学模式，转变为以工作任务为中心组织教学内容，让学生在完成精心设计的具体学习情境项目的过程中学会从“交易准备工作”到“业务善后”的整套进出口业务操作流程。这对增强学生的企业服务意识，提升学生的进出口业务环节操作职业能力将起到积极的推动作用。

为了适应国家精简国际贸易流程、便利通关的新形势，本书在第1版的基础上对项目六、项目七和项目八涉及进出口合同履行的内容做了调整。

本书由浙江经济职业技术学院游蓓蕾、殷宝庆，北京京北职业技术学院李万里担任主编，殷宝庆负责起草教材大纲，进行配套教学资源规划，游蓓蕾负责统稿。广西金融职业技术学院谢梦琴、广西英华国际职业学院丁雪萍、浙江经济职业技术学院王怡静担任副主编。具体分工如下：殷宝庆编写导论和项目一，李万里编写项目二，游蓓蕾编写项目三、

四、七，谢梦琴编写项目五，丁雪萍编写项目六，王怡静编写项目八。

此外，本书在编写的过程中，得到了全国外贸业务员考试中心主任赵惠林先生、浙江东方集团股份有限公司翁津津女士、浙江物产物流投资有限公司孙金丹先生等业内专业人士的大力支持与帮助，在此深表感谢。

由于编者水平有限，加之时间仓促，书中疏漏之处在所难免，恳请广大读者批评指正。

编　者

目录

导论

一、进出口业务概述

进出口业务是指与外国当事人通过缔结合同进行商品购买或销售的一系列具体业务。它涉及的具体内容包括：进出口商品的买卖和贸易方式；进出口商品的运输和储存业务；进出口商品的检验工作；进出口商品的海关监管业务；进出口商品的货运保险业务；进出口商品结算货款和提供资金的国际结算与银行信用业务；解决进出口业务纠纷的仲裁工作和司法审理；进出口业务的经营与管理，等等。各项业务的核心环节一般可分为交易洽谈、合同履行和业务善后 3 个阶段。

二、进出口业务操作人员的工作任务、能力及素质要求

2001 年 12 月 11 日，中国成为世界贸易组织第 143 个成员国。10 多年来，中国逐渐融入世界经济，对外贸易额快速增长，已成为全球较开放的市场之一。加入世界贸易组织之际，中国贸易额约为 5 100 亿美元，占世界总贸易额的 4.4%，是世界上第六大出口国。在此后的 10 年间，中国出口和进口分别以年均 18.3%和 17.6%的速度增长，远高于世界同期 8.9%和 9.0%的年平均增长速度，也远远高于中国国内生产总值的增长速度。我国已连续 3 年成为世界第一大出口国。

10 多年来，中国成为全球经济复苏和发展的“新引擎”和“稳定器”。中国年均进口 7 500 亿美元的商品，相当于为贸易伙伴创造了 1 400 多万个就业岗位；以物美价廉著称的“中国制造”商品也给国外消费者带来了巨大实惠。10 多年来，我国在开放中抓住机遇，提升了经济的整体实力，并逐渐赢得了国际社会的认可与尊重。随着新时代的到来，我国的对外贸易也需要逐步调整结构：在出口上，由“中国制造”向“中国创造”转变；在引进外资上，由注重数量向注重质量转变；在对外投资上，更加注重企业社会责任和当地法律风俗。

另据相关报道，2012 年，中国已基本确定在货物进出口总值上超越了美国，成为全球最大的货物贸易国。这是继 2009 年中国成为世界第一大出口国和第二大进口国之后中国对外贸易发展的又一个象征性节点。专家认为，对于货物进出口总值的世界第一，就像 GDP 世界第二一样，都需要冷静看待：内忧外患的中国制造、对环境资源破坏性的发展、低附加值及缺少品牌的总体出口产品结构，都提醒人们需要更为清醒和警惕。例如，全球 95%

的笔记本电脑在中国国内组装制造，但是从利润分布情况来看，中国的代工企业仅占了5%～10%，而其他掌握核心元器件国家的利润率则在 50%～80%。因此，从某种程度上来说，中国目前还只是贸易大国，实现从贸易大国向贸易强国的转变任重而道远。

与我国外贸增长方式的转型升级相对应，社会对进出口业务操作人员的专业知识、职业素质、职业能力也提出了更高的要求。进出口业务操作人员的工作任务、职业能力及考证考级要求如导表 1 所示。

导表 1　进出口业务操作人员的工作任务、职业能力及考证考级要求

工作领域	工作任务	职业能力	考证考级要求
进出口业务操作	① 熟悉进出口业务操作流程； ② 书面英语过硬，口语良好，与客户能够进行业务沟通； ③ 熟悉常见的国际交往礼仪； ④ 具备进出口报价及订单履行能力	① 市场营销能力； ② 商务谈判能力； ③ 函电处理能力； ④ 业务操作能力； ⑤ 综合管理能力； ⑥ 政策理解能力	外销员资格证书； 外贸业务员资格证书
进出口单证操作	① 能读懂外贸合同条款、L/C 条款，熟悉 UCP 600 相关规则，能填制开证申请书，办理开证申请手续； ② 能根据合同和信用证制作满足交单要求的商业发票（以下简称发票）、装箱单、报检单、保险单、汇票及其他结汇单据； ③ 能熟练按规定流程办理核销； ④ 能完成信用证项下单据的审核、整理和归档	① 单证阅读； ② 单据制作； ③ 单证申领与核销； ④ 单证审核	国际商务单证员资格证书
进出口报关	① 报关随附单证及相关信息的获取、审核，报关单的填制，单证管理； ② 报关现场作业实施与管理，报批、报核作业实施与管理； ③ 应税货物完税价格核算和税费计算，滞报金、滞纳金和缓税利息的计算； ④ 进出口商品归类信息收集、编码确定、原产地确定； ⑤ 报关资格管理、报关事务异常情况处理	① 报关单证准备与管理； ② 报关作业实施与管理； ③ 报关核算； ④ 进出口商品归类与原产地确定； ⑤ 报关事务管理	报关员资格证书
国际物流	① 对国际物流市场的研究和跟踪，以及信息的整理与汇报； ② 熟悉国内、国际运输工作流程，熟悉海运货代、空运货代、租船运输的业务流程，能够完成报关、拖车、订舱等业务环节； ③ 与货代确认提单信息，负责运输船务信息的跟踪； ④ 熟悉进出口保税区业务，熟悉外贸仓库仓单质押业务	① 货代业务开拓； ② 货代客服； ③ 货代业务操作； ④ 物流金融	国际货运代理资格证书

（续表）

工作领域	工作任务	职业能力	考证考级要求
报检服务	① 依法代表公司办理报检业务； ② 按照规定提供真实的数据和完整、有效的单证，准确、清晰地填制报检单； ③ 在规定时间内交纳有关费用； ④ 协助企业完整保存各种报检单证、票据和函电资料； ⑤ 承担与报检有关的其他工作	① 各类货物检验、检疫工作流程； ② 报检资料的输入、制单与整理； ③ 负责进出口货物的申报、查验、包装、验证、检验、检疫等工作	报检员资格证书

进出口业务操作人员应具备的更多知识请关注“进出口操作精英训练营”微信公众号，里面提供了大量的外贸操作实用技巧、操作案例和外贸最新政策等。

三、国际贸易术语解释通则概述

贸易术语（trade term）又称贸易条件、价格术语，是进出口商品价格的一个重要组成部分。它用一个简短的概念或 3 个字母的缩写来说明交货地点、商品的价格构成，以及买卖双方有关费用、风险和责任的划分，确定卖方交货和买方接货应尽的义务。使用贸易术语，既可节省交易磋商的时间和费用，又可简化交易磋商和买卖合同的内容，有利于交易的达成和贸易的发展。

《国际贸易术语解释通则》（INternational COmmercial TERMS，INCOTERMS）的宗旨是为国际贸易中最普遍使用的贸易术语提供一套解释的国际规则，以避免因各国解释的不同而出现的不确定性，或者至少在相当程度上减少这种不确定性。合同双方当事人之间互不了解对方国家贸易习惯的情况时常出现，这就容易引起误解、争议和诉讼，从而浪费时间和费用。为了解决这些问题，国际商会（ICC）于 1936 年首次公布了一套解释贸易术语的国际规则，名为 INCOTERMS 1936，随后又于 1953 年、1967 年、1976 年、1980 年和 1990 年进行过多次修订和补充。国际商会《国际贸易术语解释通则》第八版，即《2010 年国际贸易术语解释通则》（INCOTERMS 2010）于 2011 年 1 月 1 日开始实施，这是对《2000 年国际贸易术语解释通则》（INCOTERMS 2000）的修改。新的贸易术语解释通则考虑了运输实际操作、统一无关税区的贸易、新的协会货物保险条款、电子单据的使用及货物安全等问题。

需要注意的是，《2010 年国际贸易术语解释通则》与以往版本不是替代与被替代关系，即以往版本的国际贸易术语解释通则并不失效，合同当事人仍可以选用以往版本中的术语。但是由于不同版本术语的具体权利与义务不同，当事人在选择使用通则时应注明具体的修订年份。另外，国际商会已将 2010 年版的“国际贸易术语解释通则”注册为商标，所以在选用时要注意加上“®”符号。当然，没有注明“®”只写了“2010 通则”，也适用 2010 年版的通则。

（一）《2000 年国际贸易术语解释通则》概述

《2000 年国际贸易术语解释通则》根据卖方承担的义务将 13 种贸易术语划分为 4 组。

1．E组（发货）

在这一组内仅规定了EXW（EX Work，工厂交货）一种贸易术语。当卖方在其所在地或其他指定的地点将货物交给买方处置时，即完成交货，卖方不办理出口清关手续或将货物装上任何运输工具。该术语是卖方承担责任最小的术语，买方必须承担在卖方所在地受领货物的全部费用和风险。

2．F组（主要运费未付）

F组包括FCA（Free Carrier，货交承运人）、FAS（Free Alongside Ship，船边交货）和FOB（Free On Board，船上交货）3种贸易术语。在采用装运地或装运港交货条件而主要运费未付的情况下，即要求卖方将货物交至买方指定的承运人时，应采用F组术语。F组术语要求卖方按照买方的指示将货物交运。由于交货地点的选择对于在该地点装货和卸货的义务会产生影响，因此根据不同的交货地点确定了不同的贸易术语。此外，由于卖方在装运国或发货国完成合同履行，所以依据F组术语签订的销售合同属于装运合同。

3．C组（主要运费已付）

C组包括CFR（Cost and Freight，成本加运费）、CIF（Cost, Insurance and Freight，成本、保险费加运费）、CPT（Carriage Paid To，运费付至）和CIP（Carriage Insurance Paid to，运费、保险费付至）4种贸易术语。在采用装运地或装运港交货条件而主要运费已付的情况下，采用该组贸易术语。由于C组术语要求卖方按照通常条件自付费用订立运输合同，因此卖方支付运费运到的地点应在C组每一项术语后指明。与F组术语一样，C组术语的销售合同也属于装运合同。

装运合同的特点是：卖方支付将货物按照惯常航线和习惯方式运至约定地点所需的通常运输费用，而货物灭失或损坏的风险及在货物以适当方式交付运输之后发生意外而产生的额外费用由买方承担。

4．D组（到达）

D组包括DAF（Delivered At Frontier，边境交货）、DES（Delivered Ex Ship，目的港船上交货）、DEQ（Delivered Ex Quay，目的港码头交货）、DDU（Delivered Duty Unpaid，未完税交货）和DDP（Delivered Duty Paid，完税后交货）5种贸易术语。根据D组术语，卖方负责将货物运至边境或进口国国内的约定目的地。由于卖方必须承担货物运至该地前的全部风险和费用，因此D组术语属于到货合同。

13种贸易术语中，适用于任何运输方式的贸易术语包括EXW、FCA、CPT、CIP、DAF、DDU和DDP，只适用于海运及内河运输的贸易术语有FAS、FOB、CFR、CIF、DES和DEQ。

《2000年国际贸易术语解释通则》13种贸易术语买卖双方的责任、风险、费用一览表如导表2所示。

导表 2　13 种贸易术语买卖双方的责任、风险、费用一览

贸易术语	交货地点	风险转移界限	出口报关责任、费用由谁负担	进口报关责任、费用由谁负担	谁负责办理保险、支付运费	谁负责办理保险、支付保险费	适用的运输方式
EXW	商品产地、所在地	货交买方处置时起	买方	买方	买方	买方	任何方式
FCA	出口国内地、港口	货交承运人处置时起	卖方	买方	买方	买方	任何方式
FAS	装运港口	货交船边后	卖方	买方	买方	买方	水上运输方式
FOB	装运港口	货物越过装运港船舷	卖方	买方	买方	买方	水上运输方式
CFR	装运港口	货物越过装运港船舷	卖方	买方	卖方	买方	水上运输方式
CIF	装运港口	货物越过装运港船舷	卖方	买方	卖方	卖方	水上运输方式
CPT	出口国内地、港口	货交承运人处置时起	卖方	买方	卖方	买方	任何方式
CIP	出口国内地、港口	货交承运人处置时起	卖方	买方	卖方	卖方	任何方式
DAF	两国边境指定地点	货交买方处置时起	卖方	买方	卖方	卖方	任何方式
DES	目的港口	目的港船上交买方处置时起	卖方	买方	卖方	卖方	水上运输方式
DEQ	目的港口	目的港码头交买方处置时起	卖方	买方	卖方	卖方	水上运输方式
DDU	进口国内	目的地交买方处置时起	卖方	买方	卖方	卖方	任何方式
DDP	进口国内	目的地交买方处置时起	卖方	卖方	卖方	卖方	任何方式

（二）《2010 年国际贸易术语解释通则》概述

1.《2010 年国际贸易术语解释通则》的分类

《2010 年国际贸易术语解释通则》共有 11 种贸易术语，按照所适用的运输方式可划分为两大类。

第一组　适用于任何运输方式的术语 7 种：EXW、FCA、CPT、CIP、DAT、DAP 和 DDP。

EXW（Ex Works）　工厂交货

FCA（Free Carrier）　货交承运人

CPT（Carriage Paid To）　运费付至目的地

CIP（Carriage and Insurance Paid to）　运费和保险费付至目的地

DAT（Delivered At Terminal）　运输终端交货

DAP（Delivered At Place）　指定地点交货

DDP（Delivered Duty Paid）　完税后交货

第二组　适用于水上运输方式的术语 4 种：FAS、FOB、CFR 和 CIF。

FAS（Free Alongside Ship）　装运港船边交货

FOB（Free On Board）　装运港船上交货

CFR（Cost and Freight）　成本加运费

CIF（Cost Insurance and Freight）　成本、保险费加运费

2. 与《2000年国际贸易术语解释通则》相比，《2010年国际贸易术语解释通则》的主要变化

① 在新通则中，国际贸易术语的数量由原来的13种减少到现在的11种，新通则用2个可以不顾及已议定运输模式的新术语——DAT和DAP代替了旧通则中的DAF、DES、DEQ和DDU术语，在原来的D组术语中只保留了DDP。

② 在新通则中，11种贸易术语按照运输方式的不同分为两大类：适用于任何运输方式（Any Mode）的术语和适用于海上及内陆运输（sea or inland waterway）的术语。

③ 在新通则中，FOB、CFR和CIF三种术语中的风险划分点由原来的以越过船舷为界改成将货物装运上船则风险转移。此改变更准确地反映了现代商业现实，避免了以往风险围绕船舷这条虚拟垂线来回摇摆而产生的纠纷。

④ 旧通则的规则只在国际销售合同中适用，即此种交易货物运输需跨越国界，而在新通则中，国际商会正式认可所有的贸易规则既适用于国际贸易，也适用于国内贸易。

3. 贸易术语的选择和使用需要考虑的因素

（1）承运人风险控制

一般来说，出口业务中尽量选用CIF或CFR，进口业务中选用FOB或FCA，以免出现承运人与客户联手欺诈的情况。

（2）货物特性及运输条件

在国际贸易中，进出口货物的品种繁多，不同类别的货物具有不同的特点，对运输方面的要求各不相同，运费开支的大小也有差异。有些货物价值较低，但运费占货价的比重较大，对于这类货物，出口应选用FOB术语，进口应选用CIF或CFR术语。此外，成交量的大小也涉及运输安排的难易和经济核算的问题。因此，也要考虑贸易术语的选用问题。

（3）考虑运价动态

在选用贸易术语时，应注意运费变动的趋势。当运费看涨时，为了避免承担运费上涨的风险，出口时应选用FOB术语，进口时应选用CIF或CFR术语。如果因某种原因，采用由我方安排运输的贸易术语时，则应对货价进行调整，将运费上涨的风险考虑到货价中。

（4）考虑运输方式、海上风险程度

《2010年国际贸易术语解释通则》对每种贸易术语所适用的运输方式都做出了规定。例如，FOB、CFR和CIF术语只适用于海洋运输与内河运输，而不适用于空运、铁路和公路运输。如果买卖双方拟使用空运、铁路和公路运输，则应选用FCA、CPT和CIP术语。在我国，随着集装箱运输和多式联运方式使用的不断扩大与发展，为适应这种发展趋势，可以适当扩大使用FCA、CPT和CIP术语。

（5）增加了与安全有关的内容

《2010年国际贸易术语解释通则》要求卖方和买方分别帮助对方提供包括与安全有关的信息及文件，由此而发生的费用由受助方承担。这主要是考虑到美国“911事件”后对安全措施的加强，为与此配合，进出口商在某些情形下必须提前提供有关货物接受安全扫描和检验的相关信息，且对于由此而产生的费用由哪一方承担也产生过争议，新通则解决

了这一问题。

(6) 赋予电子信息与纸质信息同等的效力

在信息时代，国际贸易领域中电子商务的使用已是大势所趋。近年来电子提单流转也得到了交易各方的认同。同时，国际商会起草的电子信用证方面的统一惯例——《跟单信用证统一惯例电子交单增补规则》(简称 E-UCP) 为电子商务在商业银行国际结算业务处理过程中提供了国际惯例指导和“电子化”操作便利。电子提单和电子结算这两大问题的进一步解决，使电子信息在国际贸易中的全面应用成为可能。《2010 年国际贸易术语解释通则》将《2000 年国际贸易术语解释通则》中原本分散的涉及电子信息效力的阐述进行了集中，对有关“符合销售合同规定的有同等作用的电子信息”的内容进行了集中阐述，将电子信息的使用范围扩大到双方所有义务中所涉及的单证，还将“符合销售合同法规定”的要求放宽至“在双方约定或符合惯例的情况下”，更加尊重商业惯例。

四、《2010 年国际贸易术语解释通则》的主要内容

(一) 适用于任何运输方式或多种运输方式的术语

该类术语包括 7 种术语，不论选用何种运输方式，也不论是否使用一种或多种运输方式，均可适用。在当使用船舶进行部分运输时，也可使用此类术语，包括 EXW、FCA、CPT、CIP、DAT、DAP 和 DDP。

1. EXW

EXW 是指卖方在其所在地或其他指定地点，如工厂、车间或仓库等将货物交由买方处置，即完成交货。该术语的特点是，卖方在内陆完成交货，且没有装货（即不需要将货物装上任何前来接收货物的运输工具）的义务，卖方也无须办理出口清关手续。此术语为卖方义务最少的贸易术语。在此术语下，货物的风险自交货时转移。

依该术语，卖方的义务主要是：履行交货义务，即在其所在地（一般为工厂或仓库）将货物交买方；承担交货前的风险和费用。买方的义务主要是：买方必须承担在卖方所在地受领货物的全部费用和风险；办理出口清关手续。

2. FCA

FCA 是指卖方在卖方所在地或其他指定地点将货物交给买方指定的承运人或其他人，并办理了出口清关手续，即完成交货。承运人是指在运输合同中承诺通过铁路、公路、空运、海运、内河运输或联合方式履行运输或由他人履行运输的任何人。

① 交货。交货地点的选择对在该地点装货和卸货的义务会产生影响。如果在卖方所在地交货，则卖方应负责装货；如果在其他地点交货，则卖方可在自己的运输工具上完成交货，而不负责将货物从自己的运输工具上卸下。

② 风险转移。货物的风险在交货时转移。

③ 双方义务。卖方的义务是：卖方必须提供符合销售合同的货物和单据；办理出口手续，在指定的地点和约定的时间将货物交付给买方指定的承运人或其他人；承担交货以前的风险和费用。买方的义务是：支付货款；办理进口手续；订立运输合同并承担运费；承担交货以后的风险和费用，包括办理保险。

3. CPT

CPT 是指卖方将货物在双方约定地点交给卖方指定的承运人或其他人。卖方必须签订运输合同，并支付将货物运至指定目的地所需的费用。

4. CIP

CIP 是指卖方将货物在双方约定地点交给其指定的承运人或其他人。卖方必须签订运输合同，并支付将货物运至指定目的地的所需费用；卖方还必须签订保险合同，当然只需投保最低险别，如果买方需要更多保险，则须双方达成协议。

资料卡

CPT 和 CIP 的区别和联系

CPT和CIP术语的共同特点是卖方须订立运输合同和承担运费，因而称为“主要运费已付”，尽管卖方承担了到目的地的运费，但其交货义务仍然是在卖方一边的装运地完成的。因此，这2种术语属于“装运合同”。两者的区别在于对卖方来说，CIP比CPT多了要承担保险费一项。

在双方的义务上，卖方的义务是：①办理出口手续和承担运费，在CIP术语中，卖方还须办理投保手续和承担保险费；②办理出口清关手续；③提交与货物有关的单据或相等的电子单证；④办理出口手续。买方的义务是办理进口手续，在CPT术语下投保虽然不是买方的合同中的义务，但买方为了自己的利益应当办理投保并支付保险费。

在风险的划分上，CPT和CIP下货物的风险在货交承运人时转移。

5. DAT

DAT 是指当卖方在指定港口或目的地的指定运输终端将货物从抵达的载货运输工具上卸下交由买方处置时，即为交货。运输终端是指任何运输终端，如码头、仓库、集装箱堆场或公路、铁路、空运货站等。该术语的具体内容如下。

① 交货。卖方必须在约定日期或期限内，在指定港口或目的地运输终端，将货物从抵达的运输工具上卸下，并交由买方处置。

② 风险。卖方承担交货完成前货物灭失或损坏的一切风险。

③ 手续。卖方自负风险和费用，取得所有出口许可和其他官方授权，办理出口和交货前从他国过境运输所需的一切海关手续；买方必须自负风险和费用，取得所有进口许可或其他官方授权，办理货物进口的一切海关手续。

④ 一般义务。卖方提供符合买卖合同约定的货物和发票，及合同可能要求的其他与合同相符的单证；买方应收取货物和交货凭证，且必须按买卖合同约定支付价款。

⑤ 运输。卖方自付费用签订运输合同，将货物运至约定港口或目的地的指定运输终端，如无特别约定，卖方可在约定港口或目的地选择最适合其目的的运输终端。

⑥ 保险。双方之间均无订立保险合同的义务，但应对方要求，双方均应向对方提供取得保险所需信息。由于 DAT 是在买方所在地交货，卖方须将货物运输过去，运输途中的风险都是卖方的，所以，虽然卖方对买方没有保险的义务，但其为了成功交货，应当办理保险。

⑦ 安全有关的信息。卖方和买方分别要帮助对方提供包括与安全有关的信息和文件，受助方应承担因此发生的费用和风险。

6．DAP

DAP 是指当卖方在指定目的地将仍处于抵达的运输工具上，且已做好卸载准备的货物交由买方处置时，即为交货。DAP 与 DAT 的主要区别是，在 DAT 术语下卖方要承担把货物由目的地（港）运输工具上卸下的费用，而 DAP 术语下卖方只须在指定目的地把货物处于买方控制之下而无须承担卸货费。

7．DDP

DDP 是指当卖方在指定目的地将仍处于抵达的运输工具上，但已完成进口清关，且已做好卸载准备的货物交由买方处置时，即为交货。其特点是卖方要承担把货物交至目的地国所需的全部费用和风险。卖方是在目的地，如边境、港口、进口国内地履行交货义务，所以称为“到货合同”。

（二）适用于海运和内河水运的术语

与《2000 年国际贸易术语解释通则》相比，《2010 年国际贸易术语解释通则》中的 FOB、CIF 和 CFR 术语最大的改变就是风险不再是在船舷发生转移，而是在卖方将“货物置于船上”时发生转移。这涉及风险转移的具体分界和费用在双方之间的划分，需要双方在合同中进行具体明确的约定，如果不进行约定，可能会引起较为复杂的法律纠纷。“货物置于船上”通常是指全部货物都装载到船上，不包括平仓、理仓等。

1．FAS

FAS 是指当卖方在指定的装运港将货物交到买方指定的船边时，即为交货。该术语属于“装运合同”，主要运费应由买方来承担，对于卖方来说则是“主要运费未付”。

在双方的义务上，卖方的义务是：履行交货义务，必须在买方指定的装运港将货物置于买方指定的船舶旁边，完成交货；办理出口清关手续；向买方提交与货物有关的单证或相等的电子单证。买方的义务是：办理货物的运输并为自己的利益投保；办理货物的进口手续。

在风险转移上，FAS 的风险以装运港船边为界线。

2．FOB

FOB 是指卖方以在指定装运港将货物装上买方指定的船舶或通过取得已交付至船上货物的方式交货。该术语属于“装运合同”，主要运费应由买方来承担，对于卖方来说则是“主要运费未付”。

① 交货。卖方必须在买方指定的装运港将货物置于买方指定的船舶上交货。

② 双方义务。卖方的义务是：提供符合合同规定的货物及单证；办理出口手续；在装运港将货物装上买方指定的船舶并通知买方；承担货物在装运港船上交货前的风险和费用。买方的义务是：支付货款并接受卖方提供的单证；办理进口手续；租船或订舱并将船名和装货地点及时间给予卖方充分通知；承担货物在装运港交货后的风险和费用。

③ 风险。在风险转移上，卖方承担装运港船上完成交货前货物灭失或损坏的一切风险。

3. CIF

CIF 是指在装运港船上交货。卖方须支付将货物运至指定目的港所需的运费，并办理运输中的保险，卖方仅须投保最低险别。CIF 术语后标明的是卸货港的名称，如 CIF 大连，表明该批货物的卸货港是大连。

① 交货。卖方必须在装运港，在约定日期或期限内，将货物交至船上。

② 风险转移。货物的风险在卖方在装运港完成交货时，由卖方转移给买方。

③ 双方义务。卖方的义务是：提供符合合同规定的货物和单证；办理出口许可证及其他货物出口手续；订立运输合同，支付将货物运至指定目的港所需的运费；办理货物的保险并交纳保险费；承担在装运港船上交货前的风险和费用。买方的义务是：支付货款并接受卖方提供的单证；取得进口许可证并办理进口手续；承担在装运港船上交货后的风险和除运费和保险费外的费用。

4. CFR

CFR 是指在装运港船上交货，卖方须支付将货物运至指定目的港所需的运费，但货物的风险是在装运港船上交货时转移的。CFR 术语与 CIF 术语相比，在价格构成中少了保险费，因而，除了保险是由买方办理外，其他的双方义务与 CIF 术语基本相同。应注意的是，CFR 术语装船是卖方负责而投保却是买方负责，卖方在装船后应给买方以充分的通知，否则，因此而造成买方漏保引起的货物损失应由卖方承担。

资料卡

贸易术语的案例

装船通知要发吗？

我国 D公司以 CFR条件出口一批瓷器。我国 D公司按期在装运港装船后，即将有关单据寄交买方，要求买方支付货款。过后，我国 D公司外贸业务人员才发现，忘记向买方发出装船通知。此时，买方已来函向我方提出索赔，因为货物在运输途中因遭遇海上风险而损毁。

讨论：我国 D 公司能否以货物运输途中的风险是由买方承担为由，拒绝买方的索赔？

答：我国 D 公司不能以货物运输途中的风险是由买方承担为由拒绝买方的索赔。因为在 CFR 条件下，尽管买方投保险，但卖方必须及时发出装运通知，否则风险损失由卖方承担。

这是真正的 CIF合同吗？

我国 A外贸公司某年出售一批核桃给一家英国客户，采用 CIF术语，凭不可撤销即期信用证付款。由于核桃季节性强，合同中做了如下规定：“10月份天津港装运。卖方保证载货船舶于 11月 20日抵达利物浦港，否则在买方要求下卖方必须同意取消合同。如货款已收妥，则须退还买方”。合同签订后 A公司于 10月中旬将货物装船出口。凭信用证规定的装运单据向银行收妥货款。不料，轮船在航行中主要机件损坏，无法继续航行。为保证如期到达目的港。租用大马力拖轮拖带继续前进，但因途中又遇暴风雨，载货船舶于 11月 21日到达目的港利物浦，比合同规定时间晚到一天。此时，恰遇核桃市价下跌，英国客户要求取消合同，导致我国 A公司遭受重大经济损失。

讨论：该合同条款订立得是否恰当？是否为真正的 CIF 合同？为什么？

答：该合同条款订立不恰当，不是真正的CIF合同。因为CIF合同为象征性交货合同，卖方不需保证货船按时运到目的港，只要在装运港按时将货物装上船就完成了交货任务。本合同卖方要保证载货船于11月20日抵达利物浦港，实际已经把合同的性质变成了到货合同。

《2010年国际贸易术语解释通则》11种贸易术语买卖双方的责任、风险、费用一览表如导表3所示。

导表3　11种贸易术语买卖双方的责任、风险、费用一览

贸易术语	交货地点	风险转移界限	出口报关责任、费用由谁负担	进口报关责任、费用由谁负担	谁负责办理运输、支付运费	谁负责办理保险、支付保险费	适用的运输方式
EXW	商品产地、所在地	货交买方处置时起	买方	买方	买方	买方	任何方式
FCA	出口国内地、港口	货交承运人处置时起	卖方	买方	买方	买方	任何方式
FAS	装运港口	货交船边后	卖方	买方	买方	买方	水上运输方式
FOB	装运港口	货物装运上船	卖方	买方	买方	买方	水上运输方式
CFR	装运港口	货物装运上船	卖方	买方	卖方	买方	水上运输方式
CIF	装运港口	货物装运上船	卖方	买方	卖方	买方	水上运输方式
CPT	出口国内地、港口	货交承运人处置时起	卖方	买方	卖方	买方	任何方式
CIP	出口国内地、港口	货交承运人处置时起	卖方	买方	卖方	卖方	任何方式
DAT	运输终端交货	自运输工具卸货交买方处置起	卖方	买方	卖方	卖方	任何方式
DAP	指定地点交货	运输工具上准备卸货的货物交由买方处置起	卖方	买方	卖方	卖方	任何方式
DDP	进口国内目的地交货	运输工具上准备卸货的货物交由买方处置起	卖方	卖方	卖方	卖方	任何方式

微 课

项目一 交易准备工作

学习目标

应知能力

了解、熟悉出口产品的途径，掌握分析市场的方法。

应会能力

能利用多种途径熟悉产品知识，能通过多种途径了解出口市场。

项目引入

上海玩具进出口有限公司是一家具有悠久历史，集生产、销售、进出口贸易为一体的多元化经营企业，主要经营毛绒公仔、芭比娃娃、遥控模型等玩具。公司基于丰富的经验，加之产品优良的品质，在世界范围内树立了良好的商业信誉，并与海内外多个国家建立了良好的贸易合作关系。公司创办于 1986 年，坐落于上海市安远路 139 号，占地面积 600 m^2，拥有雄厚的运营资金，总资产达 1亿美元，年利润近 2亿美元。公司需要拓展国外业务，招聘王萍加入公司，担任外销员。作为新业务员，王萍必须为独立进行出口业务操作做好充分的准备工作。这时业务部经理要求王萍在最短的时间内熟悉有关毛绒玩具产品知识和玩具市场信息。请问：她应该从哪些方面努力以尽快上手？

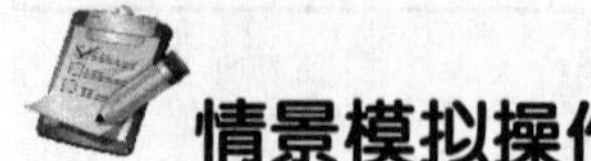

情景模拟操作示例

任务一　通过多种方式了解毛绒玩具产品知识

Step 1　王萍通过网络搜索毛绒玩具产品基础知识，重点了解产品分类、产品生产工艺等方面的专业知识。

王萍通过网络搜索毛绒玩具产品知识，进一步加深了对公司产品的了解。例如，毛绒玩具是玩具的一种，是由毛绒面料及其他纺织材料为主要面料，内部填塞各种填充物而制成的玩具，英文名为 plush toy，也可称为软性玩具（soft toy）、填充玩具（stuffed toy），我

国的广东及港澳地区称为“毛绒公仔”，目前习惯性地把布绒玩具也称为毛绒玩具。毛绒玩具具有造型逼真可爱、触感柔软、不怕挤压、方便清洗、装饰性强、安全性高、适用人群广泛等特点。因此，毛绒玩具是儿童的玩具、装饰房屋等的很好的选择。毛绒玩具根据内部是否有填充物可分为填充玩具和非填充玩具；根据表面的用料不同可分为天鹅绒填充玩具、长毛绒填充玩具、T/C 布填充玩具、拉毛绒填充玩具；根据玩具外观可分为填充的动物玩具，装有高智能电子、机芯、音响的动物玩具或玩偶，各种节日的礼品玩具，等等。

此外，王萍还初步了解到毛绒玩具生产的主要工序，如裁剪、缝纫、装配、填充、整型、成品检验、包装、入库或出运等多个环节；用料主要包括长毛绒、化纤起绒布（拉毛绒、天鹅绒）、腈纶棉，兼有塑料颗粒、人造革、无纺布、玩具零件、附件等；在耗料方面，中等玩具为 18 cm～25 cm，填充玩具的耗料多少主要取决于玩具品种的多少，每个品种由几种原料组成，各占多少比例，玩具规格的大小，原料宽幅是否充分利用，下料是否机械化，等等。

Step 2 王萍通过向老业务员请教、沟通，掌握了毛绒玩具生产过程的关键环节。

王萍除了利用网络资源积累和丰富产品知识外，还经常虚心向老业务员请教，以进一步掌握毛绒玩具生产过程的关键环节，掌握相关产品质量控制的关键点，为外贸业务谈判积累知识和技巧。

Step 3 王萍经常到公司样品间、合作工厂实地了解产品的生产过程。

王萍尽可能利用每一次机会到样品间或合作工厂了解产品的生产流程，增强感性认识，从而进一步了解产品的用途、特征等。

任务二 通过多种方式了解毛绒玩具出口形势

Step 1 王萍通过网络搜索我国毛绒玩具主要出口国家和地区。

王萍通过网络搜索了解到，中国已成为世界最大的玩具生产基地，全球约 75%的玩具是在中国境内制造的。中国玩具制造业主要集中在经济发达的沿海地域，广东、江苏、浙江、上海、山东、福建是最重要的生产出口基地，占销售额的 95%。我国玩具出口对象主要是美国、欧洲国家及日本，其中又以美国为首，占了整个出口量的一半。中国玩具在美国市场上占据相当大的份额，有毛绒玩具、电动玩具、填充玩具、拼装玩具、智力玩具、塑料玩具等。美国市场对产品质量、运营管理的要求很严格，75%的玩具要求含有芯片等高科技技术，而中国出口商难以满足，这是毛绒玩具的软肋。另据有关部门核算，欧盟每年进口玩具 60 亿～90 亿欧元，其中 66%～80%来自中国，中国玩具在欧盟玩具市场上占绝对优势。我国出口欧洲的玩具占全国玩具总出口金额的 35%左右。根据一项调查显示，欧洲人花在玩具上的费用远远高于中国及其他亚洲的发展中国家，成为仅次于美国的第二大玩具消费市场。

Step 2 毛绒玩具出口遭遇技术性贸易壁垒、反倾销等管制措施。

美国消费品安全委员会（CPSC）于 2012 年 6 月 12 日强制实施 ASTM F963-11 玩具标准，对玩具中锑、砷、钡、镉、铬、铅、汞和硒化合物等有毒金属物质的含量做出了新限制，限制范围也从玩具的涂层表面扩大至基底；德国玩具国家标准在加严原有锑、砷、钡、铅和汞 5 种重金属物质含量限制的同时，将加强对从玩具中释放的亚硝胺和亚硝胺类化合物的监测及限制。2011年欧盟《玩具安全新指令》开始正式实施，多国针对玩具产品出台了技术性贸易措施。由于相关检测增多、费用提升，我国玩具出口面临成本上升、利润受到挤压的压力。

欧盟和美国都是中国最重要的贸易伙伴，分别是中国国际贸易的第一和第二大市场。到目前为止，出口依旧是中国经济增长最有力的组成部分。欧盟和美国经济的疲软，将导致本国和本地区消费水平下降，以加工贸易占主导地位的中国对外出口，必将面临更大的考验。近几年来，中国的钢材、轮胎、玩具等产品相继在欧美遭遇反倾销调查。

通过网络调研，王萍深切地感受到，面对愈演愈烈的贸易壁垒，没有自己的品牌就只能任人宰割。

任务三　调查毛绒玩具相关的贸易政策

在开展具体货物出口洽谈之前，外贸业务员应首先了解出口的产品是否存在外贸管制情况，否则如果到出口报关时才发现该产品禁止出口，将遭受重大损失；其次，需要查询该产品的H.S.编码，确定其商品身份；然后查询其海关监管证件代码，以了解该批货物在出口时需要办理的出口批件情况；最后，可以根据该批货物的H.S.编码查询产品出口退税率，为下一步的报价核算做准备。

Step 1　王萍通过海关报关实用手册查询到毛绒玩具棕熊的H.S.编码为9503002100，在海关报关实用手册中该毛绒玩具棕熊的名称为“动物玩偶，不论是否着装”。我们也可以通过百度搜索编码查询网站，如编码查询网（http://www.hsbianma.com），进行查询，如图1-1所示。具体查询情况如图1-2所示。

图1-1　H.S.编码查询网站

商品编码	商品名称	计量单位	出口退税率(%)	监管条件	检验检疫	更多信息
9503002100	动物玩偶,不论是否着装	个/千克	15%	A	L,M	详情

图1-2　商品信息查询

Step 2　根据该毛绒玩具棕熊的 H.S.编码 9503002100，查询到其海关监管证件代码为 A，表明该毛绒玩具棕熊属于法定检验货物，进口需要检验检疫，即进口报关时需要提供入境货物通关单。

Step 3　进入全关通信息网站 http://www.qgtong.com，单击“出口退税率表”栏目中的“出口退税”后，输入商品税则号，即 9503002100，查得出口退税率为 15%。具体操作步骤如图 1-3 和图 1-4 所示。

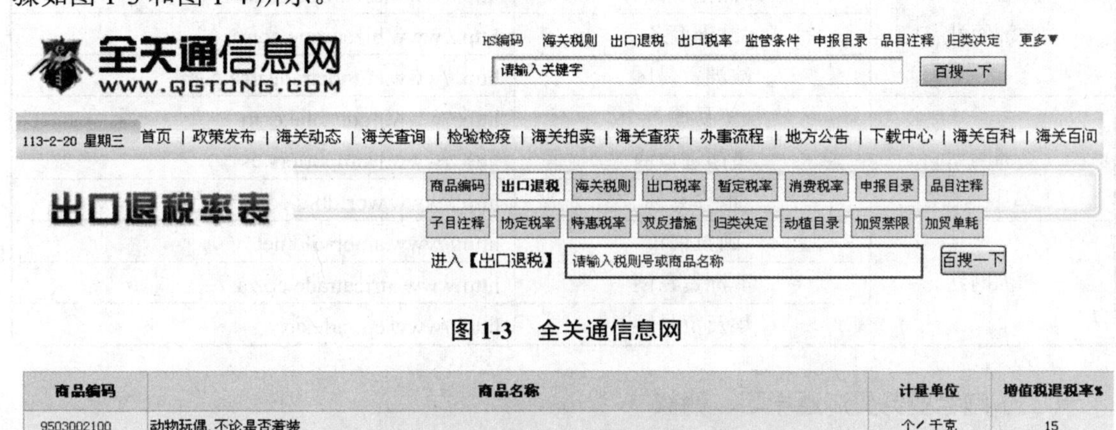

图 1-3　全关通信息网

商品编码	商品名称	计量单位	增值税退税率%
9503002100	动物玩偶，不论是否着装	个／千克	15

图 1-4　出口退税率信息查询

知识链接

一、熟悉产品

国际贸易无非是商品在国际之间流通，所以离不开具体的行业和经营的商品，因此外贸从业人员必须掌握产品知识。可以说产品知识是对外贸易的基础。

在实际产品销售过程中及在开始寻找客户时，首先要做的工作是把自己要推销的产品摸透，对产品十分熟悉，了解产品的各种参数指标。好的业务员必须具备精湛的专业知识、优秀的交流技巧，能够对客户提出的问题给予准确恰当的回答。缺少产品知识也会让客户不满，进而失去潜在的客户。需要了解的内容有产品名称、包装、规格、品质、使用方法、特征等。此外，还要了解售后服务、交货期、交货方式、价格及付款方式等。

（一）利用网络搜索、图书等技术资料进行自学

每一个从事电子商务的人都离不开电子商务网站，如何高效地利用它成为一个最为重要的问题。首先，要熟悉自己公司的网站及产品信息；其次，要了解 B2B 网站的构成、信息搜寻方法、信息与产品发布的相关事项，以寻找尽可能多的 B2B 网站，注册并发布产品信息。世界著名的 B2B 网站如表 1-1 所示。学会利用搜索引擎也是非常重要的技巧之一，要充分地利用网络资源寻找客户，了解同行卖家。

表 1-1　世界著名的 B2B 网站

地　区	名　称	网　址
亚洲网站	阿里巴巴	http://www.alibaba.com
	模具网	http://www.molds.cn
	进口商贸易区	http://www.importersarea.com
欧洲网站	欧洲电子商务	http://www.eceurope.com
	欧洲商务	http://www.bizeurope.com
	欧洲贸易区	http://www.europetradearea.com
美洲网站	贸易地带	http://www.tradezone.com
	美国进口商	http://www.usimporters.us
	世界竞标	http://www.worldbid.com
非洲网站	阿拉伯市	http://www.arabbuild.net
	非洲贸易网	http:www.africatrade.co.za
	埃及贸易网	http://www.egtrade.co

（二）向老业务员沟通学习、请教

在产品方面的学习只靠自学远远不够，同时效果也有限，必须虚心地向老员工、技术专家请教。对于一个初学者，多想、多问、多记是应该具备的职业素质。

（三）深入工厂了解产品生产过程

古人云："纸上得来终觉浅，绝知此事要躬行。"就是说，只靠书本和口头上的学习传授是不够的，必须到实地去学习考察。在条件允许的情况下，深入生产第一线，学习产品的生产过程对于以后做销售是大有益处的。学习的内容主要有产品的原材料、加工工艺、技术指标、规格和性能、生产过程、日产量，以及机器数、车间大小、车间员工的作息时间、管理制度等，还要了解一下同行产品及相关的产品。作为一个新的行业接触者，必须从生产车间开始学起，因为外国客人非常关心这些问题。

总之，对于一个刚刚投入到外贸行业的新人，需要掌握产品的基本信息，包括各种参数指标、价格信息等，以及产品在同行业中是否有竞争力，产品的优势是质量还是价格，产品的推销亮点在哪里、是什么。总之，产品知识的学习对于外贸从业者来说是非常基础和重要的，而且需要时间积累，不是一朝一夕的事。

二、在了解商品的基础上，还要了解该行业的市场情况

只有熟悉和了解市场，才能使外贸业务员从众多竞争对手中脱颖而出。外贸业务员了解国内外市场的途径有网络资源、专业性门户网站、政府职能部门、驻外银行机构和行业协会组织等。

国际市场调研包括确定调研目标、制订调研计划、执行调研计划、分析结果并撰写报告 4 个基本步骤。市场调研的内容主要涵盖目标国市场规模、经济特性、政治与法律环境、教育水平、宗教信仰等市场环境调研和市场上商品供需情况、价格情况的调研等。

资料卡

如何撰写出口市场调研报告

1. 标题

标题多用文章标题法，或者揭示主题，或者提出问题。

2. 正文

正文一般分为三大块：前言、报告的主体、结论和建议。

3. 附录

附录的内容一是全部调查所用的工具、数据、参考资料等，二是计算处理结果。

三、进出口成本分析

（一）进口成本核算

进口成本一般由进口成交价和各项进口费用构成。进口合同的价格在正式签约前是一种估价，是在供货商报价的基础上经过谈判可争取的价格。进口费用包括内容较多，以FOB国外口岸成交条件为例，主要包括以下内容。

① 从装运港至目的港的海运运费。

② 从装运港至目的港的保险费。

③ 支付给中间商的佣金。

④ 目的港装卸费用，包括卸货费、驳船费、港务费、码头包租费等。

⑤ 进口关税包括进口关税和海关代征税（如消费税、增值税等）。我国进口货物的关税有从价税、从量税和复合税等形式，从价税最为常见。其计税公式为：

关税税款＝完税价格×适用的关税税率

⑥ 银行费用，如开证费、修改费、结汇手续费或借款利息费用。

⑦ 进口商品的检验费和其他公证费。

⑧ 提货费包括码头开箱费。

⑨ 国内运输费。

⑩ 外贸公司代理进口费。

⑪ 其他费用。

（二）进口经济效益分析指标

进口经济效益分析是进口商品销售收入和进口成本的比较。如果进口销售收入大于进口成本，进口交易就有利可图；否则，进口交易就亏损。进口经济效益分析注意事项如下。

① 进口价格用外币表示，而进口销售收入用本币表示，将进口价格折算成本币后，再进行比较。

② 国际运输费和国际运输保险费是由进口方支付的，或者是在进口价格中支付，或者是与进口价格分开来支付，但都要计入进口成本。

（三）出口成本核算

出口成本核算指的是出口商品的进货成本加上出口前的一切费用和税金。出口销售外汇净收入是指出口商品按FOB价格出售所得外汇净收入。

出口商品总成本（退税后）＝出口商品购进价格（含增值税）＋定额费用－出口退税收入

定额费用＝出口商品购进价格×费用定额率

式中，费用定额率为5%～10%，由各外贸公司按不同的出口商品实际经验情况自行核定；定额费用一般包括银行利息、工资支出、邮电通信费用、交通费用、仓储费用、码头费用，以及其他的管理费用。

退税收入＝出口商品购进价（含增值税）÷（1＋增值税税率）×退税率

出口销售外汇净收入指的是扣除运费和保险费后的FOB外汇净收入。其计算公式为：

出口销售外汇净收入＝出口商品FOB价×出口数量

（四）出口经济效益分析指标

出口经济效益分析常用指标如下。

① 出口换汇成本。该指标反映出口商品每取得1美元的外汇净收入所耗费的人民币成本。其计算公式为：

出口换汇成本＝出口总成本（人民币元）÷出口外汇净收入（美元）×100%

② 出口商品盈亏率。该指标反映出口商品盈亏额在出口总成本中所占的百分比，正值为盈，负值为亏。其计算公式为：

出口商品盈亏率＝（出口人民币净收入－出口总成本）÷出口人民币净收入×100%

能力实训题

浙江东方集团服装服饰进出口有限公司成立于1988年，是具有进出口经营资格的贸易公司，主要从事以服装、服饰、家用纺织品为主导的出口业务。2018年2月，出于开拓国际市场的需要，公司新招聘了一名外贸业务员张霞，从事纺织服装品的出口业务工作。作为新的外贸业务员，张霞必须逐渐独立为开展出口业务操作做好充分的准备，其工作任务如下。

任务一　通过多种方式熟悉纺织服装品知识

张霞为增强自身产品知识，通过网络搜索、向老业务员请教、深入样品间及工厂等多种途径来熟悉纺织服装品知识。

任务二　通过多种方式了解纺织服装品出口市场

张霞通过多种方式了解纺织服装品的出口信息等。

任务三　调查产品相关的贸易政策

张霞通过海关报关实用手册或海关总署网站查询全棉女式夹克的 H.S.编码、海关监管证件代码、出口退税等信息。

微 课

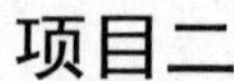

项目二 客户开发

学习目标

应知能力

熟悉客户开发的主要途径，掌握询盘的基础知识，了解基本的样品操作与管理。

应会能力

能利用多种途径开发国外客户，并能根据国外客户要求安排打样、寄样等工作。

项目引入

王萍在上海玩具进出口有限公司外贸业务部门工作快满3个月了，对公司经营的产品及相关市场行情已经有了一定的认识，这时业务部经理要求王萍尝试着独立开发客户。2017年 10月，王萍跟随业务部经理参加了第122届广交会，结识了加拿大经营玩具产品的 Leisure International Trading Corporation（上海玩具进出口有限公司的新客户）的业务经理 Peter。Peter对泰迪熊 SH226非常感兴趣，留下了名片。2017年12月10日，王萍收到了Peter的电子邮件，欲购买泰迪熊，其内容如下。

发件人：peter@litc.com.de
收件人：wangping@shanghaitoys.com.cn
日　期：2017-12-10　　　15:30:08
主　题：Enquiry on Toy
附　件：

Dear Miss Wang,

I am glad to know you in the 122th Chinese Import and Export Commodities Fair. We are one of Canada importer of toys and light industrial products. Now we are keenly interested in your Teddy Bear, Style No. SH226. We would like to place an initial order against the above item for one 40 foot container with shipment, please quote us your rock bottom price on the basis of CIFC3 Vancouver B.C., Canada with all details for the goods and transaction.

Besides, please mail one sample of the above item by DHL a.s.a.p. The courier charge will be paid by us. If the sample tests well, we will pay the sample charge by T/T.

Best wishes.

Yours truly,

Dirk Peter

Manager

Leisure International Trading Corporation

Add: 237 Johnson Rd. 39210 Vancouver B.C., Canada

Tel: 01-11-4533212

Fax: 01-11-4533211

E-mail: peter@litc.com.de

此时，王萍需要完成以下工作。

1. 翻译并对国外客户的电子邮件内容进行分析

王萍把国外客户电子邮件的内容翻译成中文，并对该电子邮件中的内容进行了认真解读。

2. 打样、寄样

王萍给供应商扬州童欣毛绒玩具厂书写并传真打样和询价函，收到其寄送的样品后向国外客户办理寄样手续。

情景模拟操作示例

任务一　翻译并对国外客户的电子邮件内容进行分析

Step 1　王萍把加拿大客户电子邮件的正文内容翻译如下。

亲爱的王小姐:

很高兴能与你在第122届中国进出口交易博览会相识。我公司是专门从事玩具和轻工业品进口的加拿大公司。现对贵公司款号SH226的泰迪熊玩具感兴趣。我公司准备对这个产品下一个40英尺柜的试订单，请贵公司以CIFC3（含有3%的佣金的含佣价）温哥华条件报最优惠价格，并给出有关产品和交易的其他详细信息。

另外，请尽快通过DHL快递公司寄送一件样品，快递费由我公司承担。假如样品通过测试，我公司会电汇贵公司样品费。

送上最诚挚的祝福！

你最真诚的，

德科 · 彼得

经理

Step 2　王萍对电子邮件内容进行分析后，对该公司有了一个大致了解。

① 购买需求真实明确，并非试探性询价。因为该客户询价的目的性较强，询价内容比较具体，包括品名、款式、价格术语和大致的订量等，且该公司告知自身的相关情况也比较详细，即点出了其主营业务，还包括地址、电话、传真及电子邮箱等联系信息。

② 索要样品中规中矩，并不像骗取样品。因为该公司提出寄送样品的快递费由自身承担，如果样品通过测试，还将对我方支付样品费。

由于本公司并不擅长生产、制造泰迪熊系列产品，王萍接下来将尽快联系合作工厂完成打样、寄样和报价等方面的工作。

任务二　打样、寄样操作

Step 1　打样联系。

2017 年 12 月 10 日，王萍根据 Peter 的电子邮件，给扬州童欣毛绒玩具厂书写并传真打样和询价函。

上海玩具进出口有限公司

上海市安远路 139 号

电话:（021）58201100　传真:（021）58203258

TO: 扬州童欣毛绒玩具厂

ATTN: 王双琴

FM: 王萍

尊敬的王厂长:

您好!

我公司接到国外客户关于贵厂款号 SH226 的泰迪熊询价函。请贵厂在 3 天内提供 2 件样品并报含税价，同时要注明面料里料情况、包装方式、包装尺寸、毛净重、月生产能力、最低起订量、付款方式和交货地点等详细信息。

冬安!

王萍

2017 年 12 月 10 日

Step 2　工厂来样登记。

2017 年 12 月 14 日，王萍收到扬州童欣毛绒玩具厂寄来的型号为 SH226 的泰迪熊玩具 2 件。王萍在工厂来样登记表中做如表 2-1 所示的登记。

表 2-1　工厂来样登记

上海玩具进出口有限公司工厂来样登记表

来样时间	业务员	来样编号	来样工厂	样品支付方式	数量	预计含税单价	商业机会
2017.12.14	王萍	TX121401	扬州童欣	工厂付	2 件	65.00 元/件	CANA001

Step 3　寄样。

考虑到 2 件样品的货值并不是很高，扬州童欣毛绒玩具厂答应免费提供样品。王萍通

过 DHL 把一件泰迪熊系列 SH226 样品寄给加拿大的 Leisure International Trading Corporation。该样品为测试样。

Step 4　留样。

王萍把 SH226 型号的泰迪熊的另一件样品自己留存。留样时需要制作样品标签，内容一般包括样品编号、品名、款式、客户名称、快递公司及快递单号等重要信息，方便识别及日后与客户进行联系。王萍制作的样品标签如下。

编　　号：TX121401
品　　名：Teddy Bear
型　　号：SH226
客　　户：Leisure International Trading Corporation
快递公司：DHL
寄样时间：2017.12.24
快递单号：9495265124

王萍把制作好的样品标签挂在对应的样品上，并将其摆放在样品间。

知识链接

一、寻找进口商的途径

（一）与世界上大公司的采购代理接触，推销自己

资料卡

中小企业如何进入家乐福的采购体系

家乐福目前在中国设有国际采购中心，由采购总监统管。该机构属于国家级别的采购中心，主要负责确定采购指导方针，寻找最佳产品。它下面设有全国杂货产品采购经理、全国生鲜产品采购经理、全国百货产品采购经理、全国纺织品采购经理、全国家电产品采购经理五大品类主管。同时，寻找区域供应商及商品，并进行价格谈判。家乐福还在华北地区的北京、华中地区的上海、华南地区的广州、西南地区的成都分别设立了区域级别的采购中心。

家乐福全球采购的业务流程大致分为寻找货源、资格认证、组织谈判与跟踪生产过程 4 个步骤。在寻找货源阶段，活跃在中国的家乐福产品专家们将根据每个产品的具体技术标准与要求，寻找拥有足够技术力量与生产能力的供应商。所有供应商必须经过家乐福专业人员对工厂的考察与资格认证后，才能参与竞标的环节。

在价格谈判的环节中，家乐福不仅根据投标价格的高低来挑选供应商，还会进行使用情况测试，以挑选出性能价格比最好的产品。当供应商进入生产阶段后，家乐福的产品专家将跟踪生产的各个环节，对质量进行测试和监督，以保证大批量生产的产品质量。而中国家乐福超市内销售的产品则由家乐福（中国）

专门负责内贸商品的部门进行采购。

如何才能成为家乐福的跨国采购系统的中国供应商，是中小企业最关心的问题。据家乐福高层透露，有4个方面的条件。

① 根据家乐福对产品的技术要求（如家具产品的技术文件和草图、服装的技术文件），家乐福采购寻找能回应这些技术要求的供应商，进行技术力量和生产能力的评估。

② 所有供应商必须经过工厂考察和资格认证后，才能参与竞标的环节。

③ 进行使用情况测试。这是为了选出性能价格比最高的产品。其中，公开的价格谈判是建立在两个基础上的——投标价格、产品的技术和性能指标必须符合文件要求。

④ 在生产的各个环节对质量进行测试和监督，以保证大批量生产的产品质量。质量的测试和监督工作是由家乐福指定的机构进行的。

此外，家乐福全球采购还对中国供应商提出了更高层次的要求，包括企业必须具备进取精神，同时有提高对欧洲市场认知度的强烈愿望；拥有对国际市场的快速反应能力，有能力开发符合国际市场需要的新产品，在产品的款式、质量、包装等方面下功夫，达到国际化水准；企业在生产管理方面全面达到ISO认证体系的标准；企业拥有可持续性发展的意识，能与家乐福一起推进可持续性发展项目，等等。这些都是家乐福全球采购对供应商考核的重要方面。

资料来源：家乐福“择友”标准重在“质地”[OL]. 金羊网，2004-10-18.

（二）通过专业市场国际化，融入全球贸易采购体系

资料卡

义乌市场国际化

2006年，义乌市场拥有营业面积260多万平方米，经商摊位5万多个，经商人员18万人，汇集了34个行业、1 502个大类、32万种商品；日客流量20多万人次，年货物吞吐量达60余万标准箱；常驻义乌的外商达8 000多人，辐射200多个国家和地区，产品远销东南亚、中东、欧美等地；市场成交额连年上升，2006年达418亿元，其中龙头市场中国小商品城达315亿元。以市场为交易平台，义乌市已经形成面向全球而独具优势的各类小商品批发型外贸发散体系，市场外向度超过60%。

2011年5月6日，我国第10个综合配套改革试验区——义乌市国际贸易综合改革试点全面启动。实施一年多来，改革的政策优势正转化为促进外贸持续快速增长的动力。与一般贸易、加工贸易等贸易方式不同，义乌市场小商品具有种类多、更新快、非标准化等特点，非常适合多个采购主体组柜、多类商品拼柜出口，所以被形象地称为市场采购贸易。目前，已有170万种商品通过义乌出口到全球219个国家和地区。金华市委常委、义乌市委书记黄志平表示，这种贸易方式的最大好处就在于：既“管得住”这170万种小商品，又能让小商品“通得快”，出现质量问题“可溯源”。

（三）建立网站

外贸企业应该在网络上建立一个自己企业的主页，包括中、英文两种版本。其内容应包括企业介绍和产品介绍。

1. 企业介绍

为了使目标市场上潜在的客户能够比较全面地了解公司的整体情况，为本公司准备一份较为详细的公司简介十分必要。完整的公司简介包括以下几个方面的内容。

① 经营范围。主要介绍经营哪些产品或提供哪些服务。

② 经营方式。例如，一般进出口贸易、转口贸易、来料来件加工装配、进料加工、代理、独家代理等。

③ 经济实力。例如，经营历史、资金资本状况、市场竞争力、其他优势等。

④ 公司名称、地址、电话、传真、网址、电子邮箱等。

2. 产品介绍

产品介绍一般包括每一种产品的名称、规格、编号、报价、产品标准等内容，力求细致完备。另外，最好附有产品照片。

（四）参展

随着对外经济交往的逐年扩大，各式各样的展览会成为外贸企业获取商机的重要途径。

1. 国内参展

目前，较为成功的国内展览会包括广交会、华交会等，如表 2-2 所示。

表 2-2 国内重要进出口商品交易会（部分）

交易会名称	主 办 方	举办日期	备 注
中国进出口商品交易会（广交会）	由商务部及广东省人民政府主办，中国对外贸易中心承办	春交会：4 月中下旬 秋交会：10 月中下旬	有“中国第一展”之称
中国华东进出口商品交易会（华交会）	由上海市、江苏省、浙江省、安徽省、江西省、山东省、南京市、宁波市联合主办	每年 3 月 1 日在上海举行	中国规模最大、客商最多、辐射面最广的区域性国际经贸盛会

2. 国外参展

在国内参展的基础上，外贸企业还需要走出国门参加国际大型展览会，进一步拓展市场。

① 国外参展的途径。外贸企业最好通过国家批准有出展权的主办单位到国外参展。这样的主办单位全国有 200 多家，包括贸促会（中国国际贸易促进委员会，CCPIT）系统（地方分会及行业协会）、各地经贸委、大型外贸或工贸总公司、大型商会等。外贸企业可通过这些主办单位的全年组展计划了解出国参加哪些展会并向这些单位交费参加。

② 选择国外展会的注意事项。企业选择展览会应和自身的营销、出口目标结合起来。一般来说，参加专业性的、大型的、有影响的展览会要比参加综合性的博览会效果更好。

由于现代专业展会的专业细分化程度越来越高，企业参展的展品应注意与展览会的主题相一致。

③ 国外参展成本核算。在计划到国外参展之前，外贸业务员必须做好参展的成本核算，因为到国外参加一次展览会的费用很高，主要包括摊位费、来回机票费、餐费、寄样费、签证费、中介机构的管理费等。外贸业务员要仔细核算成本和可能带来的商机，再考虑是否去国外参展。

（五）利用工商名录

企业要充分利用国际工商名录。国际工商名录收录了各国著名的贸易公司、商号信息，这类名录通常由各国的商会编纂。世界著名企业工商名录如表2-3所示。

表2-3　世界著名企业工商名录

企业名录	覆盖内容
北美制造企业名录 http://www.thomasregister.com	提供北美覆盖7万多个产品的超过17万多家工业产品制造商的企业名录资料
欧洲制造企业名录 http://www.tremnet.com	提供欧洲17个国家超过18万家工业产品制造商的企业名录资料，包括基本联系信息和产品信息
美国制造企业名录 http://www.thomaregional.com	可查询美国各行业50多万家优秀企业，链接了其他与贸易有关的政府、企业网站
世界贸易指南 http://www.gtdirectory.com	提供了全球95万多家企业的名录，是全球较大的产品和服务名录之一

（六）利用互联网

目前，通过网络寻找客户已经成为一种方便、快捷、有效的途径。部分国际贸易业务中常用的网站如表2-4所示。

表2-4　部分国际贸易业务中常用的网站

中文名称	网　址
中华人民共和国商务部	http://www.mofcom.gov.cn
中国国际贸易促进委员会	http://wwww.ccpit.org
在线广交会	http://cecf.com.cn
中国商品网	http://ccn.mofcom.gov.cn
中国阿里巴巴网	http://alibaba.com
全球资源网	http://globalsources.com

在利用互联网寻找客户信息的过程中，政府、商会、行业机构的网站所获取的信息比较可靠，可以多加利用。同时，在搜寻的过程中，可以充分利用搜索引擎的强大功能，不断摸索更有效的寻找客户的方法和技巧。

（七）其他方法

① 向有关银行或咨询机构获取进口商资料。

② 通过国内外的贸易促进机构或友好协会介绍客户，如我国的贸促会也办理介绍客户的业务。

③ 通过我国驻外使馆商务处或外国驻华的商务机构，可系统收集到各国的市场信息，如贸易统计资料、进出口商名录等。

④ 与国际经济组织、国外商业情报机构、研究机构、咨询公司的数据库建立经常联系，获得专项产品的市场报告。

二、寻找出口商的途径

① 有针对性地参加国际性的各类交易会、博览会及各类专业展会。

② 充分利用网络资源，把公司资料及需求信息上传到网上，在网上寻找国外客户资源。
③ 通过行业杂志出版物了解和物色潜在客户。
④ 通过中国驻外商务机构、领事馆、商业银行驻外机构等介绍。
⑤ 向各国驻华使馆商务处索取供应商名单。
⑥ 与目标供应商国家的贸易促进机构或商会（互联网不发达可采用）联系。
⑦ 通过国内外咨询公司提供服务。
⑧ 通过产品品牌直接发现制造商。

三、了解商务函电

撰写外贸英语函电是从事进出口业务操作业务的基础活动之一。一般情况下，综观一笔出口业务或进口业务的全流程，在开发客户、与客户磋商贸易条件、与客户达成交易、履行合同、处理业务善后的各个环节，业务员都需要通过撰写、发送、接受外贸英语函电来完成。

传统意义上，“函”是指信函（letter），“电”是指电报（telegram）、电传（telex）。随着现代通信技术的发展和网络普及，电报、电传等形式逐渐淡出国际贸易领域。如今，“函电”通常表现为信函（letter）、传真（Fax）、电子邮件（E-mail）。

（一）商务信函

商务信函样本（齐头式）如图 2-1 所示。

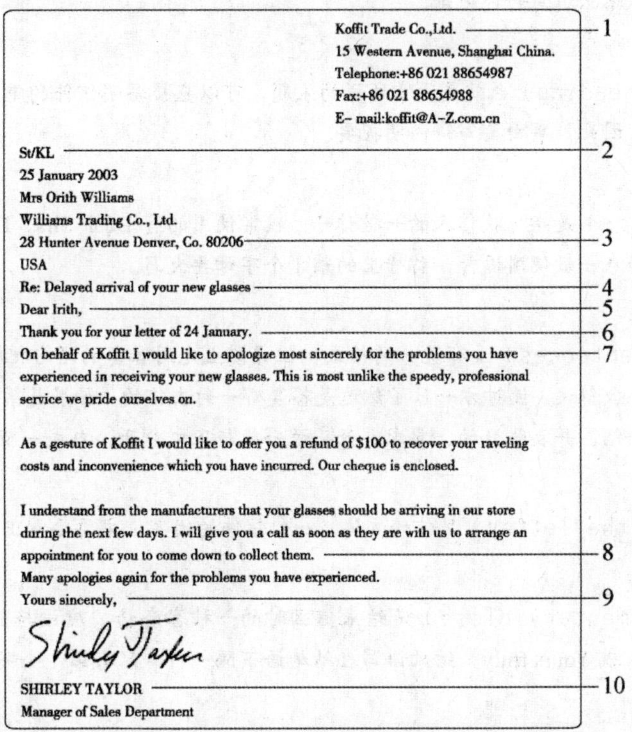
Koffit Trade Co.,Ltd. —— 1
15 Western Avenue, Shanghai China.
Telephone:+86 021 88654987
Fax:+86 021 88654988
E- mail:koffit@A-Z.com.cn

St/KL —— 2
25 January 2003
Mrs Orith Williams
Williams Trading Co., Ltd.
28 Hunter Avenue Denver, Co. 80206 —— 3
USA
Re: Delayed arrival of your new glasses —— 4
Dear Irith, —— 5
Thank you for your letter of 24 January. —— 6
On behalf of Koffit I would like to apologize most sincerely for the problems you have experienced in receiving your new glasses. This is most unlike the speedy, professional service we pride ourselves on. —— 7

As a gesture of Koffit I would like to offer you a refund of $100 to recover your raveling costs and inconvenience which you have incurred. Our cheque is enclosed.

I understand from the manufacturers that your glasses should be arriving in our store during the next few days. I will give you a call as soon as they are with us to arrange an appointment for you to come down to collect them. —— 8
Many apologies again for the problems you have experienced.
Yours sincerely, —— 9

Shirley Taylor

SHIRLEY TAYLOR —— 10
Manager of Sales Department

图 2-1 商务信函样本

商务信函的格式有混合式和齐头式两种。

这里主要介绍商务信函中最通用的格式——齐头式。它的主要特征就是每行均从左边顶格写，常常采用开放式的标点方式，即除了信文部分，其他部分在必要时才使用标点。信中各段落之间均空一行。

资料卡

商务信函的主要内容

1. 信头

信头（heading）是指书信中发信人的地址和发信的日期等。通常情况下，公司都会专门印制带有信头的信笺纸，包括发信人的姓名、地址、电话、传真等。当撰写传统信件时，直接使用这种信笺纸就可以。

2. 编号（写信人的名字缩写）和日期

编号和日期（sender name and date）是为了方便今后查询信件用的。

3. 封内地址

封内地址（inside address）是指收信人的姓名和地址，一般写在信笺的左上方。收信人名称地址的格式与信头的格式相同，但必须把收信人的姓名一并写出。另外，如果不是完全公事化的书信往来，或者已经从公事的关系渐渐发展成为带有私人性质的友好信件往来，由于称呼这一栏的内容已经说明了收信人的身份，所以可以不必填写封内地址。

4. 事由

事由（subject heading）也就是通常所说的主题，可以直接写明信件的重点，让人不必读完整封信才了解到信的内容。因此，事由要写得简明扼要。

5. 称呼

称呼（salutation）是指对收信人的一种称呼，较常使用的有 Dear Sirs、Dear Madam、Dear Mr. ××等。称呼后面的标点一般使用逗号，称呼里的第 1 个字母要大写。

6. 开头语

开头语（open sentences）没有统一的格式，但习惯上先用客套的语句把收到对方来信的日期、主题及简单内容加以综合叙述，使对方一目了然这是答复哪一封去信的。如果是第 1 次通信，也可以利用开头语做必要的自我介绍，并表明目的、要求。开头语一般与正文分开，自成一节，要求简洁明了。

7. 正文

正文（body of the letter）是信的主体。一封信件的优劣，主要要看正文写得好或坏。

8. 结束语

结束语（complimentary close）是结束信函时的一种客套话，应该与前面的称呼相呼应，如 Sincerely、Best regards 或 Yours truly。结束语写在结尾语下隔一行，只有第 1 个字母大写，后面加逗号。

9. 签名

签名（signature）写在结束语的下面，签上写信人的名字。如果是传统的信件，写信人最好亲笔

签上自己的名字，因为用印章的话，说明该信件并非本人亲自过目，只是通函而已，不为人重视。签名的下面，最好写上发信人的职位。

10. 附件

如果信中有附件（enclosure），应在左下角注明 Encl.或 Enc.。例如，Enc: 2 Invoices 和 Enc.: 1 B/L。

（二）电子邮件

众所周知，电子邮件即 E-mail，是如今电子商务中使用最普遍的一种联系手段。电子邮件使用方便，信息传递迅速高效，且非常节省成本。但是，撰写 E-mail 也并不是一件很容易的事情。当一封 E-mail 发送出去后，只要收信人在线，几分钟内就可以收到。因此，在发送前，必须检查一下所写的内容是否正确合适，因为一旦单击了“发送”按钮后，就再也无法将其收回了。

通常 E-mail 的撰写风格比传统的信件、传真等稍微随便一点。但建议大家，即便是写 E-mail，由于是谈论公事，所以还是应采用正式严肃的风格。

电子邮件样本如图 2-2 所示。

To: susan.lin@pearsoned-eam.com ①

From:sar032@aol.com(Shirley Taylor) ②

Date: Monday, May 26, 2013 ③

Time:4:30:27 GMT ④

Subject: A-Z of Business Communications ⑤

Dear Mrs. Lin, ⑥

I wrote to you on 23 May describing our new Gro-More range and enclosing our latest catalogue. ⑦

I have not received a reply from you and wonder if you actually received my letter,

I will be very happy to answer any question you may have about our Gro-More range and explain the unique features and benefits to you. Alternatively I would be pleased to arrange for one of our representatives to visit you and bring some samples to show you.

Your custom is very valuable to us. If there is any way I can help you, please do not hesitate to write to me.

Sincerely, ⑧

Shirley Taylor ⑨

Manager of Sales Department

Koffit Trade Co., Ltd.

Add: 15 Western Avenue, Shanghai, China

Tel: +86 021 88654987 ⑩

Fax: +86 021 88654988

E-mail: abccompany@alibaba.com

Product Catalog: Http://abccompany.alibaba.com/

图 2-2 电子邮件样本

资料卡

电子邮件的主要内容

① 收信人的邮箱。

② 发信人的邮箱。

③ 写信日期。写日期时，请注意以下几点。

- 年份要写完整，如不能用14代替2014。
- 月份要写英文名称，不能用数字来代替，如31/3/14不能在正式的信件中出现。但是可以用英文缩写，如用Aug.代替August。

④ 时间。

⑤ 主题。

⑥ 称呼。

⑦ 正文。

⑧ 结束语。

⑨ 签名。这部分内容要完整，包括写信人的姓名、职位、公司名称，以及联系方式（地址、电话、传真、邮箱、网址）。写地址时应注意：一般来说，门牌号和街道名称之间不用逗号隔开，但城市名称和国家名称之间一定要用逗号。可以在自己的邮箱系统中事先做好一个模板，每次写信只要选择这个模板，信件就会自动显示这些内容。

⑩ 联系方法。

在实践中，依据具体交易环节和业务需要，会使用不同类型的函电，如建交函、资信调查函、询盘函、发盘函、接受函、促销函、包装函、付款函、保险函、装运函、索赔函、理赔函等。其写作思路及所用的专业词汇、典型句子各有不同。正确掌握各类商务函电的行文方法，熟练运用专业词汇及写作技巧，可以体现业务人员的专业素养，给贸易公司带来更多的成交机会。

资料卡

函电书写的注意事项

函电书写应遵循7C原则。

① Courtesy。语言要有礼且谦虚，及时回信也是礼貌的表现。

② Consideration。写信时要处处从对方的角度去考虑有什么需求，而不是从自身出发，语气上更要尊重对方。

③ Completeness。一封商业信函应包括各项必需的事项，如邀请信应说明时间、地点等，切忌寄出含糊不清的信件。

④ Clarity。信要写得简明易懂，不要模棱两可。句段安排可使用适量的转承词句。

⑤ Conciseness。这是指要用尽可能少的文字表达意见，避免出现啰唆、重复、冗长、累赘的语句。

⑥ Concreteness。内容要具体且明确，尤其是要求对方答复或会对以后的交往产生影响的函电。

⑦ Correctness。当涉及数据或具体的信息时，如时间、地点、价格、货号等，应尽可能做到精确。这样会使交流的内容更加清楚，更有助于加快事务的进程。

四、撰写建交函

贸易公司如何建交？一笔具体业务往往起始于出口商主动向潜在客户发函建立业务关系。但无论是进口商还是出口商，都可以基于自身业务的需要，积极寻找客源，主动向国外客户发出建交函。

建交函的内容应当涉及告知对方我方获悉其行名地址、业务范围等的途径，并应表示我方愿意与对方建立业务关系，进行交易和业务合作等。通常，还涉及本公司的介绍、可提供的产品介绍、随附产品目录，并表达期待尽快与对方达成具体交易的热切愿望等。

建交函的正文结构有其特定的写作思路和常用的典型套语。

（一）说明信息来源，告知对方你从何渠道得知对方的姓名和地址

典型套语

We have learned from China Council for the Promotion of International Trade that...

Mr. White, president of ABC Co., has recommended you to us as a leading importer of...

We have obtained your name and address from the www.globalsources.com on the Internet.

Our market survey has shown that you are the largest importer of...

（二）介绍本公司

介绍本公司的内容可以涉及公司性质、经营范围等基本情况及公司优势，如从业经验、货物供应、销售网络、产品售后服务等。

典型套语

Specializing in the export of electronic toys, we wish to express our desire to trade with you in this line.

Our company is a leading textile exporter, which enjoys a high reputation in China.

We are a manufacturer of high industrial textiles, with a history of more than 50 years.

（三）说明建交的致函目的

具体而言，包括建立长期业务关系、扩大具体商品的进出口交易、拓展产品销路等。

典型套语

We are writing to you in the hope that we can enter into long-term business relations with you in the line of…

We avail ourselves of this opportunity to write to you and see if we can establish business relations with you.

（四）激励性结尾语句

激励性结尾语句用于表达与对方合作和早日收到回复的愿望。

典型套语

Your prompt attention to our items will be highly appreciated.

We are looking forward to your early reply.

We are looking forward to your specific enquiries.

五、了解询盘

询盘（enquiry）是指交易的一方为出售或购买某种商品，以书面或口头形式，向对方询问买卖该项商品的各种交易条件的表示。询盘只是一种愿意进行交易的表示，对于询盘人和被询盘人均无法律上的约束力，也不是交易磋商的必经步骤。但询盘往往是一笔交易的起点。

询盘常被交易一方用来试探对方对交易的诚意或试探国际市场价格。被询盘人在接到询盘后应给予必要的重视，针对不同的询盘目的或背景，进行及时、适当的处理。

资料卡

三无询盘的处理

外贸人员在日常的客户开发中，常常会收到无规格、无数量、无要求的类似批量发送的“三无询盘”。这些询盘对于一些业务员来说犹如“鸡肋”，食之无味，弃之可惜。那么，我们应该如何妥善处理这些询盘，增加与客户成交的概率呢？

我们首先来看这个例子：

What is the best price for XXX product F.O.B Guangzhou?

客户就是针对这个产品询价，没有具体的尺寸，也没说具体的材质，更没说包装。这样的询盘我们应该放弃吗？或者说这样的询盘我们该怎么回复？

面对这样的情况，很多没有经验的外贸业务员第一反应是问老板、问主管、问供应商，但是他们给你的答复一般情况下会是这样的：具体尺寸没有，具体材质没有，具体数量也没有，什么包装也没问清楚，这样报不了价格，你先去问客户具体情况，我才能给你报价。

当在没有具体参数的时候问老板、问主管，还有问供应商价格，谁都没办法报出一个具体的价格。那么，再去问客户是否合情合理？

于是，一般人的做法是去问客户类似的问题：

What is the size?

How many quantities?

What package?

但是在现实环境中，真实的结果就是很少有客户会给你反馈，或许他们自己也不能很清楚地了解自己的需求。即使有反馈的客户，第2次再问他时回复得就更少，第3次或许就索性不回复了。几次询问下来，客户必然消失，因为当不停地追着问客户问题时，必然会使客户对你的产品兴趣降低。如果对于这种情况，你还没有一个清晰的应对思路，那就要好好反思了。那么，遇到这种询盘，我们到底该如何回复呢？

我们首先要做的是吸引客户回复。其实，这种情况下，客户什么信息都没给，反而是最好的，我们可以按照对自身有利的方向来回复客户。

1. 主动报价

例如，对于上面那种询盘，用“What is the best price for XXX product?”我们就可以报这个产品的常规款，并附上最低配置款的价格和最高配置款的价格，这其实就是区间价格。

客户问价格在更多的情况下是要看预算的。这就像我们去商场买衣服，问价格是为了预算，在预算范围内比较，但是大多情况下并不是买最便宜的。在很多情况下，B2B这类产品是可以根据客户的不同需求更改配置的，是可以达到他的价格预期的，而报区间价能避免一些客户因为看到了价格就把你排除掉的情况，就算是客户已经说了XXX product，但是不一定就是想买这个产品。

这类客户可能是本行业的客户，但一个行业中产品很多，或者他可能都不是本行业客户，只是看到了你们的产品可能适合他的需要。

这个时候，就是凸显我们外贸人员专业性的时候。我们可以在报完上述价格之后（要注意，网上发来的询盘我们不是只能回一次，而是可以回复*N*次）先分析一下客户，再把自己公司里面最有优势的3至5个产品推荐给他，并且附上区间价格。回复并推荐，既显示了自己的专业性，又让客户感觉到你对他的重视。

2. 日式报价法

报价方法一般有美式报价（报一个有余地的价格让客户砍价）和日式报价（报一个最低配版本的价格，之后根据客户的要求增加价格）。

我们可以选择日式报价，否则报个没有余地的价格，客户比较了其他同行的价格后很可能就直接不回复了。没有沟通的谈判是无法成交的。

没有数量，我们可以按照整柜来报；参数不知道，按照最低配置的，用最低配置的材料推荐给客户，包装选用最普通的。当然，报价中得写清楚数量和参数。

3. 产品定制

除了上述两种回复，我们还可以在最后注明：如果你们有具体要求，请发给我们，我们公司可以根据你们的要求定制产品。通过这种方法来吸引客户的注意力。

很多外贸业务员的业绩一直不理想，很大的原因是手头客户资源比较少，又没有正确的沟通技巧，那么业绩差就是必然的了，所以一定要掌握正确的询盘回复和客户跟进的方法和思路。

典型套语

Please quote your lowest price… 请报最优惠价……

Please offer sb. sth… 请向某人就某物报盘……

Please advise… 请告知……

We are interested in…please quote… 我公司有意购买……请告……

We can place an order… 我方可购买……

六、样品操作与管理

（一）外贸样品的作用

样品一般是指从一批商品中抽出来的，或者由生产、使用部门设计、加工出来的，足以反映和代表整批商品品质的少量实物。外贸样品在凭样买卖时，主要有两个方面的功能：代表整批货物的品质水平；验货和索赔的依据。

（二）外贸样品的分类

样品的种类很多，一般常用的有原样、复样、对等样品、测试样、修改样、确认样、成交样、产前样、生产样、出货样等。

① 原样。这是由卖方提供的用以代表整批货物品质的样品，也称代表性样品或标准样品。

② 复样。这是给买方寄样后卖方留存的样品，供卖方据以核查和解决日后合同纠纷之用，或者寄商检机构以验证品质。

③ 对等样品。这是卖方根据买方提供的样品加工复制的一个类似的样品提供给买方，以供买方确认。

④ 测试样。这是交由买方客户通过某种测试检验卖方产品品质的样品。如果样品测试结果不能达到客户的要求，客户可能不会下单订货。

⑤ 修改样。这是指买方对样品的某个方面提出修改，修改后卖方又重新寄回给买方确认的样品。

⑥ 确认样。这是指买卖双方认可，最后经买方确认的样品。

⑦ 产前样。这是指生产之前需寄客户确认的样品。这一般是客户为了确认大批量生产前的颜色、工艺等是否正确，向卖方提出的基本要求之一。

⑧ 生产样。这是大批量生产中的样品，在随机抽取的前提下，反映大批量生产时的品质等情况，客人根据生产样，可能会做出一些新的改进指示。

⑨ 出货样。这是产品已经做好准备出货之前的样品，有些客户会根据这个样品来决定

这批货的品质。

此外，在不同的行业中，还有与该行业对应的其他样品种类。例如，纺织服装中的款式样、广告样、齐色齐码样、水洗样、船样、色样、绣（印）花样、辅料样等。

资料卡

参加展会样品的操作与管理

1．样品准备

对于参加展会所带样品，一定要提前准备好，确保公司已经生产的产品和已经完成开发设计并即将投产的产品在广交会之前都有样品可带，必要时可以安排生产部门特殊生产。

2．样品质量

对于参加展会的样品，只要能反映公司产品的整体情况就可以了，客户真正在展会上计较质量的并不多，很多只是看看产品的种类、规格之类的，然后了解一下价格行情。如果客户真的对产品感兴趣，在展会上或展会结束后会要求寄样。

3．样品运送

样品运送一定要计算好，宁可早了也不能迟到，而且在与快递公司或托运部门协商的过程中，一定要向他们问明最晚什么时候能到，以确保样品在参展前运达目的地。

4．样品摆放

展会上样品摆放应坚持顺序、层次、美观、安全的原则。所谓顺序，就是把样品按照一定的秩序分类然后摆放，同一系列的产品摆在一起，按照不同规格排列好，相近系列相邻摆放；层次就是要求不要把样品像摊大饼一样平铺，要错落有致，这样才能更容易吸引他人的眼球；美观当然是在排列组合样品时根据样品的大小、颜色、形状等进行组合，尽量追求一种视觉上的舒适感；安全就是不但要注意样品的安全，还要注意不要因为样品跌落、倾斜等对其他人的安全造成威胁。

5．样品维护

在展会上，样品一般会被很多客人欣赏、抚摸，难免会落上灰尘、沾上指纹等。这就需要业务员经常擦拭样品，以保持其清洁。每天早上到展馆，一定要先把展位和样品清理擦拭一遍，并摆放整齐。

能力实训题

2018 年 4 月 25 日，张霞收到美国经营纺织品的 Love Force Co.,Ltd.（浙江东方集团服装服饰进出口有限公司的老客户）经理 Drik Smith 先生的电子邮件，欲购买全棉女士夹克（Ladies Jacket）。其内容如下。

发件人：smith@force.com.us

收件人：zhangxia@zjorient.com.cn

日　期：2018.4.25　　12:53:55

主　题：Enquiry on Ladies Jacket

附　件：

Dear Miss Zhang,

Now we are interested in buying your Ladies Jacket, Style No. F162. We would be obliged if you would give us a quotation per piece CIF New York. It would also be appreciated if you could send samples to us immediately.

Besides, we have confidence in the quality of your products. As we are in a position to handle large quantities, we hope you shall make an effort to submit us really competitive prices.

Looking forward to hearing from you soon.

Best regards.

Drik Smith

Manager

Love Force Co., Ltd.

Add：110 West 34th ST., Suite 803, New York, NY 10001

Tel：212-563-5490

Fax：212-563-5490

任务一　翻译并分析国外客户电子邮件内容

张霞将 Drik Smith 先生的电子邮件内容翻译成中文，并对该电子邮件的主要内容进行了分析。

任务二　样品寄送和工厂询价操作

张霞给供应商湖州经典服装厂陈厂长书写并传真询价函，同时在传真中提出要求该厂提供两件型号为 No. F162 的全棉女士夹克样品，收到其所寄样品后办理寄样手续。

浙江东方集团服装服饰进出口有限公司

浙江省杭州市西湖大道12号2508室

电话：（0571）87600845　传真：（0571）87600844

TO：湖州经典服装厂

ATTN：

FM：

任务三　寻找客户信息

假设你是家乡某进出口公司的外贸业务员，请尝试着为当地两三个特色产业生产出来的产品寻找国外客户信息。要求国外客户的名称、电子邮件、电话、传真等信息比较明确。

项目三

出口报价操作

学习目标

应知能力

熟悉出口报价核算的原理及步骤，掌握发盘函的基本要素、格式要求、写作特点和语言要求。

应会能力

能核算出口商品的出口成本、出口费用、出口利润；能核算出口商品报价；能根据客户要求撰写出口发盘函。

项目引入

2017年12月14日王萍收到扬州童欣毛绒玩具厂回函，内容如下。

扬州童欣毛绒玩具厂

扬州市江阳工业园小官桥路3号

电话：（0514）87302088　传真：（0514）87638188

TO：上海玩具进出口有限公司

ATTN：王萍

FM：王双琴

尊敬的王小姐：

您好！

收到您的传真后，我公司马上开始打样，样品已于今天下午寄出。泰迪熊SH226的报价及相关信息如下：

面料：全棉

里料：PP棉

含税价：65元/只

增值税税率：17%

包装方式：用出口纸箱包装，4只/纸箱
包装尺寸：56 cm×40 cm×45 cm
毛重：10 kg/箱
净重：8 kg/箱
最低订购量：2 180只
付款方式：交货时付款
交货地点：工厂交货
若有其他要求，我厂会尽力予以满足。
祝工作愉快！

王双琴
2017年12月14日

此时，王萍需要完成以下工作。

当日，王萍根据扬州童欣毛绒玩具厂的回函和以下信息，进行出口报价核算并书写发盘函。

① 泰迪熊的出口退税率为15%。

② 按CIF发票金额加10%投保一切险和战争险，费率分别为0.7%和0.3%。

③ 从扬州运到上海港的国内运费为2 800元/40 ft集装箱。

④ 报关费200元，公司综合业务费3 250元，DHL费100元。

⑤ 预期出口成本利润20%。

⑥ 佣金为出口报价的3%。

情景模拟操作示例

任务一 出口报价计算

Step 1 查询外汇买卖信息。

现汇是指国外汇入或由境外携入、寄入的外币票据和凭证。现汇买入价是指银行用本币买入现汇的价格。

王萍通过中国银行网站http://www.boc.cn查询到2017年12月14日美元现汇买入价为1美元＝6.107 8元人民币。

Step 2 计算货物的最低起订数量、体积和质量。

根据Peter的电子邮件，Leisure International Trading Corporation打算下试订单的数量为一个40 ft集装箱的泰迪熊。考虑到40 ft集装箱的体积通常计为55 m^3，而泰迪熊SH226的包装尺寸为56 cm×40 cm×45 cm。通过计算，55÷（0.56×0.40×0.45）＝545.634 9，取整为545箱。由每箱装4只，得到Peter下的订单数量为2 180（545×4）只，而2 180

只大于最低起订量 2 000 只。总体积和总毛重分别如下。

总体积＝0.56×0.40×0.45×545＝54.936（m^3）

总重量＝10×545＝5 450（kg）

Step 3　查询并计算国外运费。

王萍登录中国国际海运网 http://www.shippingchina.com，进入集装箱整箱运价查询，选择 Shanghai（上海）装运港、加拿大 Vancouver（温哥华）目的港，查到一个 40 ft 集装箱的运价为 2 200 美元。

Step 4　核算出口报价。

假设出口价格 CIFC3 为 x。

1．明确出口商品价格构成

CIFC3价＝出口成本＋国内费用＋国外运费＋国外保费＋佣金＋出口利润

2．核算出口成本

出口成本＝采购成本－出口退税额

＝采购成本－采购成本÷（1＋增值税税率）×出口退税率

＝65－65÷（1＋17%）×15%

＝56.667（元/只）

3．核算出口费用

国内费用＝国内运费＋其他国内费用

＝（2 800＋200＋3 250＋100）÷2 180

＝2.913（元/只）

国外运费＝2 200÷2 180＝1.009（美元/只）

保费＝x×（1＋10%）×（0.7%＋0.3%）＝0.011x（美元/只）

佣金＝x×3%＝0.03x（美元/只）

4．核算出口利润

预期出口成本利润率为 20%，考虑到讨价还价因素，在报价时按照 25%的出口成本利润率计算。

出口利润＝采购成本×成本利润率＝65×25%＝16.25（元/只）

5．核算出口报价

出口价格＝出口成本＋出口费用＋出口利润

x＝（56.667＋2.913＋16.25）÷6.107 8＋1.009＋0.011x＋0.03x

x＝13.998（美元/只）

任务二　撰写发盘函

2017 年 12 月 15 日，根据 2017 年 12 月 10 日 Peter 的电子邮件的内容和以上出口报价计算的结果，王萍给 Peter 撰写发盘函。发盘函内容如下。

发件人：wangping@shanghaitoys.com.cn

收件人：peter@litc.com.de

日　期：2017-12-15　09:45:44

主　题：Offer on Teddy Bear

附　件：

Dear Mr Peter,

Thanks for your inquiry on December 10, 2017. Our offer is as follows:

① Teddy Bear: Style No. SH226

Shell: 100% cotton

Lining: PP cotton

② Packing: 4 pieces/carton Size: 56 cm*40 cm*45 cm

③ Order Quantity: 2 180 pieces

④ Unit price: USD13.996/pc CIFC3 Vancouver

⑤ Payment: By L/C at sight

⑥ Shipment: To be effected within 60 days after receipt of the relevant L/C

This offer is valid subject to your reply here before December 31, 2017.

Besides, a sample for style No. SH226 of Teddy Bear was mailed by DHL on Dec.14, 2017. Please check it and tell us if you have received the sample. If there is any amendment for the sample, we will remake the sample to meet your demand.

Your soon reply is awaited with much appreciation.

Yours truly,

Wang Ping

SHANGHAI TOYS IMP.& EXP.CO., LTD.

Add: 139 AN YUAN ROAD, SHANGHAI, CHINA

Post Code: 200041

Tel: 0086-21-62981100

Fax: 0086-21-62275517

E-mail: wangping@shanghaitoys.com.cn

知识链接

一、了解出口价格构成

出口价格由三大要素构成，即商品成本（cost）、 出口费用（export expense）、预期利润（expected profit），如图 3-1 所示。

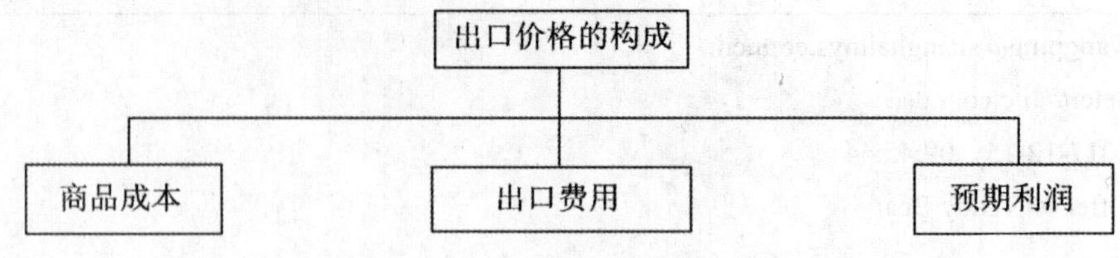

图 3-1　出口价格的构成

① 商品成本包括生产成本、加工成本、采购成本。对专业贸易公司而言，商品成本是指采购成本，即从制造商（生产商）、加工商处采购出口商品而支付的款项；对直接出口的生产厂商而言，商品成本则指生产成本，即产品出厂价格；而加工商对产品或半成品进行加工所需的成本就是加工成本。

② 出口费用通常由两部分组成，即国内费用和国外费用。国内费用常见的名目有包装费用、仓储及处理费用、国内运费、商品检验费、认证费、装船费用、港区港杂费、出口捐税、通信费、银行费用、预计损失；国外费用包括海外运费、保险费、佣金等。这些费用与采用的贸易术语、交易性质、商品种类等相关，并非各项费用在每笔出口交易中都必然发生。

③ 预期利润可由出口商根据具体情况自行确定，既可以用某一固定的数额作为单位商品的利润，也可以用一定的百分比作为经营的利润率来核算利润额。

二、掌握出口价格核算方法

在交易磋商过程中，核心问题就是价格问题。出口商的对外商品报价既要保持在国际市场上的竞争力，同时也要获取尽可能多的利润。

出口报价核算的计算公式及步骤如下。

（一）实际成本核算

对于从事贸易的出口商而言，成本即为采购成本，也就是贸易商向供货厂商购买货物的支出。一般来讲，供货厂商的报价一般包含增值税。考虑到出口退税因素，进行成本核算时，要扣除退税额。其计算公式为：

实际成本＝含税购货成本－退税收入

退税收入＝含税购货成本×出口退税率÷（1＋增值税税率）

实际成本＝含税购货成本－含税购货成本×出口退税率÷（1＋增值税税率）

（二）国内费用核算

国内费用核算的计算公式为：

国内费用＝包装费＋仓储费＋国内运输费＋认证费用＋港杂费＋商检报关费＋垫款利息＋银行费用＋业务费用＋其他费用

这里的银行费用是出口商委托银行向国外客户收取货款、进行资信调查等所支出的费用。

如果是 FOB 价格，只需核算国内费用、佣金；如果是 CFR 或 CIF 价格，还要核算国

外费用。其中，CFR 价格包括出口运费、佣金等，CIF 价格包括出口运费、出口保险费、佣金等。

（三）出口运费核算

出口运费核算的计算公式为：

出口运费（集装箱装运）＝包箱费率÷每集装箱所装数量
＝包箱费率÷（集装箱装箱数量×包装方式）

出口运费（散货）＝（基本运费＋附加运费）
＝基本运费×（1＋各种附加运费率）

关于集装箱数量的计算方法为：通常，20 ft 集装箱的有效容积为 25 m^3，有效载重量为 17.5 MT.（公吨）；40 ft 集装箱的有效容积为 55 m^3，有效载重量为 24.5 MT.。注意，最后计算出来的集装箱数量应该取整数。包装方式是指每一个纸箱或木箱所装货物的数量，如 10 PCS PER CARTON。

注意

出口报价所报的是单位产品的出口价格，所以计算时要用包装费率除以出口产品数量。此外，由于包箱费率以美元计价，所以要将其换算成人民币。

（四）出口税收核算

出口税收核算的计算公式为：

出口货物应纳关税＝出口货物完税价格×出口货物关税税率

式中，出口货物完税价格＝FOB 价格÷（1＋出口货物关税税率）。

（五）保险费核算

在出口交易中，在以 CIF 术语成交的情况下，应该由出口商办理保险并核算保险费用。其计算公式为：

保险费＝保险金额×保险费率

保险金额＝CIF（CIP）×（1＋保险加成率）

保险费＝CIF×（1＋保险加成率）×保险费率

（六）利润核算

利润核算的计算公式为：

利润＝报价金额－含税采购成本－各项费用＋出口退税收入

注意

在实际操作中，以利润率来核算利润金额时，应当注意利润计算的基数可以是成本，也可以是价格。因此，计算利润的基数不同，获取的利润也就不同。其计算公式为：

利润＝成本（或出口价格）×利润率

（七）出口报价核算

$$出口报价=\frac{货物实际成本+出口费用额之和}{1-出口各项费用率之和-预期利润率}$$

完成实际成本、国内费用和出口运费、保险费等的计算后，考虑到利润目标，即可代入常用价格术语的出口报价公式计算出口价格。其计算公式为：

$$FOB含佣价=\frac{实际成本+各项国内费用之和}{1-预期利润率-佣金率}$$

$$CFR含佣价=\frac{实际成本+各项国内费用之和+国外运费}{1-预期利润率-佣金率}$$

$$CIF含佣价=\frac{实际成本+各项国内费用之和+国外运费}{1-预期利润率-(1+投保加成率)\times 保险费率-佣金率}$$

资料卡

报价核算中常用的价格换算及费用核算方法与公式

1．FOB价换算为其他价

CFR 价＝FOB 价＋运费

CIF 价＝（FOB 价＋运费）÷[1－保险费率×（1＋投保加成率）]

2．CFR价换算为其他价

FOB 价＝CFR 价－运费

CIF 价＝CFR 价÷[1－保险费率×（1＋投保加成率）]

3．CIF价换算为其他价

FOB 价＝CIF 价×[1－保险费率×（1＋投保加成率）]－运费

CFR 价＝CIF 价×[1－保险费率×（1＋投保加成率）]

4．佣金计算公式

单位货物佣金额＝含佣价×佣金率

净价＝含佣价×（1－佣金率）

含佣价＝净价÷（1－佣金率）

5．出口换汇成本与盈亏额的计算

出口换汇成本＝出口商品总成本（人民币元）÷ FOB 出口外汇净收入（美元）

出口盈亏额＝FOB 出口外汇净收入×银行外汇买入价－出口商品总成本

出口商品换汇成本一般是指商品出口后净收入每一美元所耗费的人民币成本。核算换汇率是反映出口盈亏的一种形式，人民币盈亏率越大，换汇成本越低；反之，则换汇成本越高。

三、了解发盘

发盘（offer）也称报盘、报价、发价，是指交易的一方（发盘人）向另一方（受盘人）提出各项交易条件，并愿意按这些条件达成交易的一种表示。

发盘多由卖方提出（selling offer），也可由买方提出（buying offer），称为递盘（bid）。实务中常见由买方询盘后，卖方发盘。但也可以不经过询盘，一方径直发盘。发盘可以是书面的，也可以是口头的。

（一）发盘的构成条件

一项有法律约束力的发盘要具备的 3 个条件如下。

① 特定性。发盘应向一个或一个以上特定的人提出订立合同的建议（注意概念上要与“发盘的邀请”相区别）。

② 确定性。在实践中，一个有效的发盘其内容必须是完整的、明确的和无保留的。完整是指具备主要交易条件，一般是指品名品质、数量、包装、价格、装运期和支付方式；明确是指意思表达清楚，解释确切，不会导致对当事人权利和义务理解的明显分歧；无保留是指发盘中不附有交易条件以外的限制性说明，如“以我方最后确认为准”等。

③ 终局性。发盘没有保留性语句，有效期内不得撤销和修改，一旦发盘经对方在有效期内接受，发盘人就必须受其约束，承担按发盘条件与对方签订合同的义务。

（二）发盘的撤回、撤销与失效

《联合国国际货物销售合同公约》第 15 条对发盘生效时间做了明确规定：“发盘在送达受盘人时生效。”发盘的撤回是指在发盘尚未生效，发盘人采取行动阻止它的生效。而发盘撤销是指发盘生效后，发盘人以一定方式解除发盘的效力。

发盘撤回的条件是撤回通知比发盘先到达受盘人或撤回通知和发盘同时到达受盘人。但是，在下列情况下，发盘不能撤销：发盘中注明了有效期，或者以其他方式表示发盘不可撤销；受盘人有理由信赖该发盘是不可撤销的，并且已本着对该发盘的信赖行事。

关于发盘失效问题，《联合国国际货物销售合同公约》第 17 条规定：“一项发盘，即使是不可撤销的，于拒绝通知送达发盘人时终止。”这就是说，当受盘人不接受发盘的内容，并将拒绝的通知送到发盘人手中时，原发盘就失去效力，发盘人不再受其约束。此外，在进出口业务操作中还有 3 种情况可造成发盘的失效：发盘人在受盘人接受之前撤销该发盘；发盘中规定的有效期届满；其他方面的问题造成发盘失效。这包括政府发布禁令或限制措施造成发盘失效。另外，还包括发盘人死亡、法人破产等特殊情况。

（三）发盘的主要内容

发盘因撰写情况或背景不同，在内容、要求上也有所不同。

可能每天都会收到很多新的询盘，特别是做了网络推广之后，但是其中有很多是无用或虚假的询盘。如果是一个真的客户，没有认真答复，就可能会失去这个客户；如果是国内同行，发了详细的资料或报价，将会泄露自己的信息，特别是技术或设计含量比较高的行业，泄露信息是十分不好的。因此，识别真假客户非常必要。

① 看看客户发来邮件的时间，根据时差判断客户发送邮件的时间。例如，早上八九点从德国IP发送过来的邮件基本上都有问题。

② 看看客户在邮件里面是否留了详细的联系资料。如果有网址、电话、传真地址等，一般比较可信；对于资料不全的，可以问其联系资料；猜测有问题的，可以发送传真或打电话询问一下。

③ 分析客户询盘的内容。如果有具体的规格、详细的要求，这类客户比较有价值；如果只是笼统地要样本价格单什么的，则没什么意义，至少短期没什么价值。

但从总的情况看，发盘函的结构一般包括下列内容。

① 感谢对方来函，明确答复对方来函询问事项。

② 阐明主要交易的条件（品名、规格、数量、包装、价格、装运、支付、保险等）。

③ 声明发盘有效期或其他约束条件。

④ 鼓励对方订货。

典型套语

We have received your letter of...enquiring for...and now offer as follows:

We thank you for your enquiry of...asking us to make you a firm offer for...

In reply, we would like to offer...subject to your reply reaching us before...

This offer will be/hold/remain valid (firm, open, good) for...days.

We hope that you place a trial order with us.

能力实训题

2018年4月27日，张霞收到湖州经典服装厂回函如下。

湖州经典服装厂

浙江省湖州市龙溪北路1155号6F

电话：（0572）2119211　传真：（0572）2109191

TO：浙江东方集团服装服饰进出口有限公司

ATTN：张霞

FM：陈盛

尊敬的张小姐：

您好！

感谢您对我司业务上的支持，样品已于昨天下午寄出。全棉女式夹克F162的报价及相关信息如下。

面料：全棉

里料：涤纶

含税价：81.5元/件

增值税税率：17%
包装方式：用出口纸箱包装，20 件/纸箱
包装尺寸：57 cm×44 cm×43 cm
毛重：18 kg/箱
净重：15 kg/箱
月生产能力：50 000 件/月
最低订购量：2 400 件/款
付款方式：交货时付款
交货地点：工厂交货
若有其他要求，我厂会尽力予以满足。
祝工作愉快！
陈盛
2018 年 4 月 27 日

任务一　出口报价计算

2018 年 4 月 27 日，张霞根据湖州经典服装厂的回函和以下信息，按一个 20 ft 标准集装箱的最低起订量进行出口报价核算。

① 全棉女式夹克的（H.S.编码 6204320090）的出口退税率为 11%。

② 从湖州运到上海港的国内运费为 1 500 元/20 英尺集装箱。

③ 从签约到提货约需 20 天，从工厂提货到从国外客户收汇约需 1 个月；银行贷款利率为 5.60%。

④ 其他所有国内费用为采购成本的 3%。

⑤ 预期出口成本利润率为 15%。

⑥ 到美国投保一切险的保险费率为 0.3%。

⑦ 国际运费自己查询。

⑧ 计算过程中保留小数点后 3 位。

任务二　撰写发盘函

2018年4月27日，根据Drik Smith于2018年4月25日的电子邮件内容、出口报价核算结果及以下相关信息，张霞撰写发盘函给予回复。

① 数量。起订量一个20 ft标准集装箱；购买2个20 ft标准集装箱数量的全棉女式夹克给予2%价格折扣。

② 付款。全额即期信用证支付。

③ 交货。20 000件以内，收到信用证后30天内交货；20 000～50 000件，收到信用证后45天内交货；50 000～80 000件，收到信用证后60天内交货。

④ 发盘有效期。2018年5月10日前复到有效。

项目四

出口还价操作

学习目标

应知能力

熟悉还价核算的计算公式，了解常见的还价技巧，掌握还盘函的撰写要求。

应会能力

能根据国外客户还价和采购成本核算相应的预期出口利润率，能根据国外客户还价及实现预期出口利润率测算相应的国内采购成本，能根据还价核算和还价技巧分别对国内供货商、国外客户撰写还盘函。

项目引入

2017年 12月 25日王萍收到 Leisure International Trading Corporation经理 Peter回复的电子邮件，具体内容如下。

发件人：peter@litc.com.de 收件人：wangping@shanghaitoys.com.cn 日　期：2017-12-25　15:45:35 主　题：Counter Offer on Teddy Bear 附　件：
Dear Miss Wang, Thanks for your sample and offer on December 15, 2017. We find out that your offer is much higher than the market price of similar goods. Although we are satisfied with your samples, we cannot accept the price. We will order 2, 180 pieces of Style No. SH226, if the price can be reduced to USD12.40/PC CIFC3 Vancouver, and the terms of payment can be changed by L/C at 60 days after sight. The other terms of your offer remain valid. We are looking forward to hearing from you soon. Best regards. Yours truly, Dirk Peter

Manager
Leisure International Trading Corporation
Add：237 Johnson Rd. 39210 Vancouver B.C., Canada
Tel：01-11-4533212
Fax：01-11-4533211
E-mail：peter@litc.com.de

此时，王萍需要完成如下工作任务。

1．出口还价核算

2017年12月26日上午，王萍根据国外客户还价和国内供应商采购成本核算预期出口利润率，并根据国外客户还价和15%的预期出口利润率核算国内供应商预期采购成本，为还价奠定基础（一年期贷款年利率为6%）。

2．给国内供应商书写还盘函

2017年12月26日上午，王萍结合扬州童欣毛绒玩具厂的实际情况和这笔业务的特点，提出压价3%，给扬州童欣毛绒玩具厂书写并传真还盘函。

3．给国外客户书写还盘函

2017年12月27日上午，扬州童欣毛绒玩具厂的王厂长同意王萍的降价要求，然后王萍按照17%预期出口成本利润率计算还盘的出口价，给Dirk Peter书写并发送还盘函的电子邮件。

情景模拟操作示例

任务一　出口还价计算

Step 1　核算预期出口利润率。

2017年12月26日上午，王萍根据国外客户还价和国内供应商采购成本核算预期出口利润率。

王萍通过中国银行网站http://www.boc.cn查询到2017年12月26日美元现汇买入价为1美元＝6.221 5元人民币。

（1）核算出口成本

出口成本＝采购成本－出口退税额

　　　　＝采购成本－采购成本÷（1＋增值税税率）×出口退税率

　　　　＝65－65÷（1＋17%）×15%

　　　　＝56.667（元/只）

（2）核算出口费用

由于付款时间更改为远期信用证，比原来的即期付款延长了60天，因此国内费用与原来相比增加了60天的贷款利息，即：

贷款利息＝12.40×6.221 5×6%×60÷360＝0.771 5（元/只）

国内费用＝国内运费＋其他国内费用＋贷款利息

＝（2 800＋200＋3 250＋100）÷2 180＋0.771 5

＝3.684 3（元/只）

国外运费＝2 200÷2 180×6.221 5＝6.278 6（元/只）

国外保费＝12.40×（1＋10%）×（0.7%＋0.3%）×6.221 5＝0.848 6（元/只）

佣金＝12.40×6.221 5×3%＝2.314 4（元/只）

（3）核算成本利润率

成本利润率＝出口利润÷采购成本

＝（出口报价－出口成本－出口费用）÷采购成本

＝（12.40×6.221 5－56.667－3.684 5－6.278 6－0.848 6－2.314 4）÷65

＝11.29%

如果接受国外客户 CIFC3 Vancouver 12.40 美元/只的报价，则只能实现 11.29%的成本利润率。

Step 2　核算国内供应商预期采购成本。

王萍根据国外客户还价和 15%的预期出口利润率核算国内供应商预期采购成本。

（1）核算出口利润

假设采购成本为 y，则：

出口利润＝采购成本×出口成本利润率

＝y×15%

＝0.15y

（2）核算出口费用

由于付款时间更改为远期信用证，比原来的即期付款延长了 60 天，因此国内费用与原来相比增加了 60 天的贷款利息，即：

贷款利息＝12.40×6.221 5×6%×60÷360＝0.771 5（元/只）

国内费用＝国内运费＋其他国内费用＋贷款利息

＝（2 800＋150＋200＋100＋3 000＋100）÷2 180＋0.771 5

＝3.684 3（元/只）

国外运费＝2 200÷2 180×6.221 5＝6.278 6（元/只）

国外保费＝12.40×（1＋10%）×（0.7%＋0.3%）×6.221 5＝0.848 6（元/只）

佣金＝12.40×6.221 5×3%＝2.314 4（元/只）

出口费用＝3.684 5＋6.278 6＋0.848 6＋2.314 4＝13.126 1（元/只）

（3）核算出口退税

出口退税＝采购成本÷（1＋增值税税率）×出口退税率

＝y÷（1＋17%）×15%

＝0.128 2y

（4）核算采购成本

采购成本＝出口价格－出口利润－出口费用＋出口退税额

$y=12.40\times6.2215-0.15y-13.1261+0.1282y$

$y=62.65$（元/只）

即，如果接受国外客户 CIFC3 Vancouver 12.40 美元/只的报价，又要实现 15%的成本利润率，就需要将采购成本降为 62.65 元/只。

任务二　给国内供应商书写还盘函

2017 年 12 月 26 日上午，王萍结合扬州童欣毛绒玩具厂向来报价后压价弹性较小的特点，提出压价 3%，即还价为 63.05（65×97%）元/只。同时，结合该笔业务的实际情况给扬州童欣毛绒玩具厂书写并传真还盘函。其内容如下。

上海玩具进出口有限公司

上海市安远路 139 号

电话：（021）58201100　传真：（021）58203258

TO：扬州童欣毛绒玩具厂

ATTN：王双琴

FM：王萍

尊敬的王厂长：

您好！

万分感谢贵厂 12 月 14 日寄送的泰迪熊 SH226 样品及其报价等信息！

国外客户来函，贵厂的样品已通过了其严格的质量检测，但认为产品价格过高。为了寻求更加便宜的货源，估计客户还在与其他供应商进行洽谈。如果价格合理，这次国外客户准备下一个 40 ft 柜的试订单，数量为 2 180 只。

我们认为该订单产品是贵厂的常规生产品种和款式，通过批量生产可以降低成本并节省残料数量。另外，该客户首次的试订单数量较大，可见还是颇具实力的。如果能成功接下这个试订单，可以预见该客户有潜力成为我们未来的一个大客户。

为了开拓新客户，进一步加强与贵厂的合作，以促成此笔交易的顺利完成，希望您能将价格降为 63.05 元/只。盼贵厂能在今天回复，谢谢配合！

祝工作愉快！

王萍

2017 年 12 月 26 日

任务三　给国外客户书写还盘函

Step 1　核算对外还价的出口价格。

（1）明确出口商品价格构成

出口商品价格的计算公式为：

CIFC3 价格＝出口成本＋国内运费＋国外运费＋国外保费＋佣金＋出口利润

（2）计算出口成本

出口成本＝采购成本－出口退税额

＝采购成本－采购成本÷（1＋增值税税率）×出口退税率

＝63.05－63.05÷（1＋17%）×15%

＝54.966 7

（3）计算出口费用

假设出口商品价格为 z，则：

贷款利息＝z×6.221 5×6%×60÷360＝0.062 2z（元/只）

国内费用＝国内运费＋其他国内费用＋贷款利息

＝（2 800＋200＋3 250＋100）÷2 180＋0.622z＝2.912 8＋0.622z（元/只）

国外运费＝2 200÷2 180×6.221 5＝6.278 6（元/只）

国外保费＝z×（1＋10%）×（0.7%＋0.3%）×6.221 5＝0.068 4z（元/只）

佣金＝z×6.221 5×3%＝0.186 7z（元/只）

（4）计算出口利润

为了给今后交易磋商的价格谈判留下空间，按 17%的预期成本利润率计算出口利润。

出口利润＝采购成本×成本利润率

＝63.05×17%

＝10.718 5（元/只）

（5）计算出口报价

出口报价的计算公式为：

出口价格＝出口成本＋出口费用＋出口利润

z＝（54.966 7＋2.912 8＋0.062 2z＋6.278 6＋0.068 4z＋0.186 7z＋10.718 5）÷6.221 5

z＝12.68（美元/只）

Step 2 根据以上计算的出口价格给 Leisure International Trading Corporation 书写还盘函，内容如下。

发件人：wangping@shanghaitoys.com.cn
收件人：peter@litc.com.de
日　期：2017-12-27　10:55:38
主　题：New offer on Teddy Bear
附　件：

Dear Mr Peter,

From your E-mail of December 25, 2017, we know that you are not satisfied with our offer. We admit that other suppliers may give a lower price than ours, but you should know that the quality of our products is much higer than that in the market. Furthermore, the cost of raw materials is rising recently in China.

Since we want to be your trade partner and remain a good relationship with you, we agree to reduce the price to USD12.68/PC CIFC3 Vancouver. Hope you will be satisfied with our new offer.

Best regards,

Yours truly,

Wang Ping

Shanghai Toys Imp.& Exp.Co., Ltd.

Add: 139 Anyuan Road, Shanghai, China

Post Code: 200041

Tel: 0086-21-62981100

Fax: 0086-21-62275517

E-mail: wangping@shanghaitoys.com.cn

知识链接

一、了解还盘

还盘（counter offer）又称还价，即讨价还价，是指受盘人不同意或不能完全同意发盘中的交易条件而提出修改或变更的意见。

还盘实际上是受盘人以发盘人的地位发出的一个新盘。还盘人由原来的受盘人变成新发盘的发盘人，而原发盘人则变成了新发盘的受盘人。还盘是受盘人对发盘的拒绝，还盘一经做出，原发盘即失去效力，发盘人不再受其约束。

还盘可在双方之间反复进行，还盘的内容通常仅陈述要变更或增添的条件，对双方同意的交易条件无须重复。还盘可采用口头方式，也可采用书面方式。还盘并非交易磋商的必经环节，但在实际业务中，还盘时常发生。毕竟发盘内容完全被对方无条件接受的情况很少，有时甚至须经过还盘、再还盘等多轮讨价还价才能达成交易。

二、掌握出口还价核算

出口还价核算主要分为以下两种情况。

① 根据进口商的还价和国内供应商采购成本对预期能实现的出口利润进行核算，核算结果是出口商能否接受国外客户还价的依据。其计算公式为：

出口利润＝出口价格－出口成本－出口费用

② 根据进口商的还价和预期要达到的出口利润对采购成本进行核算，核算结果成为出口商是否要求供应商调整供货价格的依据。其计算公式为：

采购成本＝出口价格－出口利润－出口费用＋出口退税额

三、熟悉还盘函的内容及撰写技巧

（一）还盘函的内容结构

一封完整的发盘函应包括以下几方面的内容。

① 确认收到对方发盘（报盘）并致谢意，注意要提及对方发盘函的日期和主要内容。例如：

We are in receipt of your letter of June 8 offering us 5,000 pieces of brocade handbags at USD12.00/PC, CIF Vancouver.

② 表明对发盘的态度，说明变更的内容及理由。例如：

In reply, we regret to inform you that our end-users find your price too high and out of line with prevailing market level here.

③ 提出己方条件，希望对方让步。例如：

Should you be ready to bring down your price by, say 15%, we might come to terms. Otherwise we can only switch our requirements to other suppliers.

④ 激励对方接受己方的条件签订合同。例如：

We wish you should seriously take this matter into consideration and give us your favorable reply.

值得注意的是，如果发盘人对还盘函的答复函不是表示接受对方还价，而是发盘人对还盘的反还盘或再还盘，则也属于还盘函的操练范畴。

再还盘函的内容结构如下。

① 感谢来函，明确不能接受还盘。例如：

Thank you for your letter of June 8. We regret to say that we cannot accept your counter offer.

② 强调原条件的合理性并陈述理由。例如：

We have concluded considerable transactions at the same price with other suppliers in your place.

③ 提出折中条件，双方各自退让一步。例如：

We suppose we should meet each other half way to complete our first deal. In view of our future business, we accept the payment 30 percent by D/P and 70 percent by L /C.

④ 激励对方接受己方的条件签订合同。例如：

Please note this is the best we can do and we hope you will accept it.

（二）还盘函的写作技巧

90%的客户会有还价的要求，如何面对客户的还价，要具体问题具体分析。可采取的策略如下。

①“以退为进”策略。例如：

We can also accept price at USD200. However, the quality will be lower than the one I have introduced to you at price USD220. Please considerate it. 这个价格我们也能做，但是如果按这个价格做的话，质量会有所下降，请客户考虑。

②“刺激”策略。例如：

Dear sir, we have already carefully considered your counter-proposal. However, I am very regret that I can not accept your price. Actually, we have already exported many containers to ××. We have very good cooperationship with ×× company, which is one of the biggest importer of ×× products. 我们正在和你们国家最大的该产品的进口商合作，我们给它的也是这个价格。

③“哭穷”策略。例如：

As you know, now the market is very competitive.

The raw materials of the ×× products has been increased, I think you have already heard from other suppliers.

The drawback of the ×× products will be 11% instead original 13%. So it is we do not make concession, it is our government can not let us give you concession again.

We hope that you can understand our situation clearly, and accept our best offer. 原材料上涨，退税降低，利润本身已经很低了……

四、面对面磋商谈判

在进出口业务中通过不同渠道联系到客户后，双方当事人如果有意建立国际贸易业务关系，则对一些重要的问题，如商品价格、商品品质、交货期等通常要进行会谈。谈判的双方都希望通过会谈最大限度地满足自己的需要，所以组织会谈是否成功关系着业务的成败。那么，对于组织者来说，在与客户面对面的接洽过程中需要做哪些必要的工作呢？

（一）对方公司背景与产品市场行情调查

对方公司背景调查的内容包括公司的成立时间、经营范围、技术水平、业务状况、经营能力、发展前景、资产额、财务状况、经营作风、商业道德、与银行的关系、负责人的背景、地理位置等。

产品市场行情调查的内容包括产品市场前景、市场价格走势、销售状况等。

（二）产品介绍资料整理

产品介绍资料包括公司简介、产品名称、产品种类规格、产品特点、产品报价等内容。在此基础上确定谈判的主要内容，包括谈判的最高目标、最低目标等。

（三）选配参加谈判人员

1．人数规模

按照谈判议题的规模和参加谈判的人员数量可分为小型国际商务谈判（4 人以下）、中型国际商务谈判（4～12 人）和大型国际商务谈判（12 人以上）。

注意

选配谈判小组人员要坚持一个原则，即谈判人数对谈判效果的影响是“乘数效应”而不是“叠加效应”。

2. 人员构成

谈判人员一般包括技术人员、商务人员、法律人员、财务人员、翻译人员、谈判领导人员、记录人员等，以满足各项需求，促成顺利谈判。

3. 人员分工

在一般的国际商务谈判中，所需的知识大体上可概括为这样几个方面：有关技术方面的知识；有关价格、交货、支付条件等商务方面的知识；有关合同法律方面的知识；语言翻译方面的知识。据此，从实际出发，谈判班子应配备相应的人员。其分工如下。

① 第1层次是主谈人，是谈判的首席代表（一般是领导者）。

② 第2层次是谈判人员，是懂行的专家、业务人员、法律人员和翻译人员，是谈判的主力军。

③ 第3层次是谈判工作人员，是谈判工作中必需的工作人员，如速记员、打字员或其他服务人员。他们不是谈判的正式代表，而是谈判组织的工作人员，职责是准确、完整、及时地记录谈判内容。

（四）安排布置谈判场地

1. 谈判场地的选择标准

① 交通、通信比较便利的场所。

② 场所应布置得幽雅、整洁，具有较高的文化品位。

③ 场所最好较为宽敞、舒适，具有良好的通风和采光条件。

④ 场所相对比较安静，避免外界干扰。

⑤ 场所应具有必备的办公设施，如计算机、话筒、投影仪、音响设备、录像设备等。

2. 座位安排

座位安排的原则是“以右为大”“距门远为敬”。

3. 接待安排

在获悉客人抵达的确定日期后，应制定一个双方认可的议程安排表，把整个谈判日程细化。

注意

应提前安排客人的住宿问题。客人抵达当日，提前安排我方人员到机场、车站或码头迎接。客人到达后，通常只须稍加寒暄，即应陪客人前往宾馆。在行车途中，可以简单介绍一下情况，征询一下意见，即可告辞。

客人到达的当天，最好只谈第2天的安排，另外的日程安排可在以后时间再讨论。

事先询问对方离开的确切时间，提前到客人住宿的宾馆大厅等候，陪同客人一同前往机场、车站或码头。

送别时，直至飞机、轮船或火车在视野里消失，送行人员才可离去。

资料卡

注意谈判礼仪

1. 谈判的着装要合理

男性着装以西装为主，在中国也可以着中山装。

女性着装以西装、西服套裙为佳。

服装要求整洁、挺直；服装颜色一般选择灰色、藏蓝色、黑色。总之，着装给人的感觉应是踏实、端庄、严肃、可靠。

此外，谈判者还要注意自己的发型、指甲、胡须、体味等方面。

2. 行为举止要得当

① 坐姿。坐椅子的礼仪为：从左边入座、在椅子的左边站定；不要坐在椅子上摇晃、转动，以免弄出声响。

② 站姿。两脚跟并拢，两脚前部呈 45°，腰背挺直、自然挺胸、脖颈伸直、颌微向下、两臂自然下垂。

能力实训题

2018 年 5 月 9 日，张霞收到美国经营纺织品的 Love Force Co.,Ltd.经理 Drik Smith 先生回复的电子邮件，具体内容如下。

发件人：smith@force.com.us
收件人：zhangxia@zjorient.com.cn
日　期：2018-05-09　10:55:52
主　题：Counter Offer on Ladies Jacket
附　件：

Dear Miss Zhang,

We have received your price lists for the Ladies Jacket F162 and have studied it carefully. Although we appreciate the quality of the sample, the price level in your quotation is too high for this market. If you could grant us a discount of 10% for the first 20-foot container, we would agree to place repeat orders with you. You should note that some price cut will justify itself by an increase in business. We hope to hear from you soon.

Best regard.
Drik Smith
Manager

Love Force Co., Ltd.
Add: 110 West 34th ST., Suite 803, New York, NY 10001
Tel: 212-563-5490
Fax: 212-563-5490
E-mail: smith@force.com.us

任务一　还价计算

5 月 9 日上午，张霞根据国外客户还价和国内供应商采购成本计算预期出口利润，并根据国外客户的还价要求和 12%预计出口利润率测算国内相应的采购成本应控制在多少，为还价确定依据。

任务二　给国内供货商撰写还盘函

5 月 9 日下午，张霞根据湖州经典服装厂的报价内容，准备压价 6%，并结合该笔业务的特点给湖州经典服装厂的陈厂长撰写和传真还盘函。

任务三　给国外客户撰写还盘函

5 月 10 日上午，湖州经典服装厂的陈厂长同意降价到 76.8 元/件，然后张霞按照 14%预期出口利润率计算相应还价的出口价格，并给 Drik Smith 先生撰写和发送还盘函的电子邮件。

微 课

项目五 出口合同的签订

学习目标

应知能力

熟悉出口合同的主要条款及相关内容，了解出口合同的拟定技巧。

应会能力

能根据与国外客户达成的价格计算预期出口利润率，能根据双方达成的协议条款拟定一份完整的出口合同。

项目引入

2017年 12月 29日 Dirk Peter先生一行到上海玩具进出口有限公司进行实地考察，经双方反复磋商，达成 USD12.55/PC CIFC3温哥华的成交价，并就其他交易条款达成协议。其具体内容如下。

1. 商品：泰迪熊；面料：全棉；里料：PP棉。
2. 数量：款式号 SH226，2 180件。
3. 价格：USD12.55/PC CIFC3 温哥华。
4. 金额：27 359美元。
5. 包装：4只装1个出口纸箱。
6. 唛码：Leis/销售合同号/款式号/目的港名称/箱号。
7. 运输：收到信用证后2个月内装运；从中国上海运至加拿大温哥华。
8. 付款：见票后60天付款信用证，要求在2018年1月15日前开到卖方。
9. 保险：由卖方按发票金额的110%投保中国保险条款的一切险。
10. 单据：

（1）发票一式三份；

（2）装箱单一式三份；

（3）全套清洁已装船提单，做成空白指示抬头，空白背书，标注运费预付，通知买方；

（4）保险单一式两份；

（5）普惠制原产地证书格式 A。

此时，王萍需要完成以下工作任务。

1．达成协议时计算预期出口成本利润率

2017年12月29日，王萍根据与国外客户磋商达成的出口价格、与国内供货工厂达成的采购价格核算预期出口成本利润率。

2．签订出口合同

2017年12月29日，王萍根据与Leisure International Trading Corporation达成的以上协议条款拟定一份编号为SHWJ1301229的出口合同。

情景模拟操作示例

任务一　达成协议时计算预期出口成本利润率

2017年12月29日，王萍通过中国银行网站查询到2017年12月29日美元现汇的买入价为1美元＝6.164 7元人民币。

1．核算出口成本

出口成本＝采购成本－出口退税额

＝采购成本－采购成本÷（1＋增值税税率）×出口退税率

＝63.05－63.05÷（1＋17%）×15%

＝54.966 7（元/只）

2．核算出口费用

贷款利息＝12.55×6.164 7×6%×60÷360＝0.773 7（元/只）

国内费用＝国内运费＋其他国内费用＋贷款利息

＝（2 800＋150＋200＋100＋3 000＋100）÷2 180＋0.773 7

＝3.686 5（元/只）

国外运费＝2 200÷2 180×6.164 7＝6.221 3（元/只）

国外保费＝12.55×（1＋10%）×（0.7%＋0.3%）×6.164 7＝0.851 0（元/只）

佣金＝12.55×6.164 7×3%＝2.321 0（元/只）

3．核算成本利润率

成本利润率＝出口利润÷采购成本

＝（出口报价－出口成本－出口费用）÷采购成本

＝(12.55×6.164 7－54.966 7－3.686 5－6.221 3－0.851 0－2.321 0)÷63.05

＝14.78%

如果接受国外客户CIFC3 Vancouver 12.55美元/只的报价，能实现14.78%的出口成本利润率。

任务二　签订出口合同

Step 1　王萍根据与国外客户达成的主要协议条款起草销售合同，如图 5-1 所示。

SHANGHAI TOYS IMP. & EXP. CO., LTD.
139 Anyuan Road, Shanghai, China
Tel: 0086-21-62981100; Fax: 0086-21-62275517

销售合同

SALES CONTRACT

1．卖方：上海玩具进出口有限公司

The Sellers: Shanghai Toys Imp. & Exp. Co., Ltd.

2．地址：中国上海市安远路 139 号

Address: 139 Anyuan Road, Shanghai, China

Tel: 0086-21-62981100; Fax: 0086-21-62275517

3．买方：

The Buyers: Leisure International Trading Corporation

4．地址：

Address: 237 Johnson Road, 39210 Vancouver B.C., Canada

Tel: 01-11-4533212; Fax: 01-11-4533211

买卖双方同意按照下列条件购进、售出下列商品。

The Sellers agree to sell and the Buyers agree to buy the undermentioned goods according to the terms and conditions as stipulated below.

商品名称及规格 Name of Commodity & Specification	数　量 Quantity	单　价 Unit Price	总　值 Total Value
Teddy Bear Style No. SH226 Shell: 100% COTTON Lining: PP COTTON	2,180 PCS	CIFC3 Vancouver USD12.55/PC	USD27,359.00 USD27,359.00

5．包装：一个出口纸箱装 4 只泰迪熊。

Packing: 4 PCS of Teddy Bears are packed in one export standard carton.

6．唛码：

Shipping Marks: Leis
2017SHWJ020
SH226
Vancouver
NO.1-545

7．装船港口：中国上海

Port of Shipment: Shanghai, China

图 5-1　王萍与国外客户达成的销售合同

8．目的港口：加拿大温哥华

Port of Destination: Vancouver, Canada

9．装船期限：收到信用证后 60 天内。

Time of Shipment: Within 60 days upon receipt of the L/C.

10．付款条件：买方应通过买卖双方都接受的银行向卖方开出以卖方为受益人的不可撤销、可转让的远期 60 天付款信用证并允许分装、转船。信用证必须在 2018 年 1 月 15 日装船前 30 天开到卖方，信用证有效期限延至装运日期后 21 天在中国到期。

Terms of Payment: The Buyers shall open with a bank to be accepted by both the Buyers and Sellers an irrevocable transferable Letter of Credit, allowing partial shipment, transshipment in favor of the Sellers and addressed to Sellers payable at 60 days after sight against first presentation of the shipping document to Opening Bank. The covering Letter of Credit must reach the Sellers 30 days before Jan.15, 2018.

11．保险：由卖方按发票金额加成 10%投保一切险。如果买方要求加投上述保险或保险金额超出上述金额，必须提前征得卖方的同意；超出保险费由买方承担。

Insurance: To be covered by the Sellers for the full invoice valve plus 10% against all risks. If the Buyers desire to cover for any other extra risks besides aforementioned of amount exceeding the aforementioned limited, the Sellers approval must be obtained beforehand and all the additional premiums thus incurred shall be for the Buyers account.

12．单据：①发票一式三份；②装箱单一式三份；③全套清洁已装船提单，做成空白指示抬头，空白背书，标注运费预付，通知买方；④保险单一式两份；⑤普惠制原产地证书格式 A。

Documents: ①Invoice in triplicate; ②Packing List in triplicate; ③full set of clean on board bill of lading made out to order and marked freight prepaid blank endorsed notifying the buyer; ④Insurance Policy in duplicate; ⑤G.S.P. certificate of origin form A.

13．检验：由中国商检局出具的品质/重量证明书将作为装运品质数量证明。

Inspection: The inspection Certificate of Quality/Weight issued by CCIB shall be taken as basis for the shipping Quality/Weight.

14．不可抗力：因人力不可抗拒事故使卖方不能在合同规定期限内交货或不能交货，卖方不负责任，但是卖方必须立即以电报通知买方。如果买方提出要求，卖方应以挂号函向买方提供由中国国际贸易促进会或有关机构出具的证明，证明事故的存在。

Force Majeure: The Sellers shall not be held responsible if they, owing to Force Majeure causes, fail to make delivery within the time stipulated in the contract or can’t deliver the goods. However, in such a case the Sellers shall inform the Buyers immediately by cable. The Sellers shall send to the Buyers by registered letter at the quest of the Buyers a certificate attesting the existence of such a cause or causes issued by China Council for the Promotion of International Trade or by a competent authority.

15．异议索赔：品质异议须于货到目的口岸之日起 30 天内提出，数量异议须于货到目的口岸之日起 15 天内提出，买方须同时提供双方同意的公证行的检验证明。卖方将根据具体情况解决异议。由自然原因或船方、保险商责任造成的损失，将不予考虑任何索赔。信用证未在合同指定日期内到达卖方，或者 FOB 条款下，买方未按时派船到指定港口，或者信用证与合同条款不符，买方未在接到卖方通知所规定的期限内电改有关条款时，卖方有权撤销合同或延迟交货，并有权提出索赔。

图 5-1（续）

Discrepancy and Claim: In case discrepancy on quality of the goods is found by the Buyers after arrival of the goods at port of destination, claim may be lodged within 30 days after arrival of the goods at port of destination, while for quantity discrepancy, claim may be lodged within 15 days after arrival of the goods at port of destination, being supported by Inspection Certificate issued by a reputable public surveyor agreed upon by both parties. The Sellers shall, then consider the claim in the light of actual circumstance. For the losses due to a natural cause or causes falling within the responsibilities of the Ship-owners or the Underwriters, the Sellers shall not consider any claim for compensation. In case the Letter of Credit not reach the Sellers within the time stipulated in the Contract, or under FOB price terms Buyers do not send vessel to appointed ports or the Letter of Credit opened by the Buyers does not correspond to the Contract terms and the Buyers fail to amend therefore its terms by telegraph within the time limit after receipt of notification by the Sellers, the Sellers shall have right to cancel the contract or to delay the delivery of the goods and shall have also the right to lodge claims for compensation of losses.

16. 仲裁：凡因执行本合同所发生的或与合同有关的一切争议，双方应友好协商解决。如果协商不能解决应提交中国国际经济贸易仲裁委员会，根据该委员会的有关仲裁程序暂行规则在中国进行仲裁。仲裁裁决是终局的，对双方都有约束力。仲裁费用除另有裁决外由败诉一方承担。

Arbitration: All disputes in connection with the contract or the execution thereof shall be settled amicable by negotiation. In case no settlement can be reached, the case under dispute may then be submitted to the China International Economic and Trade Arbitration Commission for arbitration. The arbitration shall take place in China and shall be executed in accordance with the provisional rules of Procedure of the said Commission and the decision made by the Commission shall be accepted as final binding upon both parties for setting the dispute. The fees for arbitration shall be borne by the losing party.

卖方：	买方：
The Sellers:	The Buyers:
Shanghai Toys Imp. & Exp.Co., Ltd.	Leisure International Trading Corporation

图 5-1（续）

Step 2 王萍将起草拟定的合同交给上海玩具进出口有限公司王经理签名后，传真给Leisure International Trading Corporation，当天下午收到对方公司签名盖章的出口合同传真件，至此出口合同签订环节完毕。

卖方：	买方：
The Sellers:	The Buyers:
Shanghai Toys Imp. & Exp. Co., Ltd.	Leisure International Trading Corporation
王三	DIRK PETER

知识链接

一、接受

所谓接受，就是交易的一方在接到对方的发盘或还盘后，以声明或行为向对方表示同意。法律上将接受称作承诺。接受和发盘一样，既属于商业行为，也属于法律行为。交易磋商是合同签订前的准备工作，可概括为 4 个环节：询盘、发盘、还盘和接受。其中，发盘和接受是必不可少的两个基本环节。

（一）接受构成的条件

要构成一项有效的接受，必须具备下列条件。

① 接受必须由特定的受盘人或其指定的代理人做出。这一条件与发盘的第 1 个条件相呼应。发盘必须向特定的人发出，即表示发盘人愿意按发盘的条件与受盘人订立合同，但并不表示他愿意按这些条件与其他任何人订立合同。因此，接受也只能由受盘人做出才具有效力。

② 接受必须是无条件地表示同意发盘的内容。如果对发盘内容进行增减或修改，则是一项还盘，而不是接受。《联合国国际货物销售合同公约》及我国《合同法》将接受中对发盘条件的变更分为实质性变更发盘条件和非实质性变更发盘条件。凡对货物的价格、付款、质量和数量、交货地点和时间、赔偿责任范围或解决争端等方面添加条件或者提出不同意见，均视为实质上变更发盘条件。受盘人在表示接受的同时，如果对发盘的条件做了实质性变更，则构成还盘；如果属非实质性变更，如要求提供装箱单、重量单、商检证书、原产地证书等单据，或者要求增加某些单据的份数、提供装船样品、在包装上刷上指定的标记等，除发盘人及时反对其间的差异外，仍可构成有效的接受，使合同得以成立，并且合同的条件以该项发盘的条件及在接受中所载的更改为准。

③ 受盘人表示接受，要采取声明的方式，即以口头或书面的声明向发盘人明确表示出来。另外，还可以用行为表示接受。

④ 接受必须在发盘有效期内做出。接受的方式通常以口头或书面表示，但究竟以何种方式表示，则根据发盘的规定。如果发盘无规定时，可依当事人之间确立的习惯做法或惯例表示；如果采用书面接受，在发盘中对通信方法无具体要求时，习惯上采用与发盘同样的通信方法或更快的方法来传递接受。

（二）逾期接受与接受的撤回

逾期接受是指接受通知到达发盘人的时间已经超过了发盘所规定的有效期，或者在发盘未规定有效期时，已超过了合理的时间。按照各国法律，逾期的接受不能认为是有效的接受，而是一项新的发盘。但是，《联合国国际货物销售合同公约》和《国际商事合同通则》做了灵活规定。《联合国国际货物销售合同公约》第 21 条规定：“逾期的接受仍具有接受的效力，只要发盘人毫不迟延地以口头或书面方式将其认为该项逾期接受仍属有效的通知送达发盘人即可。”

必须在接受通知到达发盘人之前或与接受通知同时到达发盘人时才可以撤回接受。但按照英美法的投邮生效原则，接受一经投邮立即生效，所以不存在接受的撤回。

二、进出口合同生效的条件

合同要具有法律效力，必须具备以下 5 个条件。

① 合同当事人必须具有签约能力。

② 合同必须有对价或约因。

③ 合同的内容必须合法。

④ 合同必须符合法律规定的形式。

⑤ 合同当事人的意思表示必须真实。

三、签订合同

经过交易磋商，一方的发盘或还盘被对方有效地接受后，就算达成了交易，双方之间就建立了合同关系。在业务中，一般还要用书面形式将双方的权利、义务明文规定下来，以便于执行，这就是所谓的签订合同。

Step 1 了解出口合同的主要种类、形式。

在交易磋商过程中，一方发盘经另一方后交易即告达成，买卖双方就构成了合同关系。双方在磋商过程中的往来函电便是合同的书面证明。但在实际业务中，按照国际上的通常做法，买卖双方还须填制固定格式的书面出口交易合同，以便将各自的权利和义务用规范的合同条款的形式加以明确。这时，出口业务就进入了合同签订阶段。从事进出口贸易的企业，通常都有其固定的合同格式，出口交易达成以后，业务人员根据书信函电往来或口头磋商的结果将各项内容填入合同文本中。合同通常做成一式三份，经出口商签署后，面交或航空邮寄两份给对方要求会签。进口商收到合同经审核无误签署后保留一份，并将另一份退还出口商归档。对于出口交易合同的形式，国际上并无特别的限制。在我国的出口交易中，使用最为广泛的是销售合同（sales contract）和销售确认书（sales confirmation）两种形式。销售合同和销售确认书虽然在格式、项目及措辞等方面有所不同，但就其主要部分，即体现双方经磋商达成一致的各项合同条款，均是明确、完整和肯定的。因此，两种形式在法律上对合同双方当事人具有同等的约束力。而其内容不外乎有以下 3 个方面。

① 约首。合同的约首部分通常包括合同名称、合同编号、缔约依据、日期和地点、当事人的名称和地址。

② 本文。本文是合同的中心部分，具体列明交易的各项条件，规定双方当事人的权利和义务。本文部分的内容主要有出口货物的名称、规格和达成交易的数量；商品的包装和双方谈妥的价格；交付货物的时间、装运地及目的地；货物的运输保险由哪一方负责、保险险别与适用的保险条款；货物的支付时间和方式，以及产品技术相关的要求和预防处理争议的条款等。

③ 约尾。约尾是合同的结束部分，说明合同的份数、缔约人签名、合同生效的时间和条件，以及合同所适用的法律等内容。

Step 2 如果你是出口商，在签订合同时要注意以下条款。

1. 品名及规格

品名及规格（commodity name and specifications）是指买卖双方洽商交易时，首先要明确买卖什么商品，并在合同中列明成交商品的名称。因此，品名条款是合同中不可缺少的一项。按照有关的法律和惯例，对交易标的物的描述是构成商品说明的一个主要组成部分，也是买卖双方交接货物的一项基本依据，关系到买卖双方的权利和义务。如果卖方交付的货物不符合约定的品名或说明，买方有权提出损害赔偿要求，甚至可以拒收货物或撤销合同。

品名及规格条款也称品质条款，是构成商品说明的重要组成部分，也是交易双方在交接货物时对货物品质界定的主要依据。在出口交易中，约定商品品质的方法一般有以下两种。

（1）用实物来表示出口商品的品质

① 看货成交。看货成交就是由卖方在货物存放地点向买方展示拟出售的货物，经买方现场检验满意后达成交易。看货成交一般只适合于一些古董、工艺品及首饰等贵重物品交易。

② 凭样成交。凭样成交就是以样品来说明商品品质并约定以样品作为交接货物的品质依据。凭样成交可分为凭卖方样品成交和凭买方样品成交两大类。凭样成交通常适用于那些品质难以用文字描述的商品的买卖，如服装、玩具及某些轻工产品和矿产品等。

（2）用文字说明来表示商品的品质

① 凭规格、等级或标准成交。根据货物的规格、等级或标准进行买卖是出口贸易中经常采用的表示品质的方法。规格是指一些用以反映商品品质的主要指标；等级是指将同一种商品按其规格上的差异，分为品质上优劣不同的若干级别；标准是指统一化的规格和等级及其检验方法。

在国际贸易中，对一些已经被广泛接受的标准，一般倾向于按该项标准进行交易。根据标准适用范围和地域的不同，可分为国际标准、国家标准、行业标准和企业标准。

资料卡

常用的工业品国家标准如表 5-1 所示。

表 5-1 常用的工业品国家标准

NF（Normes Francaises）	法国标准
DIN（Deutsche Industric Norman）	德国工业品标准
BSI（British Standard Institute）	英国标准协会标准
JIS（Japanese Industrial Standard）	日本工业标准
ISO 9000	质量管理与质量保证标准

（续表）

ISO 9001	设计、开发、生产、安装与服务的质量保证模式
ISO 9002	生产与安装的质量保证模式
ISO 9003	最终检验与试验的质量保证模式
ISO 9004	质量管理与质量体系要素
ISO 14001	环境管理体系认证标准

资料来源：中国质量认证中心，http://www.cqc.com.cn.

② 凭牌名或产地名称成交。凭牌名或产地名称成交主要适用于那些买主已十分熟悉其品质的轻纺产品或农副土特产品的买卖。

③ 凭说明书成交。对于某些结构复杂和材料、设计要求严格的技术密集型产品，一般要凭借样本说明书并附以图样、照片和分析图表来说明其具体的性能及构造特点。按这种方式进行的交易就是凭说明书成交。

例 5-1 圣诞熊，货号 S312，16 cm，戴帽子和围巾，详情根据 2017 年 8 月 20 日卖方寄送的样品。

No.S312 16cm Christmas bear with caps and scarves, details as per the samples dispatched by the Seller on Aug.20,2017.

例 5-2 “威尔逊”牌足球，货号 WS18，5 号球，真皮手工缝制，国际足联批准比赛用球。

“WELON” brand football, Art. No. WS18, Size 5, genuine leather, hand-sewn, FIFA, approved.

例 5-3 中国大米良好平均品质。

Chinese rice F.A.Q.

例 5-4 碎粒最高 20%。

Broken grains (max.) 20%

2. 数量

出口合同中的数量（quantity）条款包括计量单位、商品数量，或者再加上数量机动幅度。

《联合国国际货物销售合同公约》规定，卖方必须按合同数量条款的规定如数交付货物。如果卖方交货数量多于约定数量，买方可以收取或者拒收多交部分货物的全部或一部分；如果卖方实际交货数量少于约定数量，卖方应在规定的交货期届满前补交，但不得使买方遭受不合理的麻烦或承担不合理的开支，且买方有保留要求损害赔偿的任何权利。

（1）计算质量的方法

在国际货物贸易中，按质量计量的商品很多。根据一般商业习惯，通常计算质量的方

法有以下几种。

① 毛重。商品本身质量加包装的质量称为毛重。

② 净重。商品本身质量，即除去其包装物后的实际质量称为净重。这是国际贸易中最常见的计重方法。不过，有些价值较低的农产品或其他商品，有时也采用“以毛作净”的办法计重。

③ 公量。国际货物贸易中的棉花、羊毛、生丝等商品有较强的吸湿性，其所含的水分受客观环境的影响较大，故其质量很不稳定。为了准确计算这类商品的质量，国际上通常采用按公量计算的办法。以商品的干净重（指烘去商品水分后的质量）加上国际公定回潮率与干净重的乘积所得出的质量，即为公量。

④ 理论质量。对于某些按固定规格生产和买卖的商品，只要其规格一致，每件质量大致是相同的，一般可从其件数推算出总量。但是这种计重方法是建立在每件货物质量相同的基础上的，质量如有变化，其实际质量也会产生差异，因此只能作为计重时的参考。

⑤ 法定质量与实物净重。按照一些国家海关法的规定，在征收从量税时，商品的质量以法定质量计算。所谓法定质量，是商品质量加上直接接触商品的包装物料，如销售包装等的质量。而除去这部分质量所表示出来的纯商品的质量，则称为实物净重。

⑥ 溢短装条款。在矿砂、化肥、粮食、食糖等大宗散装货物的交易中，由于受商品特性、货源变化、船舱容量、装载技术和包装等因素的影响，要求准确地按约定数量交货有时存在一定困难，为了使交货数量具有一定范围内的灵活性和便于履行合同，买卖双方可在合同中合理规定多装或少装的机动幅度，即数量增减条款或溢短装条款。规定溢短装条款时应注意 3 点：机动幅度的大小要合适；机动幅度的选择权要合理；溢装、短装数量的计价要公平合理。

资料卡

影响商品成交数量的因素

① 各国政府的贸易政策，如配额限制等。

② 目标市场的需求情况。

③ 商品价格波动情况。

④ 出口商供货能力，进口商支付能力。

⑤ 商品的销售意图。

⑥ 其他交易条件，如包装、运输等。

（2）订立数量条款时应注意的问题

① 对出口商品数量的掌握。

- 国外市场的供求情况。
- 国内货源情况。
- 国际市场的价格动态。
- 国外客户的资信状况和经营能力。

② 对进口商品数量的掌握。

- 国内的实际需要。
- 国内的支付能力。
- 市场行情的变化。

3．包装

进出口货物根据是否加以包装（packing）可分为三大类：散装货物（bulk cargo）、裸装货物（nude cargo）和包装货物（parked cargo）。包装又有内外包装之分：内包装又称销售包装，其作用除了保护商品之外，更强调美化宣传商品，具有便于消费者识别、选购、携带和使用的功能；外包装也称运输包装，其主要作用在于保护商品，便于运输、储存、计数和分拨等。

出口合同包装条款通常包括外包装的种类、包装方式及总件数。种类是指采用的包装材料，如木箱（wooden case）、纸箱（carton）、捆包（bundle，bale）、袋（bag）、桶（drum）等；包装方式是指每个包装单位内所装的商品个数；总件数是指整批货物总的包装件数。包装的分类及具体说明如表5-2所示。

表5-2　包装的分类及具体说明

包装分类	具体说明
按包装在流通领域中的作用分类	① 销售包装。销售包装也称出口产品的内包装，是指与出口产品能配装成一个整体随同出口产品一起出售，并能适应人们复杂的消费需要，在人们的消费行为中发挥作用的包装； ② 运输包装。运输包装也称出口产品的外包装。其作用在于保护出口产品，方便运输、装卸和储存。常见的运输包装种类有木箱、纸箱、铁桶、竹篓、柳条筐及集装箱、集装袋与托盘等
按包装使用次数分类	① 一次使用包装； ② 多次使用包装，坚固且可再次回收
按包装适用性分类	① 专用包装。专用包装指具有特定使用范围的包装，如盛装硝酸、硫酸的专用陶瓷，盛放鸡蛋的专用纸格箱等； ② 通用包装。适应性强、使用范围广的出口产品包装称为通用包装，如木箱、麻袋等
按包装耐压程度分类	① 硬质包装。木箱、木桶、铁箱、铁桶等耐压性较强的包装均属于硬质包装； ② 半硬质包装。纸板箱、竹篓、柳条筐等均属于半硬质包装； ③ 软质包装。麻袋、布袋、纸袋等耐压性差的包装均属于软质包装
按包装制造材料分类	包装制造材料主要包括纸制品、纺织制品、木制品、塑料制品、金属制品、玻璃、陶瓷、复合材料制品、草类编制品等

例 5-5　每20件装一盒，10盒装于一纸箱；共500只纸箱。

20 pieces to a box, 10 boxes to an export carton. Total 500 cartons only.

例 5-6　每只包纸，并套塑料袋，每一打装一坚固新木箱/纸箱，适合长途海运，防湿、防潮、防震、防锈、耐粗暴搬运。

Each to be wrapped with paper then to a polybag, every dozen to a new strong wooden case/carton, suitable for long voyage and well protected against dampness, moisture, shock, rust and rough handling.

出口合同中包装条款除了上述内容外，必要时还会列明货物的包装标记。包装标记主要包括运输标记、指示性标记、警告性标记及其他标记。

运输标记（shipping mark）通常由主标记、目的地和件号 3 个部分组成。主标记通常由收/发货人名称、简单的几何图形、买卖合同、信用证或发票号码等表示；目的地表明货物最终要运抵的地点，通常为港口；件号主要用来说明一批货物的总包装件数、本件货物的号码或是整批货物与本件货物的关系。

为促使搬运人员及开箱拆包人员注意，保障货物和操作人员的安全，指示性和警告性标记通常使用文字或者一些简单、醒目、易懂的图标。

资料卡

品质数量包装条款

品质条款案例——水分该定成多少

某公司出口一批脱水菠菜到香港，质量条款规定“水分不超过 8%”或“水分为 8%”。试分析这两种规定是否相同？如果该公司实际交货质量高于或低于该标准，卖方要承担什么责任？

答：两种规定不同——“水分不超过 8%”，表明水分在 8%及以下即为符合质量要求；而“水分为 8%”则表明要保持水分在 8%，即大于或小于 8%都不符合要求。

如果该公司实际交货的水分大于 8%，则肯定不合格。如果交货质量不合格，则卖方要承担违约责任。

数量条款案例——溢短装的价格如何定

我国某粮油贸易公司向某国进口 10 000 MT.小麦，合同规定可溢短装 5%，由卖方选择。在装船时，国际市场上小麦价格上涨，因此卖方故意少装 500 MT.，给我方造成了损失。

讨论：这种损失是否可以避免？

答：可以避免。可以事先在合同中规定溢短装部分不采用合同价格，应采用交货时的市场价格来计价。

包装条款案例——小包装是否可改

某公司外售杏脯 1.5 MT.，合同规定用纸箱包装，每箱 15 kg（内装 15 小盒，每小盒 1 kg）。交货时，因为没有这种包装的货物，所以该公司改为小包装交货（每箱 15 kg，内装 30 小盒，每小盒 0.5 kg）。结果外商以货物包装不符合规格为由提起索赔，我们需要赔偿吗？

答：此案例中，货物的数量没有改变，都是 1.5 MT.，每箱的质量没有改变，都是 15 kg，然而每箱的盒数以及每盒的质量改变了。也就是说，改变了计件单位的包装，这有可能会给进口商的销售带来影响。因此这是违反合同的做法，需要赔偿。

4．价格

出口合同中的价格（price）条款通常包括单价（unit price）和总值（total amount/total value）两项。商品的单价由计价的数量单位、单位价格金额、计价货币和贸易术语 4 个部分组成。在合同中，单价的各个组成部分必须表述明确。总值是单价和数量的乘积。总值所使用的货币必须与单价所使用的货币一致；合同的数量单位和单价中的数量单位必须吻合才能得出正确的合同总额（在合同的“总值”栏下有时也同时列明贸易术语）。许多出口合同中还将合同总金额的大写列为专门的栏目。

5．装运/交货

装运/交货（shipment/delivery）是指出口合同中装运条款一般包括装运时间、装运（港）地、目的（港）地、货物运输方式，以及装运的附加条件等方面的内容。

（1）装运时间的规定方法

① 规定最迟装运期限，如 Shipment on or before/not later than/latest on Oct. 25th, 2018。

② 规定一段期限内装运，如 Shipment during Nov./Dec., 2018。

③ 规定收到信用证后一定时间内装运，如 Shipment to be effected within 30 days after receipt of L/C。

（2）合同中的装运附加条件

① 分批装运。货物是否可以分批装运，对交易双方都有影响，所以往往需要在合同中加以明确规定。

例如，Shipment from Shanghai to Genoa during July, 2018 with partial shipments allowed (permitted)/not allowed (not permitted).

② 转运。有的情况下，如从装运港至目的港没有直达船或无固定船期，或者为了防止赶不上直达船而造成迟延装运，卖方会在合同中做出允许转运的规定。合同中有关转运的规定为 transshipment permitted/prohibited（允许/禁止转运）。

（3）关于装运期的附加条件

在出口贸易中，有时卖方为了防止因某些特殊情况延误装运而产生的违约行为，会在合同中对装运期限提出一些附加条件以保障其利益。例如：

Shipment during August 2018 subject to shipping space (or vessel) available.

2018 年 8 月间装运但以获得舱位（或租到船）为准。

Shipment to be effected by April 30th 2018 subject to buyer's L/C reaching seller before March 15th, 2018.

买方信用证如在 2018 年 3 月 15 日前到达卖方，货物则在 2018 年 4 月 30 日前装运。

6．保险

保险（insurance）条款主要包括投保责任归属、保险金额、投保险别和保险条款依据四部分内容。出口合同，尤其是以 CIF 作为成交贸易术语的合同，保险条款是合同中的主要条款之一，必须明确、合理。保险条款必须明确由何方办理保险、保险险别、保险金额的确定方法、按什么保险条款保险并要注明保险条款的生效日期。例如，在 FOB 术语达成的交易中，买方委托卖方代办保险，则应在合同中明确规定保险金额、投保险别，以及保险费应由买方负担。

以 FOB、CFR 或 FCA、CPT 术语成交合同，保险条款可规定为：

Insurance：to be covered by the Buyers.

保险：由买方负责办理。

以 CIF 或 CIP 术语成交的合同，条款可规定为：

Insurance：to be covered by the Sellers for 110% of total invoice value against all risks as per and subject to the relevant ocean marine cargo clauses of the People's Insurance Company of China dated 1/1/1981.

保险：由卖方按发票金额的 110%投保一切险和战争险并按照中国人民保险公司 1981 年 1 月 1 日的海运货物保险条款办理。

7. 付款

出口合同中的付款（payment）条款或支付条款，依据不同的付款方式或支付方式而内容各异，分别举例如下。

（1）汇付（汇款）

使用汇付（remittance）方式时，合同中应明确规定汇付的时间、具体的汇付方法，以及汇付的金额等。

① 预付货款

The Buyers shall pay 100% of the sales proceeds in advance by T/T (M/T / a banker's draft / a demand draft）to reach the Sellers not later than Oct.10, 2018/within 2 weeks after the signing of this contract.

买方应不迟于 2018 年 10 月 10 日（本合同签订后 2 周内）将 100%的货款用电汇（信汇/银行汇票）预付至卖方。

② 收到提单后（单到）付款

The Buyers should pay 100% of the contract value by T/T upon the receipt of the original Bills of Lading (the fax of the original B/L) sent by the Sellers.

买方应于收到卖方寄交的正本提单（正本提单传真）后立即将 100%的货款用电汇付交卖方。

（2）跟单托收

出口合同采用跟单托收（documentary collection）作为付款方式时，条款中应当明确规定银行交单的条件、买方的付款期限等。以下是 3 种不同形式的跟单托收合同条款。

① 即期付款交单（即期 D/P）

Upon first presentation the Buyers shall pay against documentary draft drawn by the Sellers at sight. The shipping document is to be delivered against payment only.

买方应凭卖方开具的即期跟单汇票于见票时立即付款，付款后方可获得运输单据。

② 远期付款交单（远期 D/P）

The Buyers shall duly accept the documentary draft drawn by the Sellers 30 days after sight (after the B/L date / after the date of the draft) upon first presentation and make the payment on its maturity. The shipping documents are to be delivered against payment only.

买方对于卖方开具的见票后（提单日后/出票日后）30 天付款的跟单汇票，于提示时应立即承兑，并应于汇票到期日即予付款，付款后方可获得运输单据。

③ 承兑交单（D/A）

The Buyers shall duly accept the documentary draft drawn by the Sellers at 45 days' sight upon first presentation and make payment on its maturity. The shipping documents are to be delivered against acceptance.

买方对卖方开具的见票后45天付款的跟单汇票，于提示时应立即承兑，并应于汇票到期时即予付款，买方在承兑后即可获得运输单据。

（3）跟单信用证

跟单信用证支付方式是出口贸易中使用最为广泛的一种支付方式。采用跟单信用证方式付款时，合同中的支付条款通常包括开证银行、信用证种类、开证日期、信用证金额，以及信用证的有效期和到期地点等内容。根据跟单信用证的期限不同，可以分为即期信用证与远期信用证两种类型。

① 即期信用证

The Buyers shall open through a bank acceptable to the Seller an Irrevocable Letter of Credit payable at sight to reach the Sellers 30 days before the month of shipment, valid for negotiation in China until the 15th day after the date of shipment.

买方应通过一家卖方可以接受的银行于装运月份30天前开立并送达卖方不可撤销即期信用证，在中国议付的有效期保持至装运日期后15日。

② 远期信用证

The Buyers shall open through a bank acceptable to the Sellers an Irrevocable Letter of Credit 30 days after sight (after the B/L date / after the date of the draft) to reach the Sellers by the end of Aug., 2018, valid for negotiation in China until the 15th day after the date of shipment.

买方应通过卖方可接受的银行于2018年8月底前开立并送达卖方见票后（提单日后/出票后）30天付款的不可撤销信用证，在中国议付的有效期保持至装运日期后15日。

8. 商品检验条款

商品检验条款通常规定商品检验所应依据的标准、检验机构、检验期间和商检权等内容。商品检验条款的作用是提供一个确定卖方所交货物是否符合合同的依据，关系到合同的履行、索赔、诉讼等许多法律问题。

（1）检验权的归属，检验或复验的时间和地点

根据国际贸易惯例，关于检验权的归属、检验或复验的时间和地点的规定有以下5种方法。

① 在出口国产地检验。发货前由卖方检验人员会同买方检验人员对货物进行检验，卖方只对货物离开产地前的品质负责。货物离产地后运输途中的风险由买方负责。

② 在装运港（地）检验。货物在装运前或装运时由双方约定的商检机构检验，并出具检验证明，作为确认交货品质和数量的依据。这种规定被称为以离岸品质和离岸数量为准。

③ 在目的港（地）检验。货物在目的港（地）卸货后，由双方约定的商检机构检验，并出具检验证明，作为确认交货品质和数量的依据。这种规定被称为以到岸品质和到岸数量为准。

④ 在买方营业处所或用户所在地检验。对于那些密封包装、精密复杂的商品，不宜在使用前拆包检验或需要安装调试后才能检验的产品，可将检验推迟至用户所在地，由双方认可的检验机构检验并出具证明。

⑤ 在出口国检验，进口国复检。按照这种做法，装运前的检验证书作为卖方收取货款

的出口单据之一，但货到目的地后，买方有复检权。如果经双方认可的商检机构复检后，发现货物不符合合同规定，且系卖方责任，买方可在规定时间内向卖方提出异议和索赔，直至拒收货物。

（2）检验检疫机构

一般来讲，我国进口商可以选择的检验检疫机构主要有以下3类。

① 出入境货物检验检疫工作的主管机构——国家质量监督检验检疫总局及其分支机构。

② 民间出入境货物检验检疫机构，如中国进出口商品检验总公司。

③ 国际性检验检疫机构或鉴定机构，如SGS等。

9. 索赔条款

索赔条款是指双方当事人在国际货物买卖合同中约定，当发生违约情况时，一方应承担什么责任，一方可享有什么权利以弥补损失。索赔条款通常有两种规定方法：异议与索赔条款；罚金条款。

（1）异议与索赔条款

异议与索赔（discrepancy and claim）条款是针对卖方交货的品质、数量或包装不符合合同规定而订立的。例如，买方对于装运货物的任何异议，必须于货物运抵提单所列明的目的港30天内提出，并须提供经卖方认可的公证机构出具的检验报告。如果货物已经过加工，买方即丧失索赔权利。属于保险公司或轮船公司责任范围的索赔，卖方不予受理。

（2）罚金条款

罚金（penalty）条款同异议与索赔条款的不同之处在于，罚金条款仅适用于卖方延期交货或买方延期接货，并在条款中规定了罚金的计算方法。

10. 不可抗力条款

不可抗力（force majeure）是指买卖合同签订后，不是由于当事人的过失或疏忽，而是由于发生了当事人不能预见、无法预防、无法克服的事件，以致不能履行或不能如期履行合同，发生意外事件的一方可以免除履行合同的责任或推迟履行合同。不可抗力条款主要包括不可抗力事件的范围、处理原则和方法，不可抗力事件发生后通知对方的期限和方式，出具相应证明文件的机构等内容。

11. 仲裁条款

仲裁（arbitration）又称公断，是指买卖双方在争议发生之前或发生之后，签订书面协议，自愿将争议提交双方所同意的第三者予以裁决（award），以解决争议的一种方式。仲裁是以当事人的自愿为基础的灵活、简便的争议解决方法。仲裁的裁决是终局性的，买卖双方协商采用仲裁方式解决争议后，则排斥了法院的管辖权。仲裁条款作为主合同的一个条款，尽管其依附于主合同，但其仍然可以与主合同的其他条款分离，独立于它所依附的主合同而存在。

《中华人民共和国仲裁法》规定：当事人采用仲裁方式解决纠纷，应当双方自愿，达成仲裁协议。没有仲裁协议，只有一方申请仲裁的，仲裁机构将不予处理，即书面仲裁协议的存在是仲裁条款生效的条件；仲裁协议应当具有请求仲裁的意思表示、仲裁事项和选定的仲裁机构3项内容。

资料卡

其他合同条款的案例

运输条款案例1——以后各批是否都无效

有一份合同，其内容为出售中国茶叶100MT.。合同规定："自4月份开始，每月装船10MT.，分10批交货。"卖方从2月份开始交货，但交至第6批时，茶叶有霉变，于是买方以此为理由，主张以后各批均应撤销。在上述情况下，买方能否主张这种权利？为什么？

答：买方可以主张包括第6批及以后各批无效。因为，分批交货合同，每批次可作为相对独立的合同对待，1至5批次的茶叶合格，买方必须接受这5批货物。而第6批不合格，使买方有理由推断其以后各批将出现质量问题。

运输条款案例2——提单托运人也要仔细填

某年，我国H公司与新加坡M公司以FOB签订了一笔出口3 000MT.散装货物合同。3月10日，H公司收到经M公司申请开来的信用证。信用证要求，H公司先装运1 000MT.货物，并在该批货物提单的托运人栏内填写M公司的名称。3月21日，H公司将1 000MT.货物交给某外轮公司承运，并请求该外轮公司在提单托运人栏内填写M公司名称，收货人为"To Order"。H公司装船后取得清洁提单，背书后到银行办理结汇。但银行在其背书上打了"×"，将提单退回H公司。这意味着H公司无法通过银行收取货款。后又得知，当货物抵达目的港新加坡后，承运人按照提单托运人M公司的声明，在没有正本提单的情况下，将货物直接交给了收货人。于是，H公司持正本提单向承运的某外轮公司以无正本提单放货为由，要求其承担赔偿责任。但该外轮公司认为，H公司虽然持有正本提单，但该提单为指示性提单，其托运人为M公司，而非H公司，提单未经托运人M公司背书，H公司不能证明其具有合法当事人的地位，因而H公司与该外轮公司不存在合同关系。因此，H公司不能向该外轮公司主张权利。试讨论H公司的教训。

答：H公司的教训是提单托运人和收货人填写失误，导致货款两空。提单中收货人不能直接填买方，托运人必须填卖方，这时收货人一栏的"To Order"意味着凭卖方指示。在本案例中，这就意味着凭买方指示了，导致船方的说法没有问题而不理会卖方的正本提单。

不可抗力条款案例——能否以不可抗力为由免除交货责任

某年我国某进出口公司与外商签订了一份出口农产品的合同，合同签订日期为该年9月1日，合同规定装船日期为当年10月至12月。9月中旬以后，该商品国内市场价格上涨，该公司因亏损过高不能出口。经查，该商品国内市场价格上涨的原因是7、8月份产地遭受过严重水灾，产品无收。

讨论：在此情形下，我方可否以不可抗力为由免除交货责任？理由何在？

答：在此情形下，我方不可以不可抗力为由免除交货责任。因为7、8月份产地遭受过严重水灾是在9月1日签合同前。

结算条款案例1——能否看出信用证软条款

软条款（soft clause），即不可撤销信用证中规定申请人或开证行可以单方面解除付款约束，使受益人处于不利和被动的地位，导致其履约和结汇存在风险隐患的条款。简而言之，软条款有一个最基本的特征，即它被申请人或开证行单方面所控制，使得不可撤销信用证变为可撤销信用证，对出口方来说是十分危险的。但实务中，出口商对软条款的认识还是不够，一些企业往往急于成交而忽视软条款，因而掉进不法分子设计的欺诈陷阱；有些企业过于看重进口商的以往履约记录，对软条款掉以轻心，从而蒙受损失；

有些企业甚至没有足够的国际结算知识，因而对软条款视而不见。由于软条款是嫁接在“信用证”这一具有银行信用的结算方式上的，所以隐蔽性很大。加上软条款的形式千变万化，没有固定的模式，特别是一些软条款的表述十分专业，难以被非银行人员所注意和理解，没有银行的提醒，一般不易引起受益人的警觉，一些初涉国际贸易结算的出口商就更不具备足够的知识去识别它。因此，软条款往往被用作诈欺、违约、拒付的有效工具。下面列举一些常见的软条款，分析它的特点，希望对出口企业的审证工作有所帮助。

案情简介　1998年12月25日，我国A银行收到日本B银行的即期不可撤销信用证，申请人为日本的D公司，受益人为我国一外贸公司下属的食品加工企业C。A银行收到信用证后认真审查了该证，发现有一软条款“inspection certificate issued by Mr. Zhang of d, xx office in two copies”。工作人员在通知受益人时，指出了该软条款，提醒受益人注意。受益人称该张先生现驻其公司，未提出异议。后C公司在信用证有效期内分两次发货，并提交规定单据到A银行议付。第1次议付时间是1999年1月29日，金额为USD26 800.00，准时收回货款；问题出在第2次议付上。

第2次议付时间是1999年2月5日，议付金额为USD107 520.00。因该证有偿付行，议付行及时收到了押汇款。可时隔几日之后开证行发电至议付行便称该单据有不符点，“检验证书上签名系伪造”，因此拒付并要求退回已收到的偿付行的款项。同时，申请人D驻我国办事处也派人到A银行，称他们收到的是空箱，根本没有货。A银行意识到问题的严重性，经研究做出如下决定：首先要保证资金安全，收到的款项不能退回。同时根据UCP500第15条“银行对于任何单据的形式，完整性、准确性、真实性、伪造或法律效力，或对于单据上规定的或附加的一般性（及/或）特殊性条件概不负责”的规定向开证行发电据理力争，毫不退让。经过交涉，开证行最终在1999年3月15日同意付款。

讨论：软条款——信用证业务中的“陷阱”的防范。

答：对于信用证中超出一般要求的其他条款规定，都要给予充分的重视，一般情况下不予接受，并要求开证行修改信用证后接受，否则易陷入信用证软条款的“陷阱”中。如果接受了部分软条款，需要及早采取防范措施，避免损失。

结算条款案例2——电汇付款竟被撤销

某省公司一位业务员与国外客户商定，货款结算使用美元电汇支付。货物发出后10余天，该公司业务员收到客户电汇付款的银行收据传真件，当即书面指示船公司将货物电放（凭提单副本提货）给提单上的通知人。客户将货提走，货款却未到账。

经查，客户在银行办理了电汇付款手续后，取得银行收据，马上传真给卖方，并要求立即电放货物。在拿到卖方给船公司的电放指示附件后，即去银行撤销了这笔电汇付款，造成了该公司8万美元的损失。

检验条款案例——该检验证书是否有效

我A公司向美国B公司以CIF纽约的条件出口一批农产品。签约时，我A公司已知道该批货物要转销加拿大。该货物到纽约后，立即转运加拿大。其后，纽约的买方B凭加拿大机构检验签发的在加拿大检验的证明书，向我方提出索赔。

讨论：我A公司应如何对待该检验证书？

答：我A公司应认可该检验证书的法律效力。因为《联合国国际货物销售合同公约》第38条第3款规定：“如果货物在运输途中该货物买方须再发运货物，而没有合理机会加以检验，且卖方在订立合同时已知道或理应知道这种改运的可能性，检验可推迟到货物到达新目的地后进行。”

能力实训题

2018年5月12日，张霞通过与Drik Smith的不断磋商，达成14.5美元/件CIF纽约的价格出口全棉女式夹克，并就合同其他条款达成了一致。其主要磋商谈判情况如下。

① 商品：全棉女式夹克；面料：全棉；里料：涤纶。

② 数量：款式号F162，4 620件。

③ 价格：USD14.50/PC CIF纽约。

④ 金额：61 770美元。

⑤ 包装：20件装1个出口纸箱。

⑥ 唛码：Love/销售合同号/款式号/目的港名称/箱号。

⑦ 运输：收到信用证后1个月内装运；从中国上海运至美国纽约。

⑧ 付款：付款信用证，要求在2018年6月5日前开到卖方。

⑨ 保险：由卖方按发票金额的110%投保中国保险条款的一切险。

任务一　达成协议时计算预期出口成本利润率

2018年5月12日，张霞根据与国外客户及国内供应商达成的价格核算该笔出口业务的预期出口成本利润率。

任务二　签订出口合同

2018年5月12日，张霞根据与Love Force Co.,Ltd.达成的相关协议条款填写如下出口合同。将其补充完整。

浙江东方集团服装服饰进出口有限公司

Zhejiang Oriental Group Garment Import and Export Co., Ltd.

Room 2508 West Lake Road No.12, Hangzhou City Zhejiang Province

销售确认书

SALES CONFIRMATION

To:

Love Force Co., Ltd.　　　　No.: ZJDF130512

110 West 34th ST., Suite 803, New York, NY 10001　　　　Date: ________

Tel: 212-563-5490　Fax: 212-563-5490

The undersigned the Sellers and Buyers have agreed to close the following transaction according to the terms and conditions stipulated below:

Art. No.	Name of Commodity and Specifications	Quantity	Unit Price	Amount
	Total Amount:			

Time of Shipment:

Shipping Marks:

Loading Port and Destination: From____________to____________

Packing:

Insurance:

Terms of Payment:

The Buyers:

Signature

The Sellers:

Signature

Please return one copy for our file

项目六

出口合同的履行

学习目标

应知能力

熟悉货物出口的相关操作环节，熟悉出口货物报检单、原产地证书等单证的填制规范；掌握出口货物的海运业务流程，熟悉班轮运费的计算方法，了解运输单据的种类和内容；了解出口报关的具体流程，掌握出口货物报关单的内容，熟悉出口税费的计算方法；熟悉出口货物运输保险单的种类和内容，掌握运输保险费的计算方法；熟悉主要的结汇方式及其适用状况，了解常用结汇单据的种类。

应会能力

能够办理出口货物的商品报检手续，会填制出口货物报检单，会审核各种检验证书的内容是否正确；能够填写出口货物托运单并办理订舱手续，会查看船期表及运价表并计算货物运费，能够掌握提单的填制并能审核提单内容的正确性；能够办理一般贸易下出口货物报关手续，能够正确填制出口报关单的相关内容；会办理具体的出口货物运输保险手续，能够正确地填制投保单，能审核保险单的内容是否正确；能够正确制作货款结汇所需要的单据，会办理交单结汇手续并处理结算业务中的相关事项。

项目引入

上海玩具进出口有限公司与加拿大 Leisure International Trading Corporation 已经签订了 2 180 件泰迪熊 SH226 的出口合同，价格条件为 USD12.55/PC CIFC3 温哥华（见图 5-1）。合同签订后，根据合同要求，买方于 2018 年 1 月 10 日开出不可撤销跟单信用证并通知上海玩具进出口有限公司。该公司的外贸业务员王萍审核信用证内容与合同一致后，根据信用证的要求积极地与扬州童欣毛绒玩具厂进行联系，就货源的组织生产、包装、仓储等事宜达成了一致。

2018年2月2日，扬州童欣毛绒玩具厂根据合同的要求备好货物，并包装完毕。请问接下来应该做哪些工作？

《联合国国际货物销售合同公约》第30条规定了卖方应履行的3项基本义务：卖方必须按照合同和本公约的规定交付货物；移交一切与货物有关的单据；转移货物的所有权。

卖方履行合同的具体方式因买卖双方签订的合同中所采用的贸易术语和支付方式不同而有所不同。例如，采用托收方式和CIF价格术语成交的合同，卖方履约的一般程序是备货、签订委托协议、租船订舱和投保、报检、报关和装运、制单、交单、结汇；采用信用证方式和CIF价格术语成交的合同，卖方履行的一般程序是催证、审证、改证、备货、租船订舱和投保、报检、报关和装运、制单、交单、结汇。在我国的实际业务中，卖方以信用证和CIF价格术语成交的合同较为常见。

情景模拟操作示例

任务一　出口报检

为了保证产品的品质符合合同及进口国的要求，在产品生产期间就已经由扬州童欣毛绒玩具厂内部进行了检测，并表明该批货物符合进口国的要求。王萍在公司通过自身努力获得了报检员资格，接下来需要持有关资料向商检局报检。那么，出口产品的报检手续都有哪些？有关的表单如何填写？在此过程中需要注意哪些事项？现对本项任务进行分析。

出口商品的检验检疫是国际贸易业务流程中的重要环节，但并非所有的货物在报关前都需要检验。我国一般对关系国计民生的重要进出口商品实施强制性的检验，称为法定检验。对法定检验的商品，我国做了以下明确规定。

① 列入《出入境检验检疫机构实施检验检疫的进出境商品目录》（以下简称《目录》）的商品。2005年实施《目录》内的法定商品共涉及H.S.编码21类，编码4 974个。

② 根据《中华人民共和国食品卫生法》规定的对出口食品的卫生检验。

③ 对出口危险货物包装容器的性能鉴定和使用鉴定。

④ 对装运出口易腐烂变质食品、冷冻品的船舱、集装箱等运输工具的适载检验。

⑤ 对有关国际条约规定须经商检机构检验的进出口商品的检验。

⑥ 对其他法律、行政法规规定必须经商检机构检验的进出口商品的检验。

属法定检验的商品，如果当事人逃避检验，要承担相应的刑事责任。此外，买卖双方合同规定的需要检验的商品也应按照合同规定的时间报检。须检验而未检验或检验不合格的商品不得出口。

列入《目录》的出境商品，海关凭出入境检验检疫机构签发的出境货物通关单办理出口放行手续；未列入《目录》的出口商品，由生产部门、供货部门或对外贸易部门自行检验。根据 2000 年 1 月 1 日起施行的《出入境检验检疫报检规定》，出境货物最迟应于报关或装运前 7 天报检，对于个别检验检疫周期较长的货物，应留有相应的检验检疫时间。

一切出口商品的生产、加工部门，都应严格按有关规定检验品质、质量、数量、包装，分清批次，不合格的产品不提供出口；出口商品的经营部门应做好进货验收工作，不合格的商品不收购、不出口；商检机构在工厂检验和经营部门验收合格的基础上实施检验及监督管理。

在实际业务中，买卖双方往往根据成交货物的种类、性质、有关国家的法律和行政法规、政府的涉外经济贸易政策和贸易习惯等来确定卖方应该向买方提供所需要的检验证书及原产地证书等单证。如果需要出口商提供原产地证书，应在合同中明确该原产地证书是由所在地的检验检疫机构出具还是由国际贸易促进委员会出具，如果是由前者签发原产地证书，可以到检验检疫机构一并办理。

Step 1　取得报检资格，进行报检资料的准备和填写。

在办理出口报检手续前，出口产品生产企业应当向所在地分支局申请办理产品备案登记手续，并取得报检单位代码。报检员必须经过培训获得质检机构颁发的报检员证，凭报检员证报检。而上海玩具进出口有限公司已经完成了自理报检备案登记，外贸业务员王萍经过自身努力，通过了国家报检员资格的考核，获得了报检员资格，并办理了报检员证。因此，出口企业上海玩具进出口有限公司可自行或委托境内报检企业办理报检手续。如果该公司没有具备报检员资格的人员，则应委托代理报检单位及其代理报检员办理。代理报检的，须向检验检疫机构提供报检委托书。委托书由委托人按检验检疫机构规定的格式填写。

2018 年 2 月 4 日，王萍根据要求填制了出境货物报检单（见图 6-1），并随附合同、信用证、该公司的产品检验合格证、包装性能合格单、发票、装箱单等资料，向上海市出入境检验检疫局报检。

Step 2　出境货物通关单的领取。

上海市出入境检验检疫局对报检的 545 纸箱泰迪熊毛绒玩具进行检验，确定是符合要求的合格产品，同时也证实该批产品是在上海市生产的。根据检验结果，由上海市检验检疫局签发商检证书及出境货物换证凭单或凭条。王萍在上海市出入境检验检疫局领取换证凭单，凭此单换发出境货物通关单，如图 6-2 所示。出境货物通关单有两联，均盖有检验检疫专用章。其中，正本由报检人持有，以供后续办理通关手续时使用。

Step 3　办理品质检验证书和原产地证书。

王萍在上海市出入境检验检疫局领取品质检验证书（见图 6-3）、一般原产地证书（见图 6-4）后，又对单证进行了认真的审核，看其是否符合信用证的要求。

中华人民共和国出入境检验检疫

出境货物报检单

报检单位（加盖公章）：上海玩具进出口有限公司　　　　*编号 330200208044279

报检单位登记号：3302600393　联系人：王萍　电话：021 58201100　　报检日期：2018 年 02 月 04 日

发货人	（中文）上海玩具进出口有限公司				
	（外文）SHANGHAI TOYS IMP. & EXP. CO., LTD.				
收货人	（中文）安逸国际贸易公司				
	（外文）Leisure International Trading Corporation				
货物名称（中/外文）	H.S.编码	产地	数/质量	货物总值	包装种类及数量
泰迪熊 款式号 SH226	9503002100	上海市	2,180 件	27,359 美元	545 纸箱
运输工具名称及号码	船舶	贸易方式	一般贸易	货物存放地点	厂库
合同号	2017SHWJ020	信用证号	LCG023/11	用途	***
发货日期	2018-02-15	输往国家（地区）	加拿大	许可证/审批号	***
起运地	上海口岸	到达口岸	Vancouver	生产单位注册号	3302600393
集装箱规格、数量及号码	***				

合同、信用证订立的检验检疫条款或特殊要求	标记及号码	随附单据（画“√”或补填）	
	Leis 2017SHWJ020 SH226 Vancouver NO.1-545	☑合同 ☑信用证 ☑发票 ☐换证凭单 ☑装箱单 ☑厂检单	☑包装性能结果单 ☐许可/审批文件 ☐ ☐ ☐

需要证单名称（画“√”或补填）		*检验检疫费	
☑品质证书 2 正 2 副 ☐质量证书 __正__副 ☐数量证书 __正__副 ☐兽医卫生证书 __正__副 ☐健康证书 __正__副 ☐卫生证书 __正__副 ☐动物卫生证书 __正__副	☐植物检疫证书 __正__副 ☐熏蒸/消毒证书 __正__副 ☑出境货物换证凭单 1 正 2 副 ☐出境货物通关单 __正__副 ☐ ☐ ☐	总金额（人民币元） 计费人 收费人	
报检人郑重声明： 1. 本人被授权报检。 2. 上列填写内容正确属实，货物无伪造或冒用他人的厂名、标志、认证标志，并承担货物质量责任。 签名：王萍		领取证单 日期 签名	

注：有“*”号栏由出入境检验检疫机关填写　　　　◆国家出入境检验检疫局制

图 6-1　王萍填制的出境货物报检单

中华人民共和国出入境检验检疫
出境货物通关单

编号：641104505565721

<table>
<tr><td colspan="4">1．发货人
上海玩具进出口有限公司</td><td rowspan="3">5．标记及号码
Leis
2017SHWJ020
SH226
Vancouver
NO.1-545</td></tr>
<tr><td colspan="4">2．收货人
LEISURE INTERNATIONAL TRADING CORPORATION</td></tr>
<tr><td colspan="2">3．合同/信用证号
2017SHWJ020 /LCG023/11</td><td colspan="2">4．输往国家或地区
加拿大</td></tr>
<tr><td colspan="2">6．运输工具名称及号码
船舶　HUATAI T338V</td><td colspan="2">7．发货日期
2018.02.15</td><td>8．集装箱规格及数量
*** ***</td></tr>
<tr><td>9．货物名称及规格
泰迪熊
款式号 SH226</td><td colspan="2">10．H.S.编号
9503002100</td><td>11．申报总值
27,359 美元</td><td>12．数/质量、包装数量及种类
2,180 件
4,360 kg
545 纸箱</td></tr>
<tr><td colspan="5">13．证明
上述货物业经检验检疫，请海关予以放行。
本通关有效期至　2018 年 3 月 4 日

签名 ***　　日期　2018 年 2 月 4 日</td></tr>
<tr><td colspan="4">14．备注</td><td></td></tr>
</table>

G0518889　　①货物通关　　印刷流水号：G0518889　　[2-2（2018.1.1）]

图 6-2　王萍换发的出境货物通关单

中华人民共和国出入境检验检疫

ENTRY-EXIT INSPECTION AND QUARANTINE

OF THE PEOPLE'S REPUBLIC OF CHINA

编号 No. 81333

品质检验证书

QUALITY CERTIFICATE

发货人：

Consignor 上海玩具进出口有限公司 SHANGHAI TOYS IMP. & EXP. CO., LTD.

收货人：

Consignee LEISURE INTERNATIONAL TRADING CORPORATION

品名：

Description of Coods 泰迪熊，款式号 SH226　TEDDY BEAR

报验数量/质量：

Quantity/Weight Declared 2,180 件（PC）

包装种类及数量：

Number and Type of Packages 545 个纸箱（CARTONS）

运输工具：

Means of Convevance HUATAI T338V

标记及号码

Mark & No. RTC

Leis

2017SHWJ020

SH226

Vancouver

NO.1-545

检验结果：

Results of Inspection 经检验，上述货物符合 **2017SHWJ020** 号合同之规定

印章

Official Stamp 签证地点

place of issue 上海 SHANGHAI

签证时间

date of issue FEB.4, 2018

授权签名人

authorized officer

签名

signature 陈钢涛

我们已尽所知和最大能力实施上述检验，不能因我们签发本证书而免除卖方或其他方面根据合同和法律所承担的产品质量责任及其他责任。All inspections are carried out conscientiously to the best of our knowledge and ability. This certificate does not in any respect absolve the seller and other related parties from his contractual and legal obligations especially when product quality is concerned.

图 6-3　王萍领取的品质检验证书

一般原产地证书

<table>
<tr><td colspan="2">1. Exporter (full name and address)
SHANGHAI TOYS IMP. & EXP. CO., LTD.
139 Anyuan Road, Shanghai, China</td><td colspan="3" rowspan="2">Certificate No.: 09330

CERTIFICATE OF ORIGION
OF
THE PEOPLE'S REPUBLIC OF CHINA</td></tr>
<tr><td colspan="2">2. Consignee (full name, address, country)
LEISURE INTERNATIONAL TRADING CORPORATION,
237 JOHNSON RD. 39210 VANCOUVER B. C., CANADA</td></tr>
<tr><td colspan="2">3. Means of transport and route
FROM SHANGHAI TO CANADA PORT BY SEA</td><td colspan="3" rowspan="2">5. For certifying authority use only</td></tr>
<tr><td colspan="2">4. Country/region of destination
CANADA</td></tr>
<tr><td>6. Marks and numbers of packages
Leis
2017SHWJ020
SH226
Vancouver
NO.1-545</td><td>7. Number and kind of packages; description of goods.
TEDDY BEAR
SHELL: 100% COTTON
LINING: PP COTTON</td><td>8.H.S.Code
9503002100</td><td>9.Quantity
2,180PCS</td><td>10.Number and date of invoice.
2017SHWJ020
FEB. 2,2018</td></tr>
<tr><td colspan="2">11. Declaration by the exporter
The undersigned hereby declares that the above details and statements are correct that all the goods were produced in China and that they comply with the Rules of Origin of the People's Republic of China</td><td colspan="3">12. Certification
It is hereby certified that the declaration by the exporter is correct.

SHANGHAI FEB. 4, 2018 陈钢涛</td></tr>
<tr><td colspan="2">Place and date, signature and stamp of authorized signatory.
SHANGHAI FEB. 4, 2018 王萍</td><td colspan="3">Place and date, signature and stamp of certifying authority.</td></tr>
</table>

图 6-4 王萍领取的一般原产地证书

任务二 租船订舱

上海玩具进出口有限公司与加拿大 Leisure International Trading Corporation 的合同中规定："收到信用证后 2 个月内装运；从中国上海运至加拿大温哥华；允许转运，不允许分批装运。"根据此装运条款，在买方加拿大公司于 2018 年 1 月 10 日开出不可撤销信用证之后，王萍即着手准备安排相关的货物装运事宜。下面首先对租船订舱任务进行分析。

对卖方来讲，出口货物的租船订舱是整个出口业务中的重要环节之一。而由谁负责办理运输手续并支付运费，应由买卖双方所采用的贸易术语而定——如果是 CIF 贸易术语，应由出口方负责安排运输工具并支付运费。

在实际装运过程中，货物运输需要托运人与承运人很好地衔接。托运人需要在填制托运联单（包括托运单、装货单、收货单等）后，向承运人的代理人办理货物托运手续。代理人接受承运后，将承运的船名填入托运联单内，并留存托运单，其他联退还托运人，托运人凭以到海关办理报关手续。如果海关同意放行，则在装货单上盖放行章，托运人凭以向港口仓库发货或直接装船，然后将装货单、收货单送交理货公司，船舶抵港后，理货公司凭以理货装船。每票货物都装上船后，大副留存装货单，签署收货单；理货公司将收货单退还托运人，托运人凭收货单向代理人换取提单。提单是交接货物、处理索赔与理赔，以及结算货款的重要单据。其正确与否直接影响货款的安全性。

Step 1　填写出口托运单并订舱。

王萍在出口货物和信用证齐备后，根据贸易合同和信用证的有关条款，在 2018 年 1 月 18 日填制出口货物订舱委托书（出口货物托运单），随附发票、装箱单等单据，向承运人（或其代理人）申请订舱，集装箱交接方式为门到门（door to door）。

出口货物订舱委托书的内容主要包括托运人、出口口岸、目的港、货名规格及货号、标记唛码、包装件数等。各栏内容及填制与提单相似。王萍填制的出口货物订舱委托书如图 6-5 所示。

出口货物订舱委托书

2018 年 1 月 18 日

<table>
<tr><td colspan="2">信用证号</td><td>LCG023/11</td><td colspan="2">填制单位编号</td><td colspan="2">AXAO2C3-0384</td></tr>
<tr><td colspan="2">收汇方式</td><td>L/C AT 90 DAYS SIGHT</td><td colspan="2">外运编号</td><td colspan="2"></td></tr>
<tr><td colspan="2" rowspan="2">开证银行</td><td rowspan="2">BANK OF CHINA, VANCOUVER</td><td>合同号</td><td colspan="3">2017SHWJ020</td></tr>
<tr><td>核销单号</td><td></td><td>许可证号</td><td></td></tr>
<tr><td colspan="2" rowspan="2">发票抬头人</td><td rowspan="2">LEISURE INTERNATIONAL TRADING CORPORATION
237 Johnson Rd. 39210 Vancouver B. C., Canada</td><td>贸易性质</td><td>GENERAL</td><td>贸易国别</td><td>CANADA</td></tr>
<tr><td>佣金</td><td>3%</td><td>运输方式</td><td>BY SEA</td></tr>
<tr><td colspan="2" rowspan="2">托运人</td><td rowspan="2">SHANGHAI TOYS IMP. & EXP. CO., LTD.
139 Anyuan Rood, Shanghai, China</td><td>出口口岸</td><td>SHANGHAI</td><td>目的港</td><td>Vancouver , Canada</td></tr>
<tr><td>可否转运</td><td>YES</td><td>可否分批</td><td>NO</td></tr>
<tr><td rowspan="3">提单或承运收据</td><td>收货人</td><td>TO ORDER OF BANK OF CHINA, VANCOUVER</td><td>装运期限</td><td>15 FEB. 2018</td><td>有效期限</td><td>20 FEB. 2018</td></tr>
<tr><td>通知人</td><td>LEISURE INTERNATIONAL TRADING CORPORATION
237 Johnson Rd. 39210 Vancouver B. C., Canada
FAX: 01-11-4533211</td><td rowspan="2">提单特别显示</td><td colspan="3" rowspan="2">1. CLEAN "ON BOARD" OCEAN BILLS OF LADING
2. SHIPMENT MUST BE EFFECTED BY 1*20' FULL CONTAINER LOAD.</td></tr>
<tr><td>运费</td><td>FREIGHT PREPAID　提单份数 3/3＋2N/N</td></tr>
</table>

<table>
<tr><td rowspan="2">标记唛码</td><td rowspan="2">货名规格及货号</td><td rowspan="2">包装件数</td><td rowspan="2">数量或尺码</td><td rowspan="2">毛重</td><td rowspan="2">净重</td><td colspan="2">价格（成交条件）</td></tr>
<tr><td>单价</td><td>总价</td></tr>
<tr><td>Leis
2017SHWJ-020
SH226
Vancouver
NO.1-545</td><td>TEDDY BEAR SHELL: 100% COTTON
LINING: PP COTTON
H. S. CODE: 9503002100</td><td>545 CTNS</td><td>2,180 PCS</td><td>5,450 KGS</td><td>4,360 KGS</td><td>12.55USD/PC
CIFC3%
Vancouver</td><td>US $27,359.00</td></tr>
<tr><td colspan="8">TOTAL:　545 CTNS　2,180 PCS　5,450 KGS　4,360 KGS　USD27,359.00
SAY TOTAL: UNITED STATES DOLLARS TWENTY SEVEN THOUSAND THREE HUNDRED AND FIFTY NINE ONLY.</td></tr>
</table>

<table>
<tr><td rowspan="6">外运外轮注意事项</td><td rowspan="6"></td><td colspan="2">总体积</td><td>54.94 CBM</td></tr>
<tr><td rowspan="4">保险单</td><td>险别</td><td>ALL RISKS</td></tr>
<tr><td>保额</td><td>按发票金额加: 10%</td></tr>
<tr><td rowspan="2">赔款地点</td><td rowspan="2">VANCOUVER IN CANADA</td></tr>
<tr></tr>
<tr><td colspan="2">业务员</td><td>王萍</td></tr>
</table>

图 6-5　王萍填制的出口货物订舱委托书

Step 2　报关及装船。

承运人收到订舱委托书后，根据具体情况，接受上海玩具进出口有限公司的订舱，同时把配舱回单、装货单（Shipping Order，S/O）等与托运人有关的单据退还给王萍，并告知实际承运的船名和航次为 HUATAI T338V，开船日期为 2018 年 2 月 18 日，截止上船时间为 2018 年 2 月 18 日 17 点，截止报关时间为 2018 年 2 月 18 日上午 10 点。

王萍随即与公司联系，安排公司于 2018 年 2 月 13 日自行装箱并加海关封志后按时运至集装箱堆场。王萍根据配舱回单提供的船名、航次信息及其他有关的信息填制报关单，并随同发票及其他报关单据一起于 2018 年 2 月 15 日上午向浦东海关顺利完成报关手续后，货物装至船上。

Step 3　向客户发出装运通知。

按照国际惯例，王萍于 2018 年 2 月 16 日向加拿大 Leisure International Trading Corporation 发出装船通知（见图 6-6），以便买方备款、赎单、进口报关和接货。

SHIPPING ADVICE

Messrs: Leisure International Trading Corporation

Dear Sirs:

Re: Invoice No.SHWJ13CK007　　　L /C No.LCG023/11

We hereby inform you that the goods under the above mentioned credit have been shipped. The details of the shipment are as follows:

Commodity & Specification（商品规格）	No. of Packages（包装数量）	Total Gross Weight（总毛重）	Total Net Weight（总净重）	Measurement（尺寸）
TEDDY BEAR SHELL: 100% COTTON LINING: PP COTTON	454 CTNS	5,450 KGS	4,360 KGS	54.94 CBM

Amount: USD27, 359.00

Bill of Lading No.: COS2314　　　Oean Vessel: HUATAI T338V

Port of Loading: Shanghai, China　　　Port of Destination: Vancouver

Date of Shipment: Feb.15, 2018

We hereby certify that the ahove content is true and correct.

Company name: Shanghai TOYS IMP.& EXP. CO., LTD.

Address: 139 Anyuan Road, Shanghai, China

Signature: ×××

图 6-6　王萍向加拿大公司发出的装船通知

装船通知没有固定格式，主要内容包括发票号、信用证号、货物名称、数量、总值、唛码、装运口岸、装运日期、船名及预计开航日期等。

Step 4　支付运费，审核船公司的提单。

货物装上船后，于 2018 年 2 月 18 日离开了上海浦东港，上海玩具进出口有限公司向承运人支付了海运费 2 000 美元和内陆运费 1 500 元人民币。承运人把提单（见图 6-7）传真给王萍，让王萍认真审核，如果有差错，及时提出，以便承运人更正。

BILL OF LADING

<table>
<tr><td colspan="3">1. shipper
SHANGHAI TOYS IMP. & EXP. CO., LTD.
139 ANYUAN ROAD, SHANGHAI, CHINA
TEL: 021-58201100</td><td colspan="4" rowspan="6">10. B/L No.
11. Carrier:

COSCO
中国远洋运输（集团）总公司
CHINA OCEAN SHIPPING(GROUP)CO.

ORIGINAL
*Applicable Only When Document Used as a Combined Transport Bill of Lading</td></tr>
<tr><td colspan="3">2. Consignee
TO ORDER</td></tr>
<tr><td colspan="3">3. Notify Party
Leisure International Trading Corporation
237 Johnson Rd. 39210 Vancouver B.C., Canada
FAX: 01-11-4533211</td></tr>
<tr><td colspan="2">4. Pre-Carriage By*</td><td>5. Place of Receipt*</td></tr>
<tr><td colspan="2">6. Ocean Vessel Voy. No.
HUATAI T338V</td><td>7. Port of Loading
SHANGHAI, CHINA</td></tr>
<tr><td colspan="2">8. Port of Discharge
VANCOUVER</td><td>9. Place of Delivery*</td></tr>
<tr><td>12. Marks &Nos.</td><td>13. No.of Containers or Packages</td><td colspan="2">14. Description of Goods (If dangerous Goods, See Clause 20)</td><td>15. Gross Weight(KGS)</td><td colspan="2">16. Measurement (cubic meter)</td></tr>
<tr><td rowspan="2">RTC
Leis
2017SHWJ020
SH226
Vancouver
NO.1-545</td><td rowspan="2">545 CTNS</td><td colspan="2">TEDDY BEAR</td><td>5,450 KGS</td><td colspan="2">54.94 CBM</td></tr>
<tr><td colspan="5">17. Description of Contents for Shipper's Use Only
FREIGHT PREPAID
FREIGHT CHARGES: USD2,000. 00</td></tr>
<tr><td colspan="7">18. Total Number of Containers or Packages (in words)
Subject to clause 7 Limitation SAY FIVE HUNDRED AND FOURTY FIVE CARTONS ONLY</td></tr>
<tr><td>Freight& Charge

USD2,000.00</td><td>Revenue Tons</td><td colspan="2">Rate</td><td>Per</td><td>Prepaid</td><td>Collect</td></tr>
<tr><td rowspan="2">Ex. Rate:</td><td>Prepaid at</td><td>Payable at</td><td colspan="4">19. Place and date of issue
SHANGHAI,FEB.15,2018</td></tr>
<tr><td>Total Prepaid in
USD2,000.00</td><td>20. No. of Original B(s)/L
FIVE</td><td colspan="4" rowspan="2">21. Signed for the Carrier, COSCO CONTAINER LINERS</td></tr>
<tr><td colspan="3">Laden on board the vessel
Date
FEBRUARY 15,2018 BY ×××
Signature</td></tr>
</table>

图 6-7 承运人向王萍传真的提单

任务三　出口报关

上海玩具进出口有限公司的出口货物已办理了出口托运，在2018年2月4日也由王萍办理了出口报检手续。由于开船日期为2018年2月18日17点，截止报关时间为2018年2月18日上午10点，所以报关时间比较充裕。王景是上海玩具进出口公司的报关员（持有报关员证），在货物通过出入境检验检疫局检验，并获得出境货物通关单后，填制报关单和其他单据，于2018年2月14日向上海海关（关区代码2201）自理办理相应的出口报关手续。经营单位与发货单位相同，生产厂家为扬州童欣毛绒玩具厂。王景需要持哪些单据？如何来办理报关手续？现对出口报关任务进行分析。

按照《中华人民共和国海关法》的规定，凡是进出国境的货物、物品，必须在设有海关的港口、车站、国际航空站进出，并由货物的发货人或其代理人向海关如实申报，交验规定的单据文件，请求办理查验放行手续。经海关放行后，货物才可提取或装运出口。

报关（declare）是指进出口货物收发货人、进出境运输工具负责人、进出境物品的所有人或代理人向海关办理货物、物品或运输工具进出境手续及相关海关事务的过程。货物、物品、运输工具等在进出关境时由所有人或代理人向海关申报，交验规定的单据、证件，请求海关办理进出口的有关手续。

目前，我国进出口企业的报关可以自行办理，也可以在经海关注册批准的报关行办理。如果企业自行办理，须经海关注册登记，报关员也须经海关考核认可，报关员所申报数据自被海关接受之日起，其申报的数据就产生法律效力，即报关员要承担“如实申报”“如期申报”等法律责任。因此，海关接受申报的日期非常重要，体现在出口货物报关单上的申报日期。申报日期是指海关接受申报的日期，由海关人员填写。

王景应该准备一系列文件资料，与出口报关单一起，在装货的24小时前向海关报关。只有海关审核无误确定放行后，货物才能装运出口。

Step 1　出口申报。

报关员办理出口申报首先要准备申报单证。申报的单证可以分为主要单证和随附单证两大类：主要单证即出口货物报关单，如图6-8所示；随附单证包括基本单证、特殊单证和预备单证。由于上海玩具进出口有限公司自理报关，所以王景需要缮制出口货物报关单和制作发票及其他随附单据，如装箱单、出口装货单据等，并于2018年2月14日向上海海关进行出口申报。

Step 2　配合查验。

海关查验是指海关根据《中华人民共和国海关法》确定进出境货物的性质、价格、数量、原产地、货物状况等是否与报关单上申报的内容相符。这是对货物进行实际查验的行政执法行为。查验地点一般在海关的监管区内实施。

王景接到上海海关的查验书面通知后，按指定的时间到海关监管区的存放出口货物的场地配合海关查验。在查验过程中需要做好这些工作：负责按照海关要求搬移货物，开拆包装，以及重新封装货物；预先了解和熟悉所申报货物的情况，如实回答查验人员的询问及提供必要的资料；协助海关提取需要做进一步检验、化验或鉴定的货样，收取海关出具的取样清单；查验结束后，认真阅读查验人员填写的海关进出境货物查验记录单，看其记录是否符合实际。

中华人民共和国海关出口货物报关单

预录入编号：663708201　　　　海关编号：45489300500238451

境内发货人	出境关别	出口日期	申报日期	备案号
上海玩具进出口有限公司 3302600393	上海海关 2201		20180214	

境外收货人	运输方式	运输工具名称及航次号	提运单号
Leisure International Trading Corporation	水路运输	HUATAI T338V	COS2314

生产销售单位	监管方式	征免性质	许可证号
3302600393	一般贸易	一般征税（101）	

合同协议号	贸易国（地区）	运抵国（地区）	指运港	离境口岸
2017SHWJ020		加拿大	温哥华	上海（310001）

包装种类	件数	毛重（千克）	净重（千克）	成交方式	运费	保费	杂费
纸箱	2,180	5,450	4,360	CIF	USD2,000		

随附单证及编号

B:440300201216448

标记唛码及备注

Leis
2017SHWJ020
SH226
Vancouver
NO.1-545　　　　TEXU2326802 /40/9455

项号	商品编号	商品名称、规格型号	数量及单位	单价/总价/币制	原产国	最终目的国（地区）	境内货源地	征免
01	9503002100101	泰迪熊　SH226	2,180 件	12.55/27,359.00 USD	中国	加拿大	上海其他	照章征税

特殊关系确认：　　　　价格影响确认：　　　　支付特许权使用费确认：

申报人员　申报人员证号　电话 王景 申报单位 上海玩具进出口有限公司	兹声明以上申报无讹并承担法律责任 上海玩具进出口有限公司 报关专用章 申报单位（签章）	海关审单批注及放行日期（签章）

图 6-8　出口货物报关单

Step 3　缴纳税费。

上海海关核对计算机计算的税费，确认该批货物不涉及缴纳出口关税。

Step 4　海关放行，装运货物。

在上海玩具进出口有限公司办完向海关申报、接受查验等手续后，上海海关在装货单上签印放行。上海玩具进出口有限公司凭此向承运人（或货代公司）要求配载、装船起运出境。

任务四　出口保险

2018 年 2 月 9 日，中国远洋运输（集团）公司上海公司通知上海玩具进出口有限公司其所订舱位已经确认，该批货物将于 2018 年 2 月 15 日装上由上海港开往加拿大温哥华港的 HUATAI 轮第 T338V 船次。在得到了船公司关于确认订舱的配舱回单后，上海玩具进出口有限公司即于 2018 年 2 月 12 日派王萍按照信用证的有关规定填写投保单、办理出口货物运输保险手续。现对出口保险任务进行分析。

① 在采用 CIF、CIP 术语成交的出口贸易中，应由出口商来办理保险手续，交纳保险费。对出口商来说，应在货物出运前向保险公司投保合同约定的货物运输保险。保险公司同意接受保险申请后，由投保人支付保险费，保险公司向出口商出具保险单。保险单是出口商结汇的重要单据之一。

② 当采用 FOB、CFR 术语出口时，应该考虑货物从工厂到装运港装上船这一阶段的风险，并采取相应的措施。

王萍接到办理保险的任务后，需要按照出口合同填写投保单，向中国人民保险公司上海分公司支付保险费。在收到保险公司的保险单后，需要认真审核保险单是否填写正确，以及与信用证上的信息、要求是否一致。

Step 1　办理投保。

投保单（application for insurance）是投保人要求投保的书面要约，是保险公司签发保险单的依据，进行核保及核定给付、赔付的重要原始资料。各保险公司的投保单的格式有所不同，但内容大体相同，一般均列有被保险人名称、货物名称、包装及数量、标记、保险金额、装运工具或船名、开航日期、航程（或路程）、投保险别、赔款地点等栏目。

上海玩具进出口有限公司出口货物运输保险都是向中国人民保险公司上海分公司投保的。2018 年 2 月 12 日，王萍根据买卖合同和信用证规定，在备妥货物并确定装运日期和运输工具后，按规定格式逐笔填制投保单，如图 6-9 所示。

Step 2　交付保险费。

投保人交付保险费是保险合同生效的前提条件。上海玩具进出口有限公司向中国人民保险公司上海分公司交付保险费 300.95 美元。一切险的保险费率为 1%，保险加成率为 10%，保险费计算如下。

保险费＝保险金额×保险费率

＝CIF 价×（1＋投保加成率）×保险费率

＝27 359.00×（1＋10%）×1%

＝300.95（美元）

PICC 中国人民保险公司上海分公司

The People's Insurance Company of China, SHANGHAI Branch

货物运输保险投保单

APPLICATION FORM FOR CARGO TRANSPORTATION INSURANCE

被保险人

INSURED: SHANGHAI TOYS IMP. & EXP. CO., LTD.

发票号（INVOICE NO.） SHWJ13CK007

合同号（CONTRACT NO.） 2017SHWJ020

信用证号（L/C NO.） LCG023/11

发票金额（INVOICE AMOUNT） USD27,359.00 投保加成（PLUS） 10 %

兹有下列货物向 投保。（INSURANCE IS REQUIRED ON THE FOLLOWING COMMODITIES:）

标 记 MARKS＆NOS.	数量及包装 QUANTITY	保险货物项目 DESCRIPTION OF GOODS	保险金额 AMOUNT INSURED
Leis 2017SHWJ020 SH226 Vancouver NO.1-545	2,180 PCS	TEDDY BEAR SHELL: 100% COTTON LINING: PP COTTON	USD30,094.90

起运日期 装载运输工具：

DATE OF COMMENCEMENT FEB.15, 2018 PER CONVEYANCE: HUATAI T338V

自 经 至

FROM SHANGHAI VIA TO CANADA

赔款偿付地点

CLAIM PAYABLE AT DESTINATION

投保险别：（ PLEASE INDICATE THE CONDITIONS＆/OR SPECIAL COVERAGES:）ALL RISKS

请如实告知下列情况：（如“是”在[ ]中打“√”，“不是”打“×”）IF ANY, PLEASE MARK “√” OR “×”.

1．货物种类：袋装[√] 散装[ ] 冷藏[ ] 液体[ ] 活动物 机器/汽车[ ] 危险品等级[ ]

COODS: BAG/JUMBO BULK REEFER LIQUID LIVE ANIMAL MACHINE/AUTO DANCEROUS CLASS

2．集装箱种类： 普通[√] 开顶[ ] 框架[ ] 平板[ ] 冷藏[ ]

CONTAINER: ORDINARY OPEN FRAME FLAT REFRIGERATOR

3．转运工具： 海轮[√] 飞机[ ] 驳船[ ] 火车[ ] 汽车[ ]

BY TRANSIT: SHIP PLANE BARGE TRAIN TRUCK

4．船舶资料： 船籍[ ] 船龄[ ]

PARTICULAR OF SHIP: REGISTRY AGE

备注：被保险人确认对本保险合同条款和内容已经完全了解。

THE ASSURED CONFIRMS HEREWITH THE TERMS AND CONDITIONS OF THESE INSURANCE CONTRACT FULLY UNDERSTOOD

投保人（签名盖章）

APPLICANT'S SIGNATURE

王萍

电话：（TEL）021-58201100

图 6-9 王萍填制的投保单

Step 3 领取和审核保险单据。

保险公司收到保险费后传真保险单给上海玩具进出口有限公司，王萍仔细审核保险单的各项内容。如果发现错误或与信用证内容不符，应及时要求保险公司更正，以确保内容正确，与信用证的要求一致。王萍审核无误的保险单如图 6-10 所示。

中国人民保险公司
The People's Insurance Company of China
总公司设于北京　　一九四九年创立
Head Office Beijing　　Established in 1949

保险单
INSURANCE POLICY

发票号（INVOICE NO.）SHWJ13CK007　　保单号次　PIC30892274
合同号（CONTRACT NO.）2017SHWJ020　　POLICY NO.
信用证号（L/C NO.）LCG023/11
被保险人：
INSURED：　SHANGHAI TOY IMPORT AND EXPORT CO., LTD.
中国人民保险公司（以下简称本公司）根据被保险人的要求，由被保险人向本公司支付约定的保险费，按照本保险单承保险别和背面所载条款与下列特款承保下述货物运输保险，特立本保险单。
THIS POLICY OF INSURANCE WITNESSES THAT THE PEOPLE'S INSURANCE COMPANY OF CHIINA (HEREINAFTER CALLED "THE COMPANY") AT THE REQUEST OF THE INSURED AND IN CONSIDERATION OF THE AGREED PREMIUM PAID TO THE COMPANY BY THE INSURED, UNDERTAKES TO INSURE THE UNDERMENTIONED COODS IN TRANSPORTATION SUBJECT TO THE CONDITIONS OF THIS OF THIS POLICY AS PER THE CLAUSES PRINTED OVERLEAF AND OTHER SPECIAL CLAUSES ATTACHED HEREON.

标记 MARKS & NOS.	数量及包装 QUANTITY	保险货物项目 DESCRIPTION OF GOODS	保险金额 AMOUNT INSURED
Leis 2017SHWJ020 SH226 Vancouver NO.1-545	2,180 PCS	TEDDY BEAR SHELL: 100% COTTON LINING: PP COTTON	USD30,094.90

总保险金额
TOTAL AMOUNT INSURED：　SAY U.S.DOLLERS THIRTY THOUSAND AND NINTY FOUR POINT NINE
保费：　起运日期：　装载运输工具：
PERMIUM：　AS ARRANGED　DATE OF COMMENCEMENT：　FEBRUARY 15, 2018　PER CONVEYANCE：　HUATAI T338V

自　经　至
FROM　SHANGHAI CHINA　VIA　TO　CANADA

承保险别：
CONDITIONS：
All Risks as per and subject to the relevant ocean marine cargo clause of the People's Insurance Company of China, dated l/1/1981.
所保货物，如发生保险单项下可能引起索赔的损失或损坏，应立即通知本公司下述代理人查勘。如有索赔，应向本公司提交保单正本（本保险单共有 2 份正本）及有关文件。如一份正本已用于索赔，其余正本自动失效。
IN THE EVENT OF LOSS OR DAMAGE WHICH MAY RESULT IN A CIAIM UNDER THIS POLICY, IMMEDIATE NOTICE MUST BE GIVEN TO THE COMPANY'S AGENT AS MENTIONED HEREUNDER. CIAIMS, IF ANY, ONE OF THE ORICINAL POLICY WHICH HAS BEEN ISSUED IN 2 ORIGINALCS TOGETHER WITH THE RELEVANT DOCUMENTS SHALL BE SURRENDERED TO THE COMPANY. IF ONE OF THE ORIGINAL POLICY HAS BEEN ACCOMPLISHED, THE OTHERS TO BE VOID.
CHINA INSURANCE COMPANY, LIMITED CANADA BRANCH
900 BLVD RENE LEVESQUE WEST MONTREAL, QC H3B 4A5, CANADA
TEL: 5689532　　FAX: 5633246/5633247

中国人民保险公司上海分公司
The People's Insurance Company of China
SHANGHAI BRANCH

××××××
Authorized Signature

赔款偿付地点
CLAIM PAYABLE AT CANADA IN USD
出单日期
ISSUING DATE　FEBRUARY 12, 2018

图 6-10　王萍已审核的保险单

任务五 制单结汇与交单议付

2018 年 1 月 10 日，加拿大 Leisure International Trading Corporation 开立信用证，王萍审证后开始履行合同。在完成了托运、投保、报检、报关等货物装运出口工作的同时开始进行议付单据的制作。信用证规定的交单期为 40 天，王萍需要按信用证要求缮制整套单据，包括汇票、发票、装箱单等，并及时从相关机构获取提单、保险单、原产地证书、商检证书等，以便早日到银行办理货款结算事宜。相关资料如下。

信用证资料

*27: [SEQUENCE OF TOTAL]报文页次
1/1
*40A: [FORM OF DOCUMENTARY CREDIT]跟单信用证形式
IRREVOCABLE
*20: [DOCUMENTARY CREDIT NUMBER]信用证号码
LCG023/11
31C: [DATE OF ISSUE] 开证日期
180110
40E: [APPLICABLE RULES] 适用规则
UCPURR LATEST VERSION
31D: [DATE AND PLACE OF EXPIRY]有效期和有效地点
180228
50: [APPLICANT] 开证申请人
LEISURE INTERNATIONAL TRADING CORPORATION
237 JOHNSON RD. 39210 VANCOUVER B.C., CANADA
59: [BENEFICIARY]受益人
SHANGHAI TOYS IMP.& EXP. CO., LTD.
139 ANYUAN ROAD, SHANGHAI, CHINA
32B: [CURRENCY CODE, AMOUNT]结算货币和金额
USD27, 359.00
41D: [AVAILABLE WITH…BY…] 指定的有关银行及信用证兑付方式
ANY BANK
BY NEGOTIATION
42C: [DRAFTS AT…]远期汇票付款期限
90 DAYS AFTER SIGHT
42A: [DRAWEE]汇票付款人
HSBC BANK VANCOUVER BRANCH
43P: [PARTIAL SHIPMENT]分批装运
NOT ALLOWED
43T: [TRANSSHIPMENT]转船
ALLOWED
44E: [PORT OF LOADING/AIRPORT OF DEPARTURE]装运港
SHANGHAI, CHINA

44F: [PORT OF DISCHARGE/AIRPORT OF DESTINATION]目的港

VANCOUVER, CANADA

44C: [LATEST DATE OF SHIPMENT]最后装船日期

180215

45A: [DESCRIPTION OF GOODS AND/OR SERVICES]货物描述/服务

TEDDY BEAR SHELL: 100% COTTON LINING: PP COTTON CIF VANCOUVER

46A: [DOCUMENTS REQUIRED]单据要求

＋SIGNED COMMERCIAL INVOICE(S) IN 3 COPY(IES)

＋PACKING LIST IN 3 COPY(IES)

＋FULL SET OF CLEAN ON BOARD OCEAN BILLS OF LADING MADE OUT TO

ORDER MARKED FREIGHT PREPAID

AND NOTIFY APPLICANT

＋INSURANCE POLICY OR CERTIFICATE COVERED FOR 110% OF TOTAL INVOICE VALUE AGAINST ALL RISKS AS PER AND SUBJECT TO THE RELEVANT OCEAN MARINE CARGO CLAUSE OF THE PEOPLE'S INSURANCE COMPANY OF CHINA DATED 1/1/1981.

INSURANCE POLICIES OR CERTIFICATES MUST EXPRESSLY STIPULATE THAT

CLAIMS ARE PAYABLE IN THE CURRENCY OF THE DRAFT.

＋CERTIFICATE OF ORIGIN IN TWO COPY(IES)

＋BENEFICIARIES' CERTIFICATE CERTIFYING THAT ONE COPY OF ALL NON-NEGOTIABLE

DOCUMENTS HAVE BEEN SENT DIRECTLY TO BUYER WITHIN FIVE DAYS AFTER SHIPMENT EFFECTED

47A: [ADDITIONAL CONDITIONS]特别条款

ALL DOCS MUST INDICATE THIS CREDIT NUMBER AND DATE.

WHEN EFFECTING CLAIM, NEGOTIATING BANK MUST ADVISE THE DESCRIPTION OF COMMODITY, ORIGIN OF GOODS.

PORT OF SHIPMENT.

DESTINATION AND BILL OF LADING DATE TO DRAWEE BANK.

THE AMOUNT OF EACH DRAFT MUST BE ENDORSED ON THE REVERSE OF THIS ADVICE BY NEGOTIATING BANK.

A DISCREPANCY FEE USD60 IN ADDITION TO CABLE CHARGES USD50.

AND HANDLING CHARGES USD50 (OR EQUIVALENT) WILL BE DEDUCTED FROM THE PROCEEDS FOR PAYMENTS/REIMBURSEMENT UNDER.

THIS CREDIT IF DOCUMENTS ARE PRESENTED WITHIN DISCREPANCY(IES) .

71B: [CHARGES]费用情况

ALL BANKING CHARGES, INCLUDING

REIMBURSING BANK'S CHARGE, OUTSIDE CANADA

ARE FOR ACCOUNT OF BENEFICIARY

49: [CONFIRMATION INSTRUCTIONS]保兑指示

WITHOUT

78: [INSTRUCTIONS TO THE PAYING BANK]给付款行的指示

PLEASE REIMBURSE YOURSELF BY PRESENTING THE BENEFICIARY'S

DRAFT TO THE ACCEPTANCE FINANCING DEPARTMENT OF DRAWEE BANK

PAYMENT UNDER THIS CREDIT MUST BE EFFECTED ON AT SIGHT BASIS FOR THE AMOUNT OF BENEFICIARY'S DRAFT.

DISCOUNT CHARGES AND ACCEPTANCE COMMISIONS ARE FOR ACCOUNT OF APPLICANT.

ALL DOCUMENTS MUST BE FORWARDED TO HSBC BANK VANCOUVER BRANCH, 98 HILL AVENUE, VANCOUVER L25 ONT, UK IN TWO LOT(S).

FIRST DOCUMENTS MUST BE SENT BY SPECIAL COURIER AND REMAINING DOCUMENTS BY REGISTERED AIRMAIL.

场景资料

合同号(CONTRACT NO.): 2017SHWJ020

发票号(INVOICE NO.): SHWJ13CK007　　日期(DATE): 2018-02-02

单价(UNIT PRICE): USD12.55 PER PC CIFC3 VANCOUVER

数量(QUANTITY): 2,180 PCS

总净重(TOTAL NET WEIGHT): 4,360 KGS

总毛重(TOTAL GROSS WEIGHT): 5,450 KGS

总体积(TOTAL MEASUREMENT): 54.94 CBM

提单号(B/L NO.): COS2314

船名航次(VESSEL): HUATAI NO.: T338V

提单签发日期(B/L ISSUING DATE): 2018-02-15

唛码(SHIPPING MARKS):

Leis
2017SHWJ020
SH226
Vancouver
NO.1-545

在国际贸易实务中，绝大部分的结算采用凭单交货、凭单付款的方式。在信用证业务中，由于银行不管买卖合同和货物，只凭信用证和单据，所以对单据的要求非常严格。单证正确与否直接关系到企业能否顺利收回货款。因此，顺利结汇的关键在于单证的正确、完整、及时、清晰。

出口商完成了货物的交付后，应抓紧时间制作单据到银行结汇。根据 LCG023/11 号信用证的要求，上海玩具进出口有限公司需要提交的议付单据分别为汇票、发票、装箱单、提单、产地证书、保险单、受益人证明等。其中，汇票、发票、装箱单等单据是业务员（或单证员）自己缮制的，提单是从承运人（或货运代理公司）取得的，保险单是保险公司出具的，产地证书、商检证书是出入境检验检疫局出具的。要在信用证规定的交单到期和有效期内，将各种单据和必要的凭证送交指定的银行办理结汇手续，所交单据要确保符合信用证要求。

Step 1　制单。

1．制作汇票

制作的汇票如图 6-11 所示。

BILL OF EXCHANGE

No. CW020212

For USD27,359.00 ________________

（amount in figure） （place and date of issue）

At 90 DAYS AFTER sight of this First Bill of exchange （SECOND being unpaid）

pay to BANK OF CHINA, SHANGHAI BRANCH or order the sum of

SAY U.S. DOLLARS TWENTY SEVEN THOUSAND THREE HUNDRED AND FIFTY NINE ONLY

（amount in words）

Value received for 4,360 KGS of TEDDY BEAR: Style No. SH226

（quantity） （name of commodity）

Drawn under HSBC BANK VANCOUVER BRANCH

L/C No. LCG023/11 dated 02-JAN-2018

To: HSBC BANK VANCOUVER BRANCH,
38 HILL AVENUE , VANCOUVER
L25 ONT, CANADA

For and on behalf of
SHANGHAI TOYS IMP. & EXP. CO., LTD.

图 6-11 制作的汇票

资料卡

汇票小知识

汇票是出票人签发的并委托付款人在见票时或者在指定时期无条件支付确定金额给收款人或持票人的票据。简言之它是一方开给另一方命令其无条件支付的一种票据。

汇票的基本内容有：汇票号码、日期、金额、付款期限、受款人（payee）、出票条款、付款人（payer，drawee）、出票人（drawer）。

汇票的种类

根据出票人、承兑人、付款时间及有无随附单据的不同，汇票可分为以下4类。

① 银行汇票（banker's draft）和商业汇票（commercial draft）。

② 即期汇票（sight draft，demand draft）和远期汇票（time draft，usance draft）。即期汇票是持票人提示时付款人立即付款的汇票；远期汇票是在未来的特定日期或一定期限付款的汇票。

③ 商业承兑汇票（commercial acceptance draft）和银行承兑汇票（banker's acceptance draft）。

④ 光票（clean draft）和跟单汇票（documentary draft）。

远期汇票的付款时间主要有以下4种规定方法。

① 见票后若干天付款（at...days after sight）（业务中最常见）。

② 出票后若干天付款（at...days after date）。

③ 提单签发日后若干天付款（at ...days after date of Bill of Lading）。

④ 指定日期付款（fixed date）。

汇票使用常用步骤

① 出票（to draw）。出票是出票人签发汇票并将其交给收款人的行为。

② 提示（presentation）。提示是收款人或持票人向付款人出示汇票要求承兑或付款的行为。

③ 付款（payment）。付款是即期汇票的付款人和远期汇票的承兑人接到付款提示时，履行付款义务的行为。持票人获得付款时，应在汇票上签收，并将汇票交给付款人存查。汇票一经付款，汇票上的债权债务即告结束。

汇票使用的特殊步骤

① 承兑（acceptance）。承兑是指远期汇票付款人在持票人做承兑提示时，明确表示同意按出票人的指示付款的行为。承兑包括两个动作：一是付款人在汇票上写“承兑”（accepted）字样，并注上日期和签名；二是把承兑的汇票交还持票人或留下汇票另制承兑通知书交给持票人。付款人收到汇票后 3 日内承兑或拒绝承兑。远期汇票一经承兑，付款人成为承兑人，是汇票的主债务人，而出票人则退居为从债务人。持票人可将汇票在市场上背书转让，使其流通。

② 背书（endorsement）。在国际市场上，汇票又是一种流通工具，可以流通转让。背书是转让票据权利的一种法定手续，即持票人在汇票背面签上自己的名字或再加上受让人的名字，把汇票交给受让人的行为。

③ 拒付（dishonor）。拒付又称退票，是持票人提示汇票要求承兑或付款时遭到拒绝承兑或付款的行为。

④ 追索（recourse）。追索是汇票遭到拒付时，持票人对背书人、出票人及其他票据债务人行使请求偿还汇票金额、利息及费用的权利。

2. 制作发票

制作的发票如图 6-12 所示。

上海玩具进出口有限公司
SHANGHAI TOYS IMP. & EXP. CO., LTD.
139 ANYUAN ROAD, SHANGHAI, CHINA
发 票
COMMERCIAL INVOICE

To: Leisure International Trading Corporation
237 JOHNSON RD. 39210 VANCOUVER B.C., CANADA
TEL: (11)4533212

Invoice No.: **SHWJ13CK007**
Invoice Date: **FEB. 02, 2018**
CONTRACT NO. 2017SHWJ020
L/C NO. LCG023/11

装运口岸 **From:** **SHANGHAI CHINA**　　目的地 **To:** **VANCOUVER CANADA**

Marks & Numbers	Descriptions of Goods	Quantity	Unit Price	Total Amount
Leis 2017SHWJ020 SH226 Vancouver NO.1-545	TEDDY BEAR: Style No.SH226 Shell: 100% Cotton Lining: PP Cotton	545 CTNS 5,450 KGS	USD12.55 /PC	CIF VANCOUVER USD27, 359.00

AMOUNT IN WORDS: SAY U.S. DOLLARS TWENTY SEVEN THOUSAND THREE HUNDRED AND FIFTY NINE ONLY

SHANGHAI TOYS IMP. & EXP. CO., LTD.

图 6-12 制作的发票

3．制作装箱单

制作的装箱单如图 6-13 所示。

SHANGHAI TOYS IMP. & EXP. CO., LTD.

139 ANYUAN ROAD, SHANGHAI, CHINA

PACKING LIST

TO: Leisure International Trading Corporation INVOICE NO. SHWJ13CK007
237 Johnson Rd. 39210 Vancouver B.C., Canada INVOICE DATE FEB.02, 2018
CONTRACT NO. 2017SHWJ020
From: **SHANGHAI** To: **VANCOUVER**
Shipped per **BY SEA** S/C No. **M3248905NU00113**

MARKS & NOS.	DESCRIPTION OF GOODS	QTY	G.W.(KG)	N.W.(KG)	MEAS.
Leis 2017SHWJ020 SH226 Vancouver NO.1-545	TEDDY BEAR : Style No. SH226 Shell: 100% Cotton Lining: PP Cotton	545 CTNS	5,450 KGS	4,360 KGS	54.94 CBM

PACKAGES IN WORDS: SAY FIVE HUNDRED AND FORTY FIVE CARTONS ONLY

Issued by
SHANGHAI TOYS IMP. & EXP. CO., LTD.
王萍

图 6-13 制作的装箱单

装箱单主要显示货物的包装、毛重、净重和尺码方面的情况，其主要栏目的填制可参考商业发票。

Step 2 交单。

交单有两种方式：一种是在运输单据签发之前先将其他已备齐的单据送交银行预审；另一种是在全部单据备齐后向银行交单。这两种方式应视业务的实际情况选择使用。为了提高单证质量，保证安全和及时收汇，银行和贸易双方应本着密切配合、互相支持的原则执行。由于银行的付款、承兑和议付均以受益人提交的单据符合信用证条款的规定为条件，所以出口商在交单前要检查单据的内容是否正确、单据的种类和份数是否与信用证的规定相符，并务必在信用证规定的有效期和交单期之前交单。

王萍从运输代理处取得提单，从保险公司取得保险单，从检验检疫局取得品质证书、原产地证书等，经仔细审核，连同刚才制作的汇票、发票、装箱单等单证，在 2018 年 2 月 20 日向银行提交信用证项下的单据，要求银行议付。

通常情况下，在交单时，除了信用证项下的全套单据外，出口商还须向议付行提交出口结汇申请书或客户交单联系单——每个银行都有自制的客户交单联系单供出口商填写。中国银行的客户交单联系单如图 6-14 所示。

客户交单联系单

致：中国银行　　　　　　　　　　　　　　　　　　　　　　　　交单日：

兹送交我公司委托贵行向我国外客户办理跟单信用证业务一笔，请按国际商会现行“跟单信用证统一惯例”（UCP 600）办理，具体明细如下。					
信用证	开证行				信用证号：
	通知行编号：	装期：	有效期：	提单日：	交单期限：　　天
发票号码：		核销单编号：			金额：

单据	名称	汇票	发票	装箱单	质量单	产地证	GSP FORMA	数量/质量证	检验/分析证	出口许可证	保险单	提单	空运单	电抄	受益人证明	船公司证明	快邮收据
	份数																

委托事项：　　（打“×”者）		
（　）上列单据请押汇	银行接单日期：	
（　）邮寄方式：（　）快邮　（　）普邮	邮寄日期：	
（　）请（　）原币　（　）结成人民币　入账	索汇金额：	
（　）附信用证正本及修改书共　　页	BP NO.：	
（　）请向开证行寄单，我公司承担一切责任	银行费用	通知（保兑）
（　）请电询开证行后再邮寄单据		议付费
审单记录		邮寄费
		电报费
		合计
	费用由　　　　承担	
	索汇方式：	
	邮寄方式：	
	退单方式：	
	备注：	
	公司公章：	
银行经办：　　　　银行复核：	公司联系人：　　　　联系电话：	

图 6-14　中国银行的客户交单联系单

Step 3　结汇。

结汇是指将出口货物所获得的外汇按售汇之日的银行外汇牌价的买入价卖给银行。我国出口结汇的方式主要有买单结汇（押汇）、收妥结汇和定期结汇 3 种。

① 买单结汇是真正意义上的议付，是指议付行在审单无误的情况下，按信用证条款买入受益人的汇票和单据，从票面金额扣除从议付日至估计收到货款之日的利息，将余款按议付日外汇牌价折成人民币，付给信用证的受益人。

② 收妥结汇是指议付行收到受益人的全套单据，经审查无误后，将单据寄交国外付款行索取货款，待收到货款拨入议付行账户的贷记通知书时，按当时外汇牌价结算成人民币支付给受益人。我国大多数银行对出口业务都采用这种方式结汇。

③ 定期结汇是议付行根据向国外付款行索偿所需时间，预先确定一个固定的结汇期限，到期后主动将票款金额折成人民币拨给受益人。

交单结汇后，该笔出口业务已基本完成。在完成后要及时做登记，包括计算机登记和书面登记，以便于以后查询、统计。所有的外贸单证、议付文件必须留存一整套以备查用。

中国银行上海分行在核实单据后，确认上海玩具进出口有限公司所交单据符合信用证条款规定，按信用证的条款买入受益人的汇票和单据，按照票面金额扣除从议付日到估计收到票款之日的利息，将净数按议付日人民币市场汇价折算成人民币，于 2018 年 5 月 21 日划入上海玩具进出口有限公司的账户。中国银行于 2018 年 5 月 23 日收到加拿大汇丰付款行的货款。

知识链接

一、出口报检

（一）出口报检的程序

检验检疫与海关密切配合，实行“先报检、后报关”的工作程序，货物出境报检可在产地或报关地进行，应填写出境货物报检单，并随附合同、发票、装箱单等必需的单据；凭样品买卖成交的货物，还应提供双方确认的样品。凡是实施质量许可、卫生许可或须经审批的货物，还应提供有关的官方文件。由检验检疫机构审核有关单据，符合要求的，应受理报检并计收费用，然后转施检部门实施检验检疫。

出境货物检验检疫主要包括报检、检验检疫、检验检疫处理、签证放行等主要步骤，如图 6-15 所示。

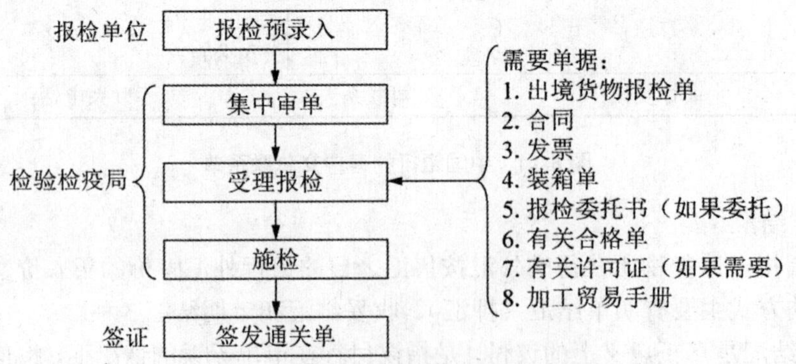

图 6-15　出境货物检验检疫的流程

1. 商检机构受理报检

报检是指国际货物贸易的当事方按照法律、法规和合同的规定或需要向商检机构申请办理检验检疫、鉴定工作的手续，是出口商品检验检疫的第 1 个环节。报检的流程为：先由报检人填写出口检验申请书，并提供有关的单证和资料，如外贸合同、信用证、厂检结果单正本等；商检机构在审查上述单证符合要求后，受理该批商品的报检，如发现有不合要求者，可要求申请人补充或修改有关条款。

出口商一般应在商品发运前 7～10 天向商检机构报检。如果申请报检单位与商检部门不在同一地，报检时间应为发运前的 10～15 天。对于个别检验检疫周期较长的货物，应留有相应的检验检疫时间。

2. 计收费

对已经受理报检的，检验检疫机构工作人员按照《出入境检验检疫收费办法及标准》的规定计收检验检疫费。

3. 抽样/采样

抽样是按照当事方的贸易合同及其他有关规定的方法、技术标准，从整批商品中抽取规定数量的、能代表整批商品的样本进行检验检疫。抽样由商检机构派员主持进行，根据不同的货物形态，采取随机取样的方式抽取样品。报检人应提供存货地点情况，并配合商检人员做好抽样工作。

4. 检验

检验部门可以使用从感官到化学分析、仪器分析等各种技术手段，对出口商品进行检验。检验的形式有商检自验、共同检验、驻厂检验和产地检验。

根据《出口工业产品企业分类管理办法》，对出口工业产品，检验检疫机构按照不同的企业类型和产品风险等级分别采用特别监管、严密监管、一般监管、验证监管、信用监管 5 种不同的检验监管方式。

5. 卫生除害处理（检疫处理）

按照《中华人民共和国卫生检疫法》（以下简称《卫生检疫法》）及其实施细则、《中华人民共和国进出境动植物检疫法》及其实施条例的有关规定，检验检疫机构对来自传染病疫区或动植物疫区的有关出入境货物、动植物、运输工具、交通工具及废旧物品等实施卫生除害处理。

6. 签发证书与放行

对于出境货物，经检验检疫合格后，按货物的产地和报关地是否为同一地分为两种情况：货物的产地和报关地是同一个地方的，检验检疫机构签发出境货物通关单或相关检验检疫证书，并按有关规定实施通关单联网核查，办理货物通关手续；货物的产地和报关地方不在同一地方的，则开出出境货物换证凭单或凭条，由报关地检验检疫机构换发出境货物通关单。出口企业在取得检验证书或出境货物通关单后，应在规定的有效期内报运出口。

出境货物通关单是国家对实施出境检验检疫的货物许可出境的证明。自 2000 年 1 月 1 日起，对实施出境检验检疫的货物，正式启用出境货物通关单，并在通关单上加盖检验检疫专用章。例如，烟台的A公司出口一批牛肉，A公司在烟台出口货物，报检的工作程序是：向烟台的检验检疫机构申请报检→烟台的检验检疫机构受理报检→计收费用→实施检验检疫→合格，烟台检验检疫机构开出出境货物通关单→凭出境货物通关单报关→海关放行。但如果A公司需要从青岛口岸出口，则前面的4个步骤是一样的，但检验合格后，烟台检验检疫机构开出的不是出境货物通关单，而是出境货物换证凭单或凭条，这批货物从烟台运到青岛后，A公司凭着烟台检验检疫机构开出的出境货物换证凭单或凭条到青岛检验检疫机构换取出境货物通关单，然后凭青岛检验检疫机构开出的出境货物通关单及其他单证向海关报关，履行完有关的手续后，海关放行。

凡是法定检验的货物，如检验不合格，检验检疫机构签发出境货物不合格通知单的，一律不得出口。

（二）出境货物报检单的填制

填制报检单时，每份报检单限填一批货物。在特殊情况下，如批量小的同一类货物，以同一运输工具运往同一地点，是同一收发货人、同一报关单的几批货物等，可以填写同一份报检单。

报检人须按要求填写报检单所列内容；要书写工整、字迹清晰、不得涂改；报检日期按检验检疫机构受理报检日期填写；报检日期和检验证书的签发日期不得晚于出运日期；报检单必须加盖报检单位印章。现以某公司的出境货物报检单（见图6-16）为例来详细说明出境货物报检单的各个项目的填写及注意事项。

出境货物报检单所列各栏必须填写完整、准确、清晰，栏目内容确实无法填写的以“×××”表示，不得留空。

① 编号（No.）。由检验检疫机构受理人指定，前6位为检验检疫局机关代码，第7位为报检类代码，第8、第9位为年代码，第10至15位为流水号。

② 报检单位（declaration inspection unit）。这是指向检验检疫机构申报检验、检疫、鉴定业务的单位；本栏填写报检单位的中文名称，并加盖与单位名称一致的公章。

③ 报检单位登记号（register No.）。这是指在检验检疫机构的报检注册登记号。本栏填写10位数登记证号码。

④ 联系人和电话。本栏填写报检人员姓名和联系电话。

⑤ 报检日期。这是指检验检疫机构实际受理报检的日期，由检验检疫机构受理报检人员填写。

⑥ 发货人（consignor）。这是指本批出境货物的贸易合同中卖方名称或信用证中的受益人名称，如需要出具英文证书的，填写中英文。

⑦ 收货人（consignee）。这是指本批出境货物的贸易合同或信用证中的买方名称，如需要出具英文证书的，填写中英文。

中华人民共和国出入境检验检疫
出境货物报检单

报检单位（加盖公章）： *编号________________

报检单位登记号： 联系人：钱明江 电话：0311-4325477 报检日期： 年 月 日

发货人	（中文）××××××有限公司
	（外文）×××××× CO.,LTD.
收货人	（中文）
	（外文） SAMAN AL-ABDUL KARIM AND PARTNERS CO.

货物名称（中/外文）	H.S.编码	产地	数/质量	货物总值	包装种类及数量
苹果酱罐头 CANNED APPLE JAM	2017.9910		2,200 箱	USD14,960.00	2,200 箱
草莓酱罐头 CANNED STRAWBERRY JAM	2017.9910		2,200 箱	USD14,960.00	2,200 箱
运输工具名称及号码		贸易方式	一般贸易	货物存放地点	工厂仓库
合同号	DS2001SC205	信用证号	LC010986	用途	食用
发货日期	2018-06-05	输往国家（地区）	沙特阿拉伯	许可证/审批号	***
起运地	上海	到达口岸	达曼	生产单位注册号	3302600729
集装箱规格、数量及号码		20 ft 小柜×2			

合同、信用证订立的检验检疫条款或特殊要求	标记及号码	随附单据（画“✓”或补填）	
	N/M	□合同 □信用证 □发票 □换证凭单 □装箱单 □厂检单	□包装性能结果单 □许可/审批文件 □ □ □

需要证单名称（画“✓”或补填）				*检验检疫费	
□品质证书	__正__副	□植物检疫证书	__正__副	总金额（人民币元）	
□质量证书	__正__副	□熏蒸/消毒证书	__正__副		
□数量证书	__正__副	□出境货物换证凭单	__正__副		
□兽医卫生证书	__正__副	□		计费人	
□健康证书	__正__副	□			
□卫生证书	__正__副	□		收费人	
□动物卫生证书	__正__副	□			

报检人郑重声明： 1. 本人被授权报检。 2. 上列填写内容正确属实，货物无伪造或冒用他人的厂名、标志、认证标志，并承担货物质量责任。 签名：________________	领取证单	
	日期	
	签名	

注：有“*”号栏由出入境检验检疫机关填写 ◆国家出入境检验检疫局制

图 6-16 某公司的出境货物报检单

⑧ 货物名称（description of goods）。按贸易合同或发票所列货物名称所对应国家检验检疫机构制定公布的《检验检疫商品目录》所列的货物名称填写。注意，废旧物资在此栏内须注明。

⑨ H.S.编码（H.S. Code）。这是指货物对应的海关《商品分类及编码协调制度》中的代码，填写8位数或10位数。

⑩ 产地（producing area）。这是指货物的生产/加工的省（自治区、直辖市）及地区（市）的名称。

⑪ 数/质量（quantity/weight）。填写报检货物的数/质量，质量一般以净重填写，如果填写毛重，或者以毛作净则须注明。

⑫ 货物总值（amount）。按本批货物合同或发票上所列的总值填写，如同一报检单报检多批货物，须列明每批货物的总值。注意，如申报货物总值与国内、国际市场价格有较大差异，检验检疫机构保留核价权力。

⑬ 包装种类及数量（number and type of packing）。这是指本批货物运输包装的件数及种类。本栏应按照实际运输外包装的种类及对应数量填报，如“136 箱”等。如果为了方便装卸和保护外包装，用托盘集中包装，这时除了填报托盘种类和数量外，还应填报托盘上小包装数量和包装种类。

⑭ 运输工具名称及号码（means of conveyance）。本栏填写货物实际装载的运输工具类别名称（如船、飞机、货柜车、火车等）及运输工具编号（船名、飞机航班号、车牌号码、火车车次）。报检时，未能确定运输工具编号的，可只填写运输工具类别，如填报“船舶”或“飞机”等。

⑮ 贸易方式（terms of trade）。这是指该批货物的贸易性质，即买卖双方将商品所有权通过什么方式转让。本栏应填报与实际情况一致的海关规范贸易方式，常见的有一般贸易、三来一补、边境贸易、进料加工、其他贸易等。

⑯ 货物存放地点（place of goods）。这是指本批货物存放的地点位置，应注明具体地点、厂库。

⑰ 合同号（contract No.）。这是指贸易双方就本批货物出境而签订的贸易合同编号。

⑱ 信用证号（L/C No.）。这是指本批货物所对应的信用证编号。

⑲ 用途（purpose）。这是指本批货物的出境用途，如种用、食用、奶用、观赏或演艺、伴侣、实验、药用、饲用、加工等。

⑳ 发货日期（shipment date）。按本批货物信用证或合同所列的实际出境日期填写，以年、月、日的顺序填报。

㉑ 输往国家（地区）（destination country/area）。这是指贸易合同中买方（进口方）所在国家或地区。

㉒ 许可证/审批号（license No./approve No.）。对国家出入境检验检疫局已实施《出口商品质量许可证制度目录》下的出口货物和其他已实行许可制度、审批制度管理的货物，报检时在本栏填写安全质量许可证编号或审批单编号。无许可证或没有审批文件的出境货物本栏免报。

㉓ 起运地（place of departure）。这是指装运本批货物离境的交通工具的起运口岸/地区城市名称，如“上海”等。

㉔ 到达口岸（final destination）。这是指装运本批货物的交通工具最终抵达目的地停靠口岸的名称。

㉕ 生产单位注册号。这是指生产/加工本批货物的单位在检验检疫机构的注册登记编号。

㉖ 集装箱规格、数量及号码（type of container, container No.）。本栏填写装载本批货物的集装箱规格（如 40 ft、20 ft 等）及分别对应的数量和集装箱号码全称。如果集装箱太多，可用附单形式填报。集装箱的数量是指实际集装箱数量，而不是指换算成标准箱的数量。

㉗ 合同、信用证订立的检验检疫条款或特殊要求。这是指贸易合同或信用证中贸易双方对本批货物特别约定而订立的品质、卫生等条款和报检单位对本批出境货物的检验检疫的其他特别要求。

㉘ 标记及号码（marks and number of packages）。本栏按出境货物实际运输包装标记填写，如果没有标记，填写 N/M，标记填写不下时可用附页填报。

㉙ 随附单据（attached files）。本栏按实际提供的单据，在对应的框内打"√"。

㉚ 需要证单名称。本栏按需要检验检疫机构出具的证单，在对应的框内打"√"，并应注明所需证单的正副本的数量。

㉛ 报检人郑重声明。本栏必须有报检人的亲笔签名。

㉜ 检验检疫费。本栏由检验检疫机构计费人员核定费用后填写。

㉝ 领取证单。报检人在领取证单时在本栏填写领证日期并签名。

（三）原产地证书的缮制

原产地证书（certificate of origin）是各国根据相关的原产地规则签发的证明商品原产地，即货物的生产或制造地的一种具有法律效力的证明文件，是商品进入国际贸易领域的"护照"，以证明商品的"经济国籍"。它是进口国对进口货物确定税率待遇、进口贸易统计、实行数量限制（如配额、许可证等）和从特定国家进口征收差别关税（如反倾销税、反补贴税）的主要依据之一。

原产地证书根据原产地规则的不同，可分为优惠原产地证书和非优惠原产地证书；根据用途的不同，可分为一般原产地证书、普惠制原产地证书（FORM A）、区域性优惠原产地证书等。现以一般原产地证书为例来说明原产地证书的缮制，如图 6-17 所示。

一般原产地证书的填制如下。

① 编号。应在一般原产地证书右上角填上该证书编号。此栏不得留空，否则该证书无效。

② 出口方（exporter）。填写出口方名称、详细地址及国家（地区）。如果途经其他国家或地区须填写转口名称时，可在出口商后面加填英文 VIA，然后再填写转口商名称、地址和国家（地区）。

③ 最终收货方的名称、详址及国家、地区（consignee）。该项通常是合同的买方或信用证规定的提单通知人。如果来证要求所有单证收货人留空，此栏应加注 To Whom It May Concern 或 To Order，但不得留空；如果须填写转口商名称，可在收货人后面加填英文 VIA，然后加填转口商名称、地址、国家和地区。

一般原产地证书

<table>
<tr><td colspan="2">1. Exporter（full name and address）</td><td colspan="3" rowspan="2">Certificate No.：09330

CERTIFICATE OF ORIGION
OF
THE PEOPLE'S REPUBLIC OF CHINA</td></tr>
<tr><td colspan="2">2. Consignee（full name, address, country）</td></tr>
<tr><td colspan="2">3. Means of transport and route</td><td colspan="3" rowspan="2">5. For certifying authority use only</td></tr>
<tr><td colspan="2">4. Country/Region of destination</td></tr>
<tr><td>6. Marks and numbers of packages</td><td>7. Number and kind of packages; description of goods</td><td>8. H.S. Code</td><td>9. Quantity</td><td>10. Number and date of invoices</td></tr>
<tr><td colspan="2">11. Declaration by the exporter
The undersigned hereby declares that the above details and statements are correct that all the goods were produced in China and that they comply with the Rules of Origin of the People's Republic of China</td><td colspan="3">12. Certification
It is hereby certified that the declaration by the exporter is correct.</td></tr>
<tr><td colspan="2">Place and date, signature and stamp of authorized signatory.</td><td colspan="3">Place and date, signature and stamp of certifying authority.</td></tr>
</table>

图 6-17　一般原产地证书样本

④ 运输方式及路线（means of transport and route）。海运、陆运填写装货港（地）、到货港（地）及运输路线。如果经转运，还应注明转运地。

⑤ 目的地国家（地区）（country/region of destination）。目的港（地区）和最终进口国（地区）一般与最终收货人所在国一致。

⑥ 签证机构专用栏（for certifying authority use only）。此栏为签证机构在签发后发证书、补发证书或加注其他声明时使用。一般情况下，此栏为空白，由签证机关视情况填写相应的内容。

⑦ 标记及号码（marks and numbers of packages）。此栏按发票填写商品包装上的运输标记。

⑧ 包装数量及种类、货物描述（number and kind of packages; description of goods）。此栏填写包装的数量、种类及货物描述。包装数量要有大小写，此栏的末行要打上表示结束的符号"—"或"***********"。

⑨ 商品编码（H.S. code）。此栏要求填写 H.S.编码，要按照《中华人民共和国海关税则》的规定填写，并且与报关单上的一致。

⑩ 数量/质量（quantity）。此栏填写出口货物的量值并与商品计量单位联用，一般填写毛重。

⑪ 发票号码及日期（number and date of invoices）。其中，月份用英文表达，如 Oct.10, 2018。

⑫ 出口声明（declaration by the exporter）。此栏由申领单位已在签证机构注册的人员签名及加盖有中英文的印章，并填写申领地点和日期。此日期不得早于发票日期或晚于提单日期。

⑬ 签证机构证明（certification）。由签证机构签名（手签）、盖章。注意，签名、盖章不得重合，并填写签订日期、地点。此日期不得早于发票日期和申请日期（一般与发票日期相同）。

（四）其他出口报检单证的格式

1. 出境货物换证凭单

出境货物换证凭单如图 6-18 所示。

中华人民共和国出入境检验检疫
出境货物换证凭单

类别：预检　　　　　　　　　　　　　　　　　编号 320800202016597

<table>
<tr><td>发货人</td><td colspan="4">安徽省安庆市***公司</td><td colspan="4" rowspan="7">标记及号码
暂无</td></tr>
<tr><td>收货人</td><td colspan="4">***</td></tr>
<tr><td>品名</td><td colspan="4">经编腈纶毯</td></tr>
<tr><td>H.S.编码</td><td colspan="4">63019000.10</td></tr>
<tr><td>报检数/质量</td><td colspan="4">3,000 条</td></tr>
<tr><td>包装种类及数量</td><td colspan="4">纸箱 100 箱</td></tr>
<tr><td>申报总值</td><td colspan="4">9,300 美元</td></tr>
<tr><td>产地</td><td colspan="2">江苏　无锡</td><td colspan="2">生产单位（注册号）</td><td colspan="4">无锡***家用纺织品有限公司</td></tr>
<tr><td>生产日期</td><td colspan="2">2017 年 7 月</td><td colspan="2">生产批号</td><td colspan="4">02AQXH0405</td></tr>
<tr><td rowspan="2">包装性能检验
结果单号</td><td colspan="2" rowspan="2">32080030100705</td><td colspan="2">合同/信用证号</td><td colspan="4">02AQXH0405/***</td></tr>
<tr><td colspan="2">运输工具名称及编号</td><td colspan="4">***　***</td></tr>
<tr><td>输往国家或地区</td><td colspan="2">***</td><td colspan="2">集装箱规格及数量</td><td colspan="4">***　***</td></tr>
<tr><td>发货日期</td><td colspan="2">***</td><td colspan="2">检验依据</td><td colspan="4">FZ61002—90 标准及合同</td></tr>
<tr><td>检验检疫
结果</td><td colspan="8">本批产品共 100 箱/3,000 条，经按 F261002—90 标准，在仓库随机抽取代表性样品 150 条，根据检验依据的要求进行检验，结果如下：
成　分：腈纶
规　格：100 cm×140 cm
质　量：0.7 kg/pc
外观检验评定：合格
评　定：上述货物符合检验依据要求。
****

签名：　　日期：2017 年 7 月 8 日</td></tr>
<tr><td>本单有效期</td><td colspan="8">截止于 2018 年 7 月 7 日</td></tr>
<tr><td>备注</td><td colspan="8">***</td></tr>
<tr><td rowspan="5">分批出境
核销栏</td><td>日期</td><td>出境数/重量</td><td>结存数/重量</td><td>核销人</td><td>日期</td><td>出境数/重量</td><td>结存数/重量</td><td>核销人</td></tr>
<tr><td></td><td></td><td></td><td></td><td></td><td></td><td></td><td></td></tr>
<tr><td></td><td></td><td></td><td></td><td></td><td></td><td></td><td></td></tr>
<tr><td></td><td></td><td></td><td></td><td></td><td></td><td></td><td></td></tr>
<tr><td></td><td></td><td></td><td></td><td></td><td></td><td></td><td></td></tr>
</table>

图 6-18　出境货物换证凭单

2．出入境货物代理报检委托书

出入境货物代理报检委托书如图 6-19 所示。

<table>
<tr><th colspan="6">出入境货物代理报检委托书</th></tr>
<tr><td>委托单位</td><td colspan="3"></td><td>10 位编码</td><td></td></tr>
<tr><td>地址</td><td colspan="3"></td><td>联系电话/经办人</td><td></td></tr>
<tr><td colspan="6">我单位将于________年 ____月 □进口 □出口 以下货物</td></tr>
<tr><td>货物名称</td><td></td><td>H.S.编码</td><td></td><td>件数/质量</td><td></td></tr>
<tr><td>货值</td><td></td><td>贸易性质</td><td></td><td>包装性质</td><td></td></tr>
<tr><td>货物起运国</td><td></td><td>货物产地</td><td></td><td>合同号或发票号</td><td></td></tr>
<tr><td>企业性质</td><td></td><td>运单号</td><td></td><td>信用证号</td><td></td></tr>
<tr><td>经营范围</td><td colspan="5"></td></tr>
<tr><td colspan="6">随附单据名称、份数及编号：
1．合同____份；　6．不办、免办证明____份；编号：______
2．发票____份；　7．机电证明____份；编号：______
3．装箱清单____份；　8．海关免表______份；编号：______
4．登记手册____本；编号：____　9．换证凭单或电子转单_____份；编号：_______
5．许可证______份；编号：____　10．________________</td></tr>
<tr><td colspan="6">我单位郑重声明，保证遵守中华人民共和国出入境检验检疫有关法律、法规的规定和检验检疫机构的各项规章制度。如有违反行为，自愿接受检验检疫机构的处罚并负法律责任。
我单位所委托受委托人向出入境检验检疫局提交的报检单和随附各种单据所列内容是真实无讹的。</td></tr>
<tr><td colspan="6">（以上内容由委托单位填写）</td></tr>
<tr><td>被委托单位</td><td colspan="2"></td><td>报检单位注册号</td><td colspan="2"></td></tr>
<tr><td>地址</td><td colspan="2"></td><td>联系电话</td><td colspan="2"></td></tr>
<tr><td>经办人</td><td colspan="2"></td><td>报检证号</td><td colspan="2"></td></tr>
<tr><td colspan="6">（以上内容由被委托单位填写）</td></tr>
<tr><td>代理报检企业章</td><td></td><td colspan="2">委托单位章及其法人代表章</td><td colspan="2"></td></tr>
</table>

图 6-19　出入境货物代理报检委托书

3．出入境检验检疫代理报检委托书

出入境检验检疫代理报检委托书如图 6-20 所示。

出入境检验检疫代理报检委托书

委托人：

受托人：

委托人委托受托人代为办理下列进口/出口货物。

品名： 数（质）量：

合同号/信用证号：

有关出入境检验检疫报检手续，同时委托其交纳检验检疫费、联系配合检验检疫机构实施检验检疫、领取检验检疫证单和通关声明，以及办理其他与该批货物检验检疫工作有关的事宜。委托人声明自身具备规定的经营资格，并保证向受托人提供的、用于办理检验检疫报检手续的所有单证均真实无讹。受托人同意接受委托人的委托，遵守有关出入境检验检疫法律法规规定，按照检验检疫机构的要求，负责落实检验检疫场地、时间等有关事宜，按照规定代委托人交纳检验检疫费。受托人保证除严格按照有关规定向委托人收取代理报检中介服务费外，不借检验检疫机构名义向委托人收取额外费用。同时，保证对代理报检各项内容的真实性、合法性负责，承担相应的法律责任，对实施代理报检过程中所知悉的商业秘密负有保密义务。

委托期限： 年 月 日至 年 月 日

委托人（公章）：________ 法人代表（签名）：__________

单位地址：__________邮政编码：________联系电话：__________

单位性质：______________经营范围：__________

年 月 日

受托人（公章）：______________法人代表（签名）：______________

单位地址：__________邮政编码：________联系电话：__________

年 月 日

图 6-20 出入境检验检疫代理报检委托书

二、租船订舱

（一）出口货物海运业务流程

在海运中，采用 CIF、CIP、CFR、CPT 贸易术语成交时，由卖方负责租船订舱，安排到目的港的运输。为了使出运工作顺利进行，卖方收到信用证后，必须审核信用证中有关的装运条款并与出口合同相对照，如装期、结汇期、装运港、目的港、是否允许转运或分批装运，以及是否指定船公司、船名、船籍与船级等，有的来证要求提供各种证明，如航线证明书、船籍证等。对这些条款与规定，应确定是否合理，能否办到，否则要考虑拒绝接受并提出修改要求。

在临近信用证规定的装船期 20 多天前，就要审核货物的生产情况，以便安排出运。卖方通常要审核证、货、船是否齐备，是否衔接。这是一项极其细致而又复杂的工作，应该加强对合同的管理，做到证、货、船三方面的衔接和平衡。有些外贸公司采用进度表的方法，监控这三方面的工作，以避免因有货无船、有船无货、有货无证而无法履约。外贸公司的业务员要及时掌握货物的生产情况，在货物出运前半个月，货物必须备齐，因为工厂交到集装箱堆场装箱、申请海关验货、船公司装船等需要一定的时间。

目前，在国际贸易运输中，海上集装箱运输是一种主要的方式。在多数情况下，出口企业委托货代公司向船公司订舱，也有某些大型企业因为出口量较大，会直接与船公司签订运输合同。

目前，船公司船代、货代、港区作业部、集装箱堆场都执行了计算机联网作业，货物进出口的所有程序和手续都趋向简化、高效和快捷，加快了进港和出港的速度。

1. 出口货物海运流程

货证齐全时，出口货物海运流程大致如下。

（1）托运订舱

出口企业编制出口托运单（shipping note，也称订舱委托书），向货代办理委托订舱手续。货代根据货主的具体要求按航线分类整理后，及时向船公司或其代理订舱。当船公司或者其代理签出装货单或给出预配提单号后，就意味着托运人和承运人之间的运输合同已经缔结，订舱工作即告完成。

（2）货物集港

当船舶到港装货计划确定后，按照港区进货通知并在规定的期限内办理货物集运手续，将出口货物及时运至港区，集中等待装船，做到批次清、件数清、标记清。出口公司要与港区、船公司及有关的运输公司或铁路等单位保持密切联系，按时完成进货，以防工作脱节而影响装船进度。

（3）报关与保险

货物集中到港区后，将编制好的出口货物报关单连同装货单、发票、装箱单、商检证、外销合同等有关单证向海关申报出口，经查验合格放行后方可装船。同时，卖方办理出口货物运输保险的投保手续。

（4）装船

装船前，理货员代表船方整理经海关放行货物的装货单和收货单后，按照积载图和舱单分批接货装船。在装船过程中，托运人的货代应在现场监装，掌握装船进度并处理临时发生的问题。装货完毕，理货组长要与船方大副共同签署收货单，交与托运人。理货员如果发现某批货物有缺陷或包装不良，即在收货单上批注，并由船方大副签署，以确定船货双方的责任。作为托运人，应尽量争取不在收货单上批注，以取得清洁提单。

（5）发出装船通知，取得提单

装船完毕后，由船长或大副签收收货单（mate receipt，也称大副收据）。收货单是船公司签发给托运人的表明货物已装妥的临时收据。托运人除向收货人发出装船通知外，可凭收货单向船公司或其代理交付运费并换取正式提单。

2. 整箱货出口货代操作流程

现以整箱货出口货代操作流程来说明出口货物海运流程的具体操作，如图6-21所示。

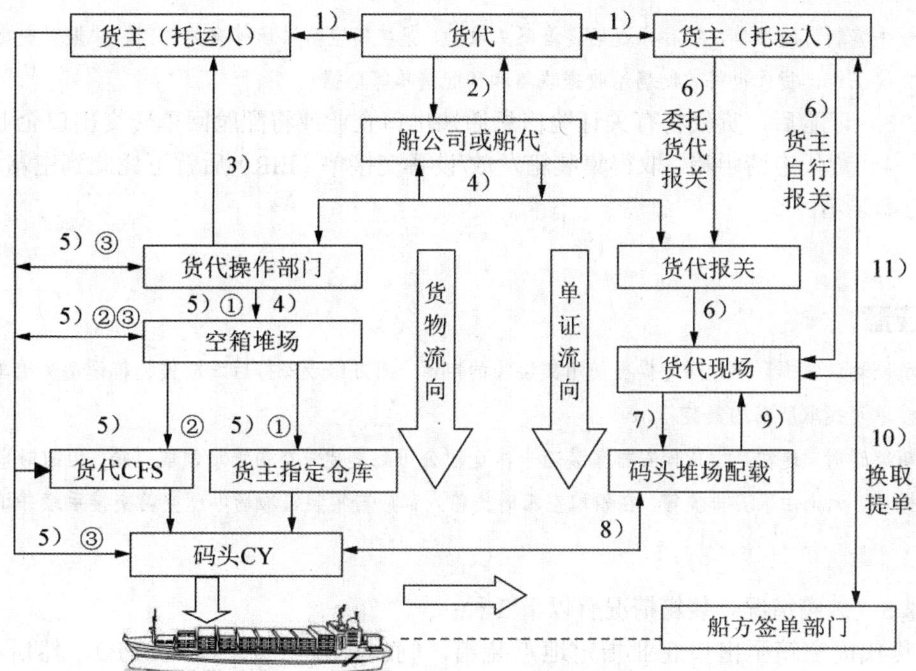

图 6-21　集装箱整箱货出口货代操作流程

注：图上 1）等标号表示“步骤 1”等。

该流程图具体操作流程如下。

步骤 1　出口企业（货主）与货代建立出口货运委托代理合同。

注意

在集装箱班轮运输中，出口企业一般委托货运代理人为其办理货运业务，货代关系是由出口商提出委托的。国际货运代理企业接受委托，以签订出口代理委托书的形式，双方建立起委托代理合同关系。根据出口企业买卖合同或信用证的条款，在出口代理委托书中说明货物的出运情况，如货物的品名、装运期、包装、唛码、件数、毛重、尺码、目的港等。

步骤 2　货代填写托运单，向船公司订舱。

注意

货代接受委托后，在出运前一定时间内，以及在集装箱运输的情况下，要填写集装箱货物托运单（订舱单）（booking note，B/N）向船公司或船代（船公司代理公司）订舱。

船公司或船代将根据航线、运输条件、船舶、港口条件、运输时间等考虑是否接受订舱。船方一旦接受订舱，即在托运单上盖章留存一份，退回托运人一份，表示接受订舱，运输合同成立，船公司要填写装货单交给货代。在集装箱运输下，一个重要的单据叫作集装箱场站收据联单，也叫作集装箱托运单，其第五联就是装货单（shipping order）。

船方着手编制订舱清单，然后分送集装箱码头堆场、集装箱空箱堆场等有关部门，并据以安排办理空箱及货运交接工作，货代也将填制场站收据联单和预配清单等单据。

步骤3　订舱后，货代将有关订舱信息通知出口企业或将配舱回单转交出口企业。

步骤4　货代申请用箱，取得集装箱发放/设备交接单（EIR）后就可凭此到空箱堆场提取所需的集装箱。

注意

货代填制场站收据联单，同时提出使用集装箱的申请，船方给予安排后发放集装箱设备交接单，货代凭设备交接单可提取所需的集装箱。

在整箱装运时，通常是由货代安排集装箱卡车运输公司到集装箱空箱堆场领取空箱，但有时也可由托运人自行提箱。无论由谁安排提箱，在领取空箱时提箱人都应与集装箱堆场办理空箱交接手续并填制设备交接单。

步骤5　装箱情况。装箱情况有以下3种。

① 货代提空箱至出口企业指定地点装箱，制作集装箱装箱单（CLP），然后将重箱（装满货的集装箱）“集港”。

② 出口企业将货物送到货代堆场，货代提空箱，并在集装箱货运站（CFS）装箱，制作集装箱装箱单，然后“集港”。

③ 出口企业“自拉自送”，即先从货代处取得集装箱发放/设备交接单后提空箱，装箱后制作集装箱装箱单，并按要求及时将货箱送码头堆场，即“集港”。

注意

整箱货的装箱大多是由货代安排进行的，装箱人应根据订舱清单的资料核对场站收据和货物装箱的情况，填制集装箱货物装箱单。由发货人自行装箱或货代负责装箱并加海关封志的整箱货，通过内陆运输至集装箱码头堆场，并由码头堆场根据订舱清单核对场站收据和装箱单接收货物。

步骤6　出口企业委托货代代理报关报检，办妥有关手续后将单证交货代现场，也可自行报关，并将单证交货代现场。

注意

目前，我国出口企业一般都是委托货代或报关行填写报关委托书，并由货代或报关行向海关报关的。出口企业自行报关的，必须在出运前凭装货单、报关单、发票和装箱单等材料向海关办理出口货物报关手续。

步骤7　在货代现场，货代将办妥手续后的单证交码头堆场配载。

步骤8　配载部门制订装船计划，经船公司确认后实施装船作业。

海关验货后，如果同意出口，则在装货单上加盖放行章，并将盖好放行章的装货单退还托运人。托运人持装货单通知船长接受货物装船。

集装箱码头堆场或集装箱装卸区根据接受待装的货箱情况制订出装船计划，等船靠泊后装船。装船后，由船长或大副签署大副收据，交给托运人（货代）。大副收据是船长或大副签署的用于表明货物已装船的收据。

步骤 9　货物装船后可以取得集装箱场站收据联单（D/R）正本。

集装箱码头堆场在验收货箱后，即在场站收据上签名并将签署的场站收据交还给货代或发货人，货代或发货人可凭场站收据要求承运人签发提单。

步骤 10　货代可凭场站收据联单正本到船方签单部门换取提单及其他单据。

货代或发货人凭场站收据在支付了预付运费后（如 CIF 或 CFR 合同）就可以向负责集装箱运输的船公司或其代理人换取提单了。另外，由于在集装箱运输方式下，承运人的责任早于非集装箱运输方式，所以在理论上，装船前就应签发提单，但是这种提单是备运提单，在传统的贸易合同下是不符合要求的。因此，实践中的做法是在装船后才签发提单，也就是已装船提单。

步骤 11　货代将提单等单据交出口企业。

出口企业凭已装船正本提单及信用证规定的其他单据向银行交单结汇。

3．集装箱拼箱货货运操作流程

集装箱运输的货物分为整箱货（FCL）和拼箱货（LCL）两种。对于出口企业的货的尺码或质量达不到整箱要求的小批量货物，货代会把不同的发货人或收货人在同一目的港的货物集中起来，拼成一个 20 ft 或 40 ft 的整箱。这种做法称为拼箱，国际上叫作 consolidation，简称 consol，承办者称为拼箱经营人（consolidator）。

拼箱业务的操作比较复杂，先要区别货物种类进行合理组合，待拼成一个 20 ft 或 40 ft 的整箱时再向船公司或其代理人订舱。拼箱货票数越多，处理的难度越大，有时一票货的数量发生变更，往往牵连整箱货的出运，所以货代在处理中要谨慎小心。

拼箱货业务流程如下。

步骤1　各出口企业（发货人）将拼箱货交拼箱经营人。

步骤2　拼箱经营人将拼箱货拼成整箱货后，向船公司办理整箱货物运输。

步骤3　整箱货装船后，船公司签发提单或其他单据（如海运单）给拼箱经营人。

步骤4　拼箱经营人在货物装船后也签发自己的提单（house B/L）（也称货代提单或分提单）给每一个货主（发货人）。

步骤5　拼箱经营人将货物装船和船舶预计抵达卸货港等信息告知其卸货港的机构（代理人）。同时，还将船公司提单及货代提单的复印件等单据交卸货港代理人，以便向船公司提货和向收货人交付货物。

步骤6　出口企业之间办理包括货代提单在内的有关单证的交接。

步骤7　拼箱经营人在卸货港的代理人凭船公司的提单等提取整箱货。

步骤8　各进口企业（收货人）凭货代提单等在集装箱货运站提取拼箱货。

资料卡

内装是什么

内装原指拼箱货，即出口企业将货物送到集装箱场站，由集装箱场站将货物装入集装箱送至码头堆场。现在内装的概念已经延伸到整箱，不再局限于拼箱，经营场所也由集装箱场站发展到各个仓库，即在实际操作中，内装就是发货人用自己的运输工具把货物送到货代指定的仓库，由货代安排装箱，装运完毕后，将箱子拖到码头。

注意

应填妥装箱计划中的船期、船名、航次、关单号、中转港、目的港、毛重、件数、体积、进舱编号等重要因素，先于截关日（船期前2天）1至2天排好车班。

（二）船期表、运价表及运费的计算

1．船期表

船期也称离港班期，顾名思义就是船舶截关开船的日期，也就是船舶出海的时间安排计划。就像火车站有列车时刻表一样，每个船公司都有自己固定航线对应的船期表，即船舶航行靠泊时间表，也称班期表。船期表包括航线名称、船名、航次、航程、挂港、挂港顺序、中转港、截关时间、预计到港时间（Estimate Time of Arrive，ETA）、预计离港时间（Estimate Time of Departure，ETD）、卸货码头等信息。由于大部分的船都是班轮，所以有4个固定特点：船期固定，航线固定，挂靠港固定，费率相对固定。

不同的船公司有不同的船期表，同一个公司在不同的时间船期表也不同。表6-1所示为天津外代2012年2月份班轮船期（部分）。

表 6-1 天津外代 2012 年 2 月份班轮船期（部分）

<table>
<tr><td colspan="13">外代计划：×××</td></tr>
<tr><td colspan="13">达飞/马士基黑海航线 BEX I/AE3</td></tr>
<tr><td rowspan="2">船名
VESSEL</td><td rowspan="2">航次
VOY</td><td rowspan="2">经营人
OPERATOR</td><td rowspan="2">截单期
CLD</td><td rowspan="2">装期
LDD</td><td rowspan="2">开航日
SLD</td><td rowspan="2">作业区
STVD</td><td rowspan="2">箱位
TEU</td><td colspan="5">挂港 MAIN PORT</td></tr>
<tr><td>釜山
Busan</td><td>巴生
Port Klang</td><td>康斯坦萨
Cons-tanta</td><td>奥德塞
Odessa</td><td>达米亚特
Dami-etta</td></tr>
<tr><td>马士基九龙/
CMA CGM
KOWLOON</td><td>1201/
1202</td><td>马士基海陆</td><td>2月
1日</td><td>2月
2日</td><td>2月
3日</td><td>五洲集装箱</td><td>6,572</td><td>2月
7日</td><td>2月
16日</td><td>3月
2日</td><td>3月
10日</td><td>3月
16日</td></tr>
<tr><td>达飞瑞新/
CMA CGM
RACINE</td><td>BX804E/
BX825W</td><td>达飞</td><td>2月
8日</td><td>2月
9日</td><td>2月
10日</td><td>五洲集装箱</td><td>6,188</td><td>2月
14日</td><td>2月
23日</td><td>3月
9日</td><td>3月
17日</td><td>3月
23日</td></tr>
<tr><td>达飞拉伯雷/
CMA CGM
RABELAIS</td><td>BX806E/
BX827W</td><td>达飞</td><td>2月
15日</td><td>2月
16日</td><td>2月
17日</td><td>五洲集装箱</td><td>6,456</td><td>2月
21日</td><td>3月
1日</td><td>3月
16日</td><td>3月
24日</td><td>3月
30日</td></tr>
<tr><td>达飞波德莱尔/
CMA CGM
BAUDELAIRE</td><td>BX808E/
BX829W</td><td>达飞</td><td>2月
22日</td><td>2月
23日</td><td>2月
24日</td><td>五洲集装箱</td><td>6,200</td><td>2月
28日</td><td>3月
8日</td><td>3月
23日</td><td>3月
31日</td><td>4月
6日</td></tr>
</table>

2．运价表及运费的计算

运费是船公司因运输货物而向货主收取的费用。运费的计算与出口商有着十分重要的关系。例如，一笔交易按照 CIF 或 CFR 价格成交，运费究竟是多少，在价格构成中占多大比例，对于出口方的成本核算关系重大。即使采用 FOB 价格成交，掌握海洋运费的资料，对于计算各种价格条款之间的差额，做好比价工作也是十分重要的。由于在国际贸易中班轮运输是海洋运输的主要部分，现以班轮运输为例来说明运费的计算。

班轮运费因散货运输和集装箱运输而有所不同，其是按照班轮运价表（liner's freight tariff）的规定计算的。不同的班轮公司或班轮公会有不同的班轮运价表。班轮运费包括基本运费（basic freight）和附加运费（additional or surcharge）两部分。其计算公式为：

班轮运费＝基本运费＋附加运费

（1）基本运费

基本运费是指从装运港到目的港之间收取的运费，是全程运费的主要部分。基本运费按班轮运价表规定的计收标准计收。在班轮运价表中，根据不同的商品，班轮运费的计算标准也不同，如重货一般按质量吨计收、轻泡货按尺码吨级计收、有些价值高的商品按 FOB 货值的一定百分比计收、有的商品按混合办法计收等。其具体采用的计算方法如下。

① 质量法。按货物的毛重计收，即质量吨（weight ton），表内列明 W，一般以每公吨为一质量吨作为计算单位。其计算公式为：

运费＝实际质量吨数量×每质量吨运价

② 体积法。按货物体积计收，称为尺码吨（measurement ton），表内列明 M，一般以

1 m³ 或 40 ft³ 为一尺码吨作为计算单位。其计算公式为：

运费＝实际尺码吨数量×每尺码吨运价

③ 从价法。一般情况下按商品的 FOB 价格的一定百分比计收，称为从价运费（ad valorem），表内列明 Ad Val 或 A.V.。它适用于体积、质量不大的贵金属、精密仪器、工艺品等货物。其计算公式为：

运费＝实际 FOB价×单位费率（%）

④ 选择法。选择法按选择对象及方式的不同可分为以下 3 种。

- 按货物的毛重或体积从高计收，运价表内列明 W/M。质量吨和尺码吨统称为运费吨（freight ton）。其计算公式为：

  运费＝max（质量吨,尺码吨）×每运费吨运价

- 根据货物质量、体积或价值三者中较高者计费，运价表内列明 W/M or AV。其计算公式为：

  运费＝max（质量法运费,体积法运费,从价法运费）

- 选择货物的质量、体积从高计收，然后收取一定比例的从价运费，运价表内列明 W/M Plus AV。其计算公式为：

  运费＝max（质量吨,尺码吨）×每运费吨运价＋实际 FOB价×单位费率（%）

⑤ 其他方法。还有一些商品是按件（per unit）或头（per head）计收的，前者如车辆等，后者如活牲畜等。对于大宗商品，如粮食、矿石、煤炭等，因运量较大、货价较低、容易装卸等，船公司为了争取货源，可与货主另行商定运价。

商品一般根据商品的种类和性质，以及装载和保管的难易而划分为若干个等级。在同一航线内，由于商品的等级不同，船公司收取的基本费率也不同。因此，商品的等级与运费的高低有很大关系。

（2）附加运费

附加运费是指对一些尺寸、质量比较特殊，或者需要特殊处理的货物，由于突然事件的发生或客观情况变化等而另外加收的费用。其一般是在基本运费的基础上加收一定百分比（附加运费率）的费用或根据每运费吨收取固定数值的费用，如每运费吨增收若干元附加运费。班轮附加运费则视情况可以收取或不收取。其名目繁多，常见附加运费大致有以下几种。

① 因商品特点不同而增收的附加费，如超重附加费（heavy lift additional）、超长附加费（long length additional）、超大附加费（surcharge of bulky cargo）、洗舱费（tank cleaning charge）等。

② 因港口的不同情况而增收的附加费，如直航附加费（direct additional）、绕航附加费（deviation surcharge）、转船附加费（transshipment surcharge）、港口附加费（port surcharge）、港口拥挤附加费（port congestion surcharge）、选择港附加费（optional fees）、变更卸货港附加费（alternation of destination charge）等。

③ 因其他原因而临时增收的附加费，如燃油附加费（bunker adjustment factor，BAF）、货币贬值附加费（currency adjustment factor，CAF）等。

实际上，附加运费远远不止上述几种。值得注意的是，有些附加运费，如港口拥挤费占运费的比例很大，与基本运费相比，少则 10%，多则 100%，甚至 2 倍以上。因此，在计算运费时，不可忽视对附加运费的计算。

（3）班轮运费的计算

运费是根据班轮公司指定的运价表计算的。目前，各国船公司所制定的运价表格式不完全一样，但其基本内容比较接近。班轮运价表的结构一般为说明及有关规定、港口规定及条款、货物的分类和分级表、航线费率表、附加费率表、冷藏货及活牲畜费率表等。

根据运价表计算运费是一项比较复杂的工作，不仅要熟悉运价表的基本内容，还要细心。在计算运费时，除根据航线和商品的等级，先按基本费率（basis rate）算出基本运费外，还要查出各种附加运费的项目，并将要支出的附加运费一一计算在内，同时还要随时掌握其变动情况。其具体计算步骤如下。

步骤 1　根据班轮公司提供的货物等级表进行查找。根据货物名称，在货物等级表中查到运费计算标准（basis）和等级（class）。货物等级表是班轮运价表的组成部分，有货名、等级和计算标准 3 个项目，如表 6-2 所示。

表 6-2　货物等级

中文货名	Commodities	Class	Basis
…	…	…	…
人造皮革及货物	artificial leather & goods	11	M
袋麻袋、造纸聚丙烯	bags gunny, paper polypropylene	5	M
自行车及零件	bicycles & parts	9	W/M
电缆	cable	10	W/M
各类罐头食品	canned goods all kinds	8	W/M
钟表及配件	clocks & spare parts	10	M
计算机及复印机	computer & duplicator	12	W/M
鞋类（N.O.S.）	footwear（N.O.S.）	9	M
家具（N.O.S.）	furnitures（N.O.S.）	10	M
…	…	…	…

步骤 2　在等级费率表的基本费率部分，找到相应的航线、起运港、目的港，按等级查到基本运价，如表 6-3 所示。

步骤 3　从附加运费部分查出所有应付的附加运费项目和数额（或百分比）及货币种类。

步骤 4　将基本运价和附加运费相加算出实际运价。

表6-3　班轮航线等级费率（中国——加拿大）（节选）　元/t

Class	Vancouver（温哥华）	St. John（圣约翰）	Toronto（多伦多）
1	150.00	177.00	193.00
2	159.00	185.00	202.00
3	167.00	193.00	211.00
4	175.00	201.00	220.00
5	183.00	215.00	235.00
6	194.00	231.00	252.00
7	205.00	248.00	270.00
8	219.00	264.00	288.00
9	235.00	283.00	309.00
10	257.00	305.00	333.00
11	285.00	337.00	368.00
12	317.00	373.00	407.00
13	350.00	414.00	451.00
14	383.00	454.00	496.00
15	416.00	495.00	540.00
16	449.00	536.00	585.00
17	492.00	591.00	644.00
18	547.00	645.00	704.00
19	629.00	735.00	802.00
20	711.00	844.00	920.00
Ad Val	4%	4%	4%

例 6-1　某轮船从上海装运10 t，共计11.3 m^3水果罐头制品，到加拿大的温哥华港，要求直航。试问全部运费是多少？

① 经查货物等级表可知，罐头制品是8级，计算标准是W/M。

② 经查中国——加拿大航线等级费率表之8级货物的基本费率为219元/t。

③ 经查附加费率表可知，温哥华港直航附加费每计费吨为18元、燃油附加费为35%。

④ 全部运费=（219+219×35%+18）×11=3 450.15（元）。

本例中，10 t水果罐头制品经查货物分级表，计算的标准是W/M，取其中较大者作为计算标准，为11尺码吨。

（三）填写订舱委托书（托运单）

订舱委托书一般没有固定的格式，但均包括订舱的基本内容：托运人（consignor，shipper，supplier）、收货人（consignee，buyer）、通知人（notifier）、运往地点，以及所托运货物的编号（No.）、名称（name）、标记（mark）、件数（cartons）、质量（G.W. or N.W.）、体积（volume）等，如图6-22所示。当然能提供更加详细的内容更好，如唛码（shipping mark）、货物说明（description）等。发货人给货代的委托书不会写出船名和船期，但需要写好出货装运港口

和目的港口。对于这两种不同的订舱委托书，可根据实际需要增加一些条目，以便更顺利地订舱。

出口货物订舱委托书

年 月 日

<table>
<tr><td colspan="2">信用证号</td><td></td><td colspan="2">填制单位编号</td><td colspan="2"></td></tr>
<tr><td colspan="2">收汇方式</td><td></td><td colspan="2">外运编号</td><td colspan="2"></td></tr>
<tr><td colspan="2" rowspan="2">开证银行</td><td rowspan="2"></td><td>合同号</td><td colspan="3"></td></tr>
<tr><td>核销单号</td><td></td><td>许可证号</td><td></td></tr>
<tr><td colspan="2" rowspan="2">发票抬头人</td><td rowspan="2"></td><td>贸易性质</td><td></td><td>贸易国别</td><td></td></tr>
<tr><td>佣金</td><td></td><td>运输方式</td><td></td></tr>
<tr><td colspan="2" rowspan="2">托运人</td><td rowspan="2"></td><td>出口口岸</td><td></td><td>目的港</td><td></td></tr>
<tr><td>可否转运</td><td></td><td>可否分批</td><td></td></tr>
<tr><td rowspan="3">提单或承运收据</td><td>收货人</td><td></td><td>装运期限</td><td></td><td>有效期限</td><td></td></tr>
<tr><td>通知人</td><td></td><td rowspan="2">提单特别显示</td><td colspan="3" rowspan="2"></td></tr>
<tr><td>运费</td><td>提单份数</td></tr>
</table>

<table>
<tr><td rowspan="2">标记唛码</td><td rowspan="2">货名规格及货号</td><td rowspan="2">包装件数</td><td rowspan="2">数量或尺码</td><td rowspan="2">毛重</td><td rowspan="2">净重</td><td colspan="2">价格（成交条件）</td></tr>
<tr><td>单价</td><td>总价</td></tr>
<tr><td></td><td></td><td></td><td></td><td></td><td></td><td></td><td></td></tr>
<tr><td colspan="8">TOTAL:
SAY TOTAL:
ONLY.</td></tr>
</table>

<table>
<tr><td rowspan="5">外运外轮注意事项</td><td rowspan="5"></td><td colspan="2">总体积</td><td></td></tr>
<tr><td rowspan="3">保险单</td><td>险别</td><td></td></tr>
<tr><td>保额</td><td></td></tr>
<tr><td>赔款地点</td><td></td></tr>
<tr><td colspan="2">业务员</td><td></td></tr>
</table>

图 6-22 订舱委托书样本

三、出口报关

（一）出口报关程序

从海关对出境货物进行监管的全过程来看，报关程序按时间先后分为 3 个阶段：前期阶段、出境阶段、后续阶段。其中，在出境阶段必须经过 4 个海关作业环节：审单、查验、征税和放行。与之相适应，出口货物发货人或其代理人应当按程序办理相应的出口货物的申报、配合查验、缴纳税费、提取或装运货物等手续。

1. 前期阶段

前期阶段是指根据海关对保税货物、特定减免税货物和暂准出口货物有特定的监管要求，出口货物发货人或其代理人在此三大类货物实际出境之前向海关办理备案手续的过程。应该注意的是，各种海关备案文件都有固定形式的编号，这些编号必须填报在报关单的“备案号”栏目内，备案文件正本文件在报关时必须递交海关，否则海关不予认可和放行。

2. 出境阶段

出境阶段是指根据海关对出境货物的监管制度，出口货物收发货人或其代理人在一般出口货物、暂准出境货物、其他出境货物出境时，都必须按海关特定的文件要求、时间和地点要求，向海关办理出口申报、配合查验、缴纳税费、提取或装运货物手续的过程。

3. 后续阶段

后续阶段是指根据海关对暂准出境货物、其他出境货物的监管，要求出口货物的收发货人或其代理人在货物出境储存、加工、装配、使用后，在规定的期限内按照规定，向海关办理上述出口货物核销、销案、申请解除监管手续的过程。

后续阶段的监管活动又称结关，即海关对经口岸放行后仍须继续实施管理的货物，在规定的期限内进行核查，对需要补证、补税的货物做出处理，直至完全结束海关监管的工作程序。

据此，可见后续阶段适用于在前期阶段中经过备案、申领登记手册或减免税证明的货物。至此，对不同出境货物报关程序进行小结，如图6-23所示。

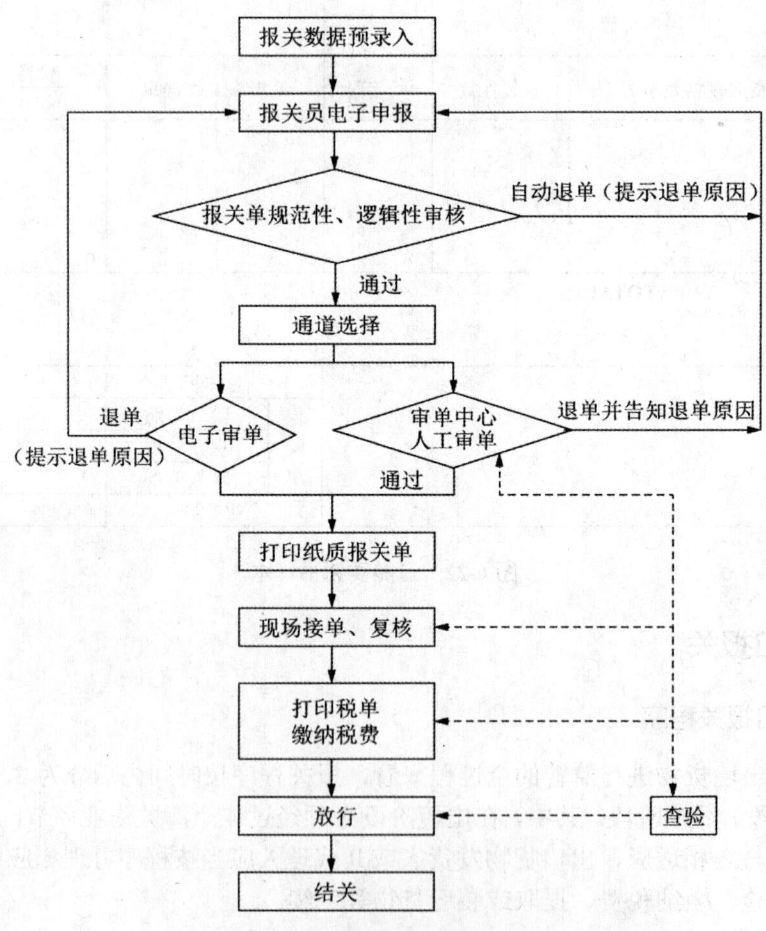

图6-23 出境货物报关程序

在以上 3 个阶段中，出境阶段是程序比较复杂、环节较多的一个阶段，具体来说该阶段应完成以下几个环节。

（1）申报

申报是指出口货物收发货人或其代理人在出口货物时，在海关规定的期限内，以书面或电子数据交换方式向海关报告其出口货物的情况，并随附有关货运和商业单据，申请海关审查放行，同时对所报告内容的真实性、准确性承担法律责任的行为。

① 申报单证。申报单证是报关员开始进行申报工作的第 1 步。一般情况下，报关应备单证除出口货物报关单外，还有基本单证、特殊单证、预备单证三大类。各类随附单证的具体内容如图 6-24 所示。

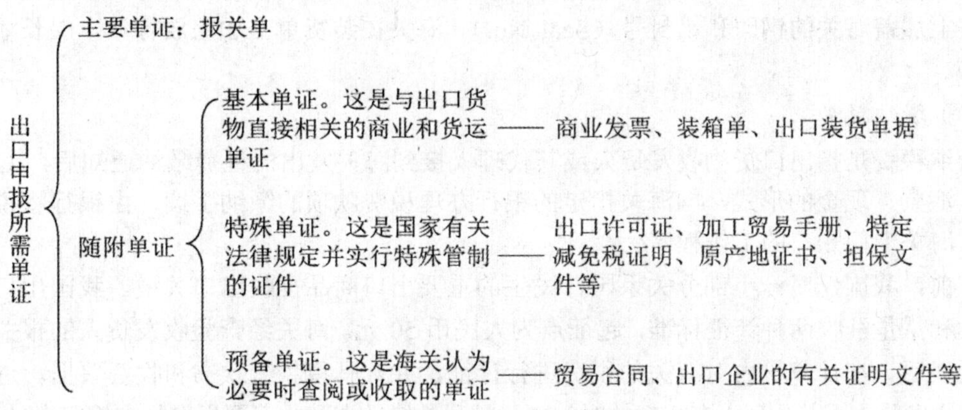

图 6-24　出口申报所需单证

② 申报地点。一般情况下，出口货物应当由收发货人或其代理人在货物的出境地海关办理海关手续。为了方便出口货物的收发货人办理海关手续，经货物的收发货人向海关申请，海关经审核后，可以同意出口货物的发货人在设有海关的起运地办理报关手续。

③ 申报期限。按照我国《海关法》第二十四条的规定，除海关特批外，出口货物的发货人或其代理人应当在货物运抵海关监管区后、装货的 24 小时以前向海关申报。

（2）配合查验

查验是指海关在接受报关单位的申报并以已经审核的申报单证为依据，通过对出口货物进行实际的核查以确定其报关单证申报的内容是否与实际出口的货物相符的一种监管方式。

① 查验时间。当海关决定查验时，应将查验的决定以书面通知的形式通知出口货物的收发货人或其代理人，约定查验的时间。

② 查验地点。海关查验货物一般在海关监管区内的出口口岸码头、车站、机场、邮局或海关的其他监管场所进行。在特殊情况下，如精密仪器在无氧包装情况下拆装容易发生破损或货物急着出口，出口货物的收发货人或其代理人也可以申请在监管区外，如工厂或仓库等其他地方直接查验。

③ 查验方式。海关查验的方式一般可分为以下 3 种。

- 彻底查验，即对货物逐件开箱、开包查验，对货物的品名、规格、数量、质量、原产地、货物状况等逐一与申报的数据进行详细核对。
- 抽查，即按一定的比例，对货物有选择地开箱、开包查验。
- 外形查验，即对货物的包装、唛码等进行核查、核验。

出口货物的收发货人或其代理人应当到场配合海关查验，负责按照海关的要求搬移货物、开拆包装，以及重新封装货物；要如实回答海关人员的询问，以及提供必要的资料；查验结束后，要认真阅读海关人员填写的海关出境货物查验记录单，并签名确认。海关认为必要时，可以依法对已经完成查验的货物进行复验，即第 2 次查验。海关复验时，出口货物的收发货人或其代理人仍然应当到场。

海关经查验后，如所申报货物与实际货物无误，可对集装箱进行铅封，在集装箱的箱门铅条上加盖海关的钢印和铅封号（Seal No.）。海关在装货单上加盖放行章，船长才可接受货物。

（3）缴纳税费

缴纳税费是指出口货物收发货人或其代理人接到海关发出的税费缴纳通知后，以支票、本票、汇票、现金的形式，向海关指定的银行办理税费款项的缴纳手续，由银行将税费款项缴入海关专门账户的工作程序。

目前，我国仅对一小部分关系国计民生的重要出口商品征收出口关税。我国出口关税有从价和从量征收两种计征标准，起征点为人民币 50 元。海关经查验收发货人的报关单和货物无误后，在计算机内对有关的税费进行计征，并开具税款缴款书和收费票据。进出口货物的收发货人或其代理人在规定的时间内，持税款缴款书和收费票据向指定银行缴纳税费。

缴纳税费一般分为两种方式：凭税款缴款书和收费票据缴纳税费；利用中国电子口岸网上缴税和付费。在有中国电子口岸网上缴费和付费的海关，收发货人或其代理人可以通过电子口岸接受海关发出的税款缴款书和收费票据，在网上向指定银行缴纳税费。一旦收到银行缴款成功的信息，即可向海关申请办理放行手续。网上缴税成功后还应向海关索取纸质完税单，用于企业开立增值税发票的进项抵扣和财务做账的凭证。

（4）海关出境现场放行

海关出境现场放行是指海关接受出口货物的申报，审核电子数据报关单和纸质报关单，以及随附单证，并经查验货物征收税费后，对出口货物做出结束海关出境现场监管的决定。一般由海关在出口货物装货单下加盖海关放行章，发货人凭装货单将出口货物装船。海关在报关单的退税专用联上加盖验讫章，供出口企业办理退税时使用。

在执行无纸通关申报方式的海关，海关做出现场放行的决定时，通过计算机将海关决定放行的信息发送给收发货人和海关监管货物保管人。

出口货物的发货人或其代理人签收海关加盖海关放行章戳记的出口提货凭证。这些凭证一般有运单、装货单、场站收据等，凭以到货物出境地的港区、机场、车站、邮局等地的海关监管仓库办理将货物装运上运输工具运离关境的手续。

（二）填写出口货物报关单

出口货物报关单如图 6-25 所示。

中华人民共和国海关出口货物报关单

预录入编号：　　　　　　　　　　　　　　　　　　　　　　海关编号：

境内发货人		出境关别	出口日期		申报日期	备案号	
境外收货人			运输方式	运输工具名称及航次号		提运单号	
生产销售单位			监管方式		征免性质	许可证号	
合同协议号	贸易国（地区）		运抵国（地区）	指运港		离境口岸	
包装种类	件数	毛重（千克）	净重（千克）	成交方式	运费	保费	杂费
随附单证及编号							
标记唛码及备注							
项号　商品编号　商品名称、规格型号　数量及单位　单价/总价/币制　原产国　最终目的国（地区）　境内货源地　征免							
特殊关系确认：			价格影响确认：		支付特许权使用费确认：		
申报人员　申报人员证号　电话 申报单位			兹声明以上申报无讹并承担法律责任 申报单位（签章）			海关审单批注及放行日期（签章）	

图 6-25　出口货物报关单

出口货物报关单（本部分中以下简称报关单）的填制如下。

（1）预录入编号

预录入编号由海关填写，是指预录入单位输入报关单的编号，用于申报单位和海关之间引用其申报后尚未接受申报的报关单。预录入编号规则由接受申报的海关决定。

（2）海关编号

海关编号是指海关接受申报时给予报关单的编号，由各直属海关在接受申报时确定。其应标识在报关单的每一联上，一份报关单对应一个海关编号。一般来说，海关编号由计算机自动打印，不用填写。

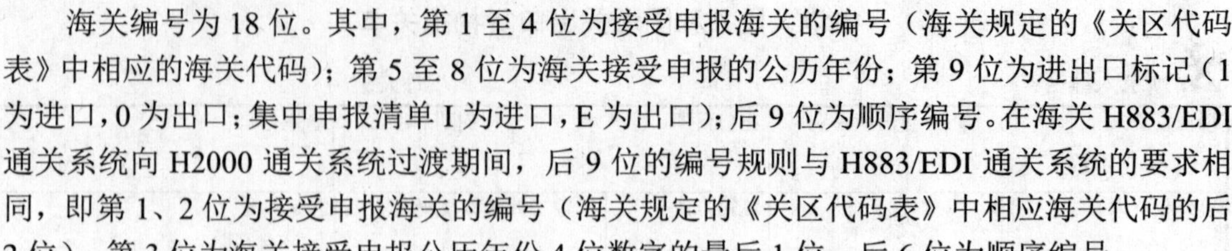

海关编号为18位。其中，第1至4位为接受申报海关的编号（海关规定的《关区代码表》中相应的海关代码）；第5至8位为海关接受申报的公历年份；第9位为进出口标记（1为进口，0为出口；集中申报清单I为进口，E为出口）；后9位为顺序编号。在海关H883/EDI通关系统向H2000通关系统过渡期间，后9位的编号规则与H883/EDI通关系统的要求相同，即第1、2位为接受申报海关的编号（海关规定的《关区代码表》中相应海关代码的后2位）、第3位为海关接受申报公历年份4位数字的最后1位、后6位为顺序编号。

（3）境内发货人

填报在海关备案的对外签订并执行出口贸易合同的中国境内法人、其他组织名称及编码。编码填报18位法人和其他组织统一社会信用代码，没有统一社会信用代码的，填报其在海关的备案编码。

（4）出境关别

根据货物实际出境的口岸海关，填报海关规定的《关区代码表》中相应口岸海关的名称及代码。

（5）出口日期

出口日期是指运载所申报货物的运输工具办结出境的日期。本栏目供海关打印报关单证明联用，在申报时免予填报。无实际出境的报关单填报办理申报手续的日期以海关接受申报的日期为准。出口日期为8位数字，顺序为年（4位）、月（2位）、日（2位）。例如，2018年11月19日填为20181119。

在报关单预录入（没有海关编号的报关单为预录入报关单）时，因为无法预期实际办结的日期，所以出口时此栏目为空。

（6）申报日期

申报日期是指海关接受出口货物的发货人或受其委托的报关企业申请的日期。本栏目为8位数字，顺序为年（4位）、月（2位）、日（2位）。本栏目在申报时免予填报。

应注意，出口时申报日期应早于出口日期。

（7）备案号

备案号是指经营进出口业务的企业在向海关办理加工贸易合同备案或征、减、免税审批备案等手续时，由海关给予《进料加工登记手册》《来料加工及中小型补偿贸易登记手册》《电子账册及其分册》（以下均简称加工贸易手册）、《进出口货物征免税证明》（以下简称征免税证明）或其他有关备案审批文件的编号。一般贸易此栏为空。一份报关单只允许填报一个备案号。

备案号是12位编码，由第1位的英文字母和后面的11个数字组成。其中，第1位是标记码；第2至5位是关区代码；第6位是年份；第7至12位是序列号。

例如，备案号为B53056300095，那么从备案号的第1位字母就可以判断出贸易方式。

常用标记码有：A为备料登记手册编号；B为来料加工登记手册编号；C为进料加工登记手册编号；D为加工贸易不作价设备手册编号；F为加工贸易异地进出口分册编号；G为加工贸易深加工结转分册编号；H为出入出口加工区的保税货物的电子账册；Y为原产地证书编号；Z为征免税证明编号。

备案号与贸易方式、征免性质存在着一定的逻辑关系，如果备案号是以B、C、D开头的加工手册编号，那么这个报关单的贸易方式就不可能是“一般贸易”。

（8）境外收货人

境外收货人通常指签订并执行出口贸易合同中的买方或合同指定的收货人。非互认国家（地区）AEO企业等其他情形，编码免于填报。一般填报英文名称，检验检疫要求填报其他外文名称的，在英文名称后填报，以半角括号分隔；对于AEO互认国家（地区）企业的，填报AEO编码，填报样式按照海关总署发布的相关公告要求填报（如新加坡AEO企业填报样式为：SG123456789012，韩国AEO企业填报样式为KR1234567，具体见相关公告要求）。

（9）运输方式

运输方式包括实际运输方式和海关规定的特殊运输方式。前者是指货物实际出境的运输方式，按出境所使用的运输工具分类；后者是指货物无实际出境的运输方式，按货物在境内的流向分类。本栏目应根据货物实际出境的运输方式或货物在境内流向的类别，按照海关规定的运输方式代码表选择填报相应的运输方式。

① 实际运输方式。实际运输方式是指用于载运货物实际出关境的运输方式。其主要的运输工具有船舶、火车、飞机、汽车、驮畜等。实际运输方式包括水路运输、铁路运输、汽车运输、航空运输、邮递运输和其他运输（人扛、驮畜、电网、管道等）。

② 特殊运输方式。特殊运输方式仅用于标识没有实际出境的货物。特殊情况下的运输方式应这样填报：非邮政方式出口的快递货物，按实际运输方式填报；出境旅客随身携带的货物，按旅客所乘运输工具种类填报；出口转关运输货物根据载运货物驶离出境的运输工具类别填报；无实际出口的，根据实际情况选择运输方式代码表中非保税区运入保税区和保税区退区（代码0）、境内存入出口监管仓库和出口监管仓库退仓（代码1）、保税区运往非保税区（代码7）、保税仓库转内销（代码8）、其他运输（代码9）填报。

（10）运输工具名称及航次号

运输工具名称是指运载货物出境的运输工具的名称或运输工具编号。本栏目一般需要填报运输工具名称及航次号，内容应与运输部门向海关提供的舱单（载货清单）所列相应内容一致。一份报关单只允许填报一个运输工具名称。

① 以水路运输需要填写船名、航次号（载运货物出境的运输工具的航次编号）。运输工具名称和航次号之间通常用“/”连接，填报格式为“名称或编号/航次号”，如NAGELFADER/070W。

② 以航空运输需要填报航班号。

（11）提运单号（B/L No.）

提运单号是指进出口货物提单或运单的编号。该编号必须与运输部门向海关提供的载货清单所列相应内容一致。一份报关单只允许填报一个提运单号。一票货物对应多个提运单时，应分单填报。

① 船舶运输。有分提单的填报“总提单号*（星号）分提单号”；没有分提单的直接填报总提单号。

② 航空运输。有分运单的填报“总运单号_（下划线）分运单号”；无分运单的填报总运单号。

③ 汽车运输。免于填报。

④ 铁路运输。填报运单号。

⑤ 邮政运输。填报邮运包裹单号。

（12）生产销售单位

生产销售单位填报出口货物在境内的生产或销售单位的名称，包括自行出口货物的单位和委托出口企业出口货物的单位。

（13）监管方式

一份报关单只允许填报一种监管方式。本栏目应根据实际情况，并按海关规定的《监管方式代码表》选择填报相应的贸易方式简称或代码。

（14）征免性质

征免性质是指海关对出口货物实施征、减、免税管理的性质类别。一份报关单只允许填报一种征免性质。

本栏目应按照海关核发的征免税证明中批注的征免性质填报，或者根据实际情况按海关规定的《征免性质代码表》选择填报相应的征免性质简称或代码。

征免性质共有39种，常见的征免性质有一般征税（101）、加工设备（501）、来料加工（502）、进料加工（503）、中外合资（601）、中外合作（602）、外资企业（603）、鼓励项目（789）等。

（15）许可证号

如果不需要许可证，就不必填写；应申领出口许可证的货物，必须在此栏目填报商务部及其授权发证机关签发的出口货物许可证的编号，不得为空，如填报以下许可证的编号：出口许可证、两用物项和技术出口许可证、两用物项和技术出口许可证（定向）、纺织品临时出口许可证、出口许可证（加工贸易）、出口许可证（边境小额贸易）。一份报关单只允许填报一个许可证号。

（16）合同协议号

合同协议号是指在国际贸易中，买卖双方或数方当事人自愿按照一定的条件买卖某种商品所签署的出口货物合同（包括协议或订单）的编号。本栏目应填报出口货物合同（协议）的全部字头和号码。

（17）贸易国（地区）

发生商业性交易的出口填报售予国（地区），未发生商业性交易的填报货物所有权拥有者所属的国家（地区）。

（18）运抵国（地区）

运抵国（地区）是指在未发生任何商业性交易或其他改变货物法律地位的活动的情况下，货物被出口国（地区）所发往的或最后交付的国家或地区。

本栏目应按海关规定的《国别（地区）代码表》选择填报相应的起运国（地区）或者运抵国（地区）中文名称或代码。对发生运输中转的货物，如果中转地未发生任何商业性交易，则起、抵地不变；如果中转地发生商业交易，则以中转地为起、抵地填报。

无实际出境的，填报“中国”（代码142）。

（19）指运港

指运港是指出口货物运往境外的最终目的港；最终目的地不可预知的，可按尽可能预知的目的港填报。例如，此货物运往国外买方港口釜山，则指运港填写“釜山”。又如，此货物运往国外买方港口釜山但同时得知国外买方会将此货物继续运往大阪，则指运港填写“大阪”。

无实际进出境的，填报“中国境内”（代码 142）。

本栏目应根据实际情况按海关规定的《港口航线代码表》选择填报相应的港口中文名称或代码。

（20）离境口岸

离境口岸填报装运出境货物的跨境运输工具离境的第一个境内口岸的中文名称及代码；采取多式联运跨境运输的，填报多式联运货物最初离境的境内口岸中文名称及代码；过境货物填报货物离境的第一个境内口岸的中文名称及代码；从海关特殊监管区域或保税监管场所出境的，填报海关特殊监管区域或保税监管场所的中文名称及代码。其他无实际出境的货物，填报货物所在地的城市名称及代码。按海关规定的《国内口岸编码表》选择填报相应的境内口岸名称及代码。

（21）包装种类

包装种类是指货物处于运输状态时的最外层包装，也称运输包装。

本栏目应根据货物的实际外包装种类选择填报海关规定的《包装种类代码表》中相应的包装种类中文名称及包装种类代码，如托盘、木箱、纸箱、铁桶、散装、裸装、辆、包、捆、卷和其他等。

当存在两种不同的包装种类时，包装种类为“其他”。

（22）件数

件数是指有外包装的货物的实际件数。特殊情况下的填报要求为：舱单件数为集装箱（TEU）的，填报集装箱个数；舱单件数为托盘的，填报托盘数。

本栏目不得填报为 0，裸装、散装货物填报为 1。

（23）毛重

毛重是指货物及其包装材料的质量之和。

本栏目填报货物的实际毛重，计量单位为千克（kg），不足 1 千克的填报 1。

（24）净重

净重是指货物的毛重减去外包装材料后的质量，即商品本身的实际质量。

本栏目填报货物的实际净重，计量单位为千克（kg），不足 1 千克的填报 1。

（25）成交方式

成交方式是指在国际贸易中出口商品的价格构成和买卖双方各自应承担的责任、费用及风险，以及货物所有权转移的界限。成交方式在国际贸易中称为贸易术语，又称价格术语。

本栏目应根据实际成交价格条款按海关规定的《成交方式代码表》选择填报相应的成交方式代码。无实际进出境的，出口填报 FOB 价。

（26）运费

运费是指货物从始发地至目的地的国际运输所需要的各种费用。本栏目用于成交价格中含有运费的出口货物，应填报该份报关单所含全部货物的国际运输费用。可按运费单价、总价或运费率3种方式之一填报，同时注明运费标记，并按海关规定的《货币代码表》选择填报相应的币种代码。运保费合并计算的，填报在本栏目。

运费标记1表示运费率，2表示每吨货物的运费单价，3表示运费总价。

① 运费率。填报“运费率的数值/运费率标记1”，如5%的运费率填报为“5/1”。

② 运费单价。填报“运费币值代码/运费单价的数值/运费单价标记”，如24美元的运费单价填报为“502/24/2”。

③ 运费总价。填报“运费币值代码/运费总价的数值/运费总价标记”，如7 000元的运费总价填报为“502/7 000/3”。

常用货币代码有美元（502）、港币（110）、日元（116）、英镑（303）、欧元（300）、人民币（142）。

（27）保费

本栏目用于成交价格中含有保险费的出口货物，应填报该份报关单所含全部货物国际运输的保险费用。可按保险费总价或保险费率两种方式之一填报，同时注明保险费标记，并按海关规定的《货币代码表》选择填报相应的币种代码。

保险费标记1表示保险费率，3表示保险费总价。

① 保险费率。直接填报保险费率的数值，如0.3%的保险费率填报为0.3/1。

② 保险费总价。填报“保费币值代码/保费总价的数值/＋保费总价标记”，如10 000港元保险费总价填报为“110/10 000/3”。

（28）杂费

杂费是指成交价格以外的，应计入货物价格或应从货物价格中扣除的费用，如手续费、佣金、折扣等费用。

本栏目应根据具体情况按杂费总价或杂费率两种方式之一填报，同时注明杂费标记，并按海关规定的《货币代码表》选择填报相应的币种代码。

杂费标记1表示杂费率，3表示杂费总价。

应计入完税价格的杂费填报为正值或正率，应从完税价格中扣除的杂费填报为负值或负率。本栏不同的杂费标记填报如下。

① 杂费率。直接填报杂费率的数值，如应计入完税价格的1.5%的杂费率填报为“1.5/1”，应从完税价格中扣除的1%的回扣率填报为1/1。

② 杂费总价。填报“杂费币值代码/杂费总价的数值/杂费总价标记”，如应计入完税价格的500英镑杂费总价填报为303/500/3。

（29）随附单证及编号

随附单证是指随进出口报关单一并向海关递交的单证或文件，包括发票、装箱单、提单、运单、装运单等基本单证，监管文件、登记手册、征免税证明等特殊单证，以及合同、信用证等预备单证。

合同、发票、装箱单、许可证等必备的随附单证不在本栏目填报；本栏目仅填报进出口许可证以外的监管证件和编号。

本栏目分为随附单证代码和随附单证编号两项。其中，“代码”栏应按海关规定的《监管证件名称代码表》选择填报相应证件的代码；“编号”栏应填报监管证件的编号。具体格式为“监管证件代码：监管证件编号”。

常用的监管证件代码有：7 为自动进口许可证；A 为进境货物通关单；B 为出境货物通关单；O 为机电产品自动进口许可证，等等。一份原产地证书只能对应一份报关单。此栏仅填报第 1 个监管证件的代号和编号，其余监管证件的代码和编号填写在“标记唛码及备注”栏中。

（30）标记唛码及备注

标记唛码是指货物的运输标记。标记唛码中除图形以外的文字、数字需要填写在此处。本栏目中如果出现 No Mark（N/M），则无须填写。

本栏目中还应填写以下内容。

① 集装箱体信息。填报集装箱号（在集装箱箱体上标示的全球唯一编号）、集装箱规格、集装箱商品项号关系（单个集装箱对应的商品项号，半角逗号分隔，多个集装箱时使用）、集装箱货重（集装箱箱体自重+装载货物重量，千克）。

② 随附单证代码及号码（见本部分“随附单证及编号”栏目填制方法）。

③ 适用于协定税率商品的填报原产地证书标记。

④ 来料加工出口成品时须在本栏目中注明原料费和工缴费。

⑤ 海关加工贸易货物销毁处置申报表编号。

⑥ 当监管方式为“暂时进出货物”（2600）和“展览品”（2700）时，如果为复运出境货物，在本栏目填报“复运出境”。

⑦ 加工贸易副产品内销，在本栏目填报“加工贸易副产品内销”。

⑧ 含预归类商品报关单，应在本栏目填写预归类 R-3-关区代码-年份-顺序编号，其中关区代码、年份、顺序编号均为 4 位数字，例如 R-3-0100-2016-0001。

⑨ 含归类裁定报关单，应在本栏目填写归类裁定编号，格式为 c+4 位数字编号，例如 c0001。

（31）项号

项号是指申报货物在报关单中的商品排列序号。本栏目分两行填报及打印：第 1 行填报报关单中的商品顺序编号；第 2 行专用于加工贸易、减免税等已备案、审批的货物，填报和打印该项货物在加工贸易手册或征免税证明等备案、审批单证中的顺序编号。

（32）商品编号

商品编号是指按海关规定的商品分类编码规则确定的出口货物的商品编号。一份报关单最多允许填报 20 项商品。一张纸质报关单最多可打印 5 项商品——纸质报关单表体共有 5 栏，可另外附带 3 张纸质报关单，合计一份纸质报关单。

本栏目填报由 13 位数字组成的商品编号。前 8 位为《中华人民共和国进出口税则》和《中华人民共和国海关统计商品目录》确定的编码；第 9、第 10 位为监管附加编号，第 11～

13 位为检验检疫附加编号。

（33）商品名称、规格型号

商品名称是指出口货物规范的中文名称；规格型号是指反映商品性能、品质和规格的一系列指标，如品牌、等级、成分、含量、纯度、大小、长短、粗细等。

本栏目分两行填报及打印：第 1 行打印出口货物规范的中文商品名称；第 2 行打印规格型号，必要时可加注原文。

（34）数量及单位

数量及单位是指出口商品的实际数量及计量单位。数量是指出口商品的实际数量。计量单位分为成交计量单位和海关法定计量单位：成交计量单位是指买卖双方在交易过程中所确定的计量单位；海关法定计量单位是指海关按照《中华人民共和国计量法》的规定所采用的计量单位。我国海关采用的是国际单位制的计量单位。本栏目分 3 行填报及打印。

① 货物必须按海关法定计量单位填报。法定第一计量单位及数量打印在本栏目第 1 行。法定计量单位以《中华人民共和国海关统计商品目录》中的计量单位为准。

② 凡海关列明第二计量单位的，必须报明该商品第二计量单位及数量，打印在本栏目第 2 行。无第二计量单位的，本栏目第 2 行为空。

③ 成交计量单位与海关法定计量单位不一致时，还须填报成交计量单位及数量，填报在第 3 行。成交计量单位与海关法定计量单位一致时，本栏目第 3 行为空。

（35）单价

单价是指商品的一个计量单位以某一种货币表示的价格。本栏目应填报同一项号下进出口货物实际成交的商品单位价格。一般按发票单价金额填报其数值，单价填报到小数点后 4 位，第 5 位及以后略去。无实际成交价格的，本栏目填报单位货值。

（36）总价

总价是指进出口货物实际成交的商品总价。本栏目应填报同一项号下进出口货物实际成交的商品总价。一般按发票总价金额填报其数值，总价填报到小数点后 4 位，第 5 位及以后略去。无实际成交价格的，本栏目填报货值。

（37）币制

币制是指进出口货物实际成交价格的币种。本栏目应根据实际成交情况按海关规定的《币制代码表》选择填报相应的货币名称或代码。如果《币制代码表》中无实际成交币种，须将实际成交货币按申报日外汇折算率折算成《币制代码表》中列明的货币填报。

（38）原产国

原产国依据《中华人民共和国进出口货物原产地条例》《中华人民共和国海关关于执行〈非优惠原产地规则中实质性改变标准〉的规定》以及海关总署关于各项优惠贸易协定原产地管理规章规定的原产地确定标准填报。同一批出口货物的原产地不同的，分别填报原产国（地区）。出口货物原产国（地区）无法确定的，填报“国别不详”。

（39）最终目的国（地区）

最终目的国（地区）填报已知的出口货物的最终实际消费、使用或进一步加工制造国家（地区）。不经过第三国（地区）转运的直接运输货物，以运抵国（地区）为最终目的国

（地区）；经过第三国（地区）转运的货物，以最后运往国（地区）为最终目的国（地区）。同一批出口货物的最终目的国（地区）不同的，分别填报最终目的国（地区）。出口货物不能确定最终目的国（地区）时，以尽可能预知的最后运往国（地区）为最终目的国（地区）。

（40）境内货源地

境内货源地填报出口货物在国内的产地或原始发货地。出口货物产地难以确定的，填报最早发运该出口货物的单位所在地。

（41）征免

征免是指海关对出口货物进行征税、减税、免税或特案处理的实际操作方式。同一份报关单上可以有不同的征免税方式。

本栏目应按照海关核发的征免税证明或有关政策规定，对报关单所列每项商品选择填报海关规定的《征减免税方式代码表》中相应的征减免税方式。报关单中的主要征减免方式包括照章征税、折半征税、全免、特案减免、随征免性质、保证金、保证函等。

由于报关员对申报内容的真实性、准确性、完整性、规范性承担相应的法律责任，因此在填写报关单时，应注意以下几点。

① 报关员必须按照《海关法》和《中华人民共和国海关进出口货物报关单填制规范》的有关规定，向海关如实申报。报关单各栏目内容要逐项详细准确填报（打印），字迹要清楚、整洁、端正，不得用铅笔或红色复写纸填写。如果有更正，必须在更正项目上加盖校对章。

② 报关单必须真实，做到两个相符：一是单证相符，即报关单与合同、发票、装箱单、提单、批文等相符；二是单货相符，即报关单中所列各项内容与实际出口货物的情况相符，不允许伪报、瞒报或虚报。

③ 不同批文或合同的货物、同一批货物中不同贸易方式的货物、不同备案号的货物、不同提运单的货物、不同征免性质的货物、不同运输方式或相同运输方式不同航次的货物，均应分别填写报关单。一份原产地证书只能对应一份报关单，同一份报关单上的商品不能同时享受协定税率和减免税。在一批货物中，对于实行原产地证书联网管理的，也应分单填报。

④ 在反映出口商品情况的项目中，须分项填报的主要有这样几种情况：商品编号不同的；商品名称不同的；最终目的国（地区）不同的。

⑤ 已向海关申报的报关单，如果原填报内容与实际出口货物不一致而又有正当理由的，申报人应向海关递交书面更正申请，经海关核准后，对原填报内容进行更改或撤销。

四、出口保险

（一）办理投保程序

投保人办理投保是指投保人向保险人表示订立保险合同的意愿，提出投保申请。投保人应在运输工具起运前办理货运保险。

在国际货物买卖过程中，由哪一方负责办理投保，应根据买卖双方商定的价格条件来确定。例如，如果按FOB价格条件和CFR价格条件成交，保险应由买方办理；如果按CIF条件成交，保险就应由卖方办理。办理货运保险的一般程序如下。

步骤1　确定投保的金额。投保金额是计算保险费的依据，也是货物发生损失后计算赔偿的依据。按照国际惯例，投保金额应按发票上的CIF（或CIP）的预期利润计算。但是，各国市场情况不尽相同，对进出口贸易的管理办法也各有差异。向中国人民保险公司办理进出口货物运输保险有两种办法：一种是逐笔投保；一种是按签订的预约保险总合同办理。

步骤2　填写投保单。投保单是投保人向保险人提出投保的书面申请，主要内容包括被保险人的姓名，被保险货物的品名、标记、数量及包装、保险金额、运输工具名称、开航日期，以及起讫地点、投保险别、投保日期及签章等。

步骤3　支付保险费，取得保险单。保险费按投保险别的保险费率计算。保险费率是根据不同的险别、不同的商品、不同的运输方式、不同的目的地，并参照国际上的费率水平而制定的。它分为一般货物费率和指明货物加费费率两种：前者是一般商品的费率；后者是指特别列明的货物（如某些易碎、易损商品）在一般费率的基础上另行加收的费率。

交付保险费后，投保人即可取得保险单。保险单实际上已构成保险人和被保险人之间的保险契约，是保险人对被保险人的承保证明。在发生保险范围内的损失或灭失时，投保人可凭此向保险人要求赔偿。

保险单作为结汇的主要单据之一，在审核时需要注意以下事项。

① 保险单的出具时间不得晚于提单的时间，否则进口商或付款银行有权拒绝付款。

② 出口商办理保险，保险单交给银行前应背书转让。

③ 保险金额一般是CIF合同金额的110%。如果进口商要求是120%或更多时，应该征得保险公司的同意。

步骤4　提出索赔手续。当被保险的货物发生属于保险责任范围内的损失时，投保人可以向保险人提出赔偿要求。被保险货物运抵目的地后，收货人如果发现整件短少或有明显残损，应立即向承运人或有关方面索取货损或货差证明，并联系保险公司指定的检验理赔代理人申请检验，提出检验报告，确定损失程度。同时，向承运人或有关责任方提出索赔。属于保险责任的，可填写索赔清单，连同提单副本、装箱单、保险单正本、磅码单、修理配置费凭证、第三者责任方的签证或商务记录，以及向第三者责任方索赔的来往函件等向保险公司索赔。

索赔应当在保险有效期内提出并办理，否则保险公司可不予办理。

企业投保时还应注意以下内容。

① 应提供投保货物的详细情况，包括货物品名、数量、包装、标记、发票号。

② 提供货物运输情况，包括运输工具、运单号、起运时间、运输路线。

③ 希望投保的险别，以及是否有特殊情况需要申报。如果开具信用证，应提供信用证号，并告知信用证中有关保险的条款内容。

④ 在投保时应对保险公司如实告知，不得隐瞒、遗漏、错报、误报。

资料卡

海运保险小知识

《中国人民保险公司海洋运输货物保险条款》修订于1981年1月1日。

海运保险包括基本险和附加险。其中，基本险包括平安险(Free from Particular Average，FPA)、水渍险(With Particular Average，WPA)和一切险(All Risks)。

1．平安险

平安险的承保范围如下。

① 被保险人对遭受承保责任内的危险货物采取抢救、防止或减少货损的措施所支付的合理费用，但以不超过该批被毁货物的保险金额为限。

② 运输工具遭遇海难后，在避难港由于卸货引起的损失，以及在中途港或避难港由于卸货、存仓和运送货物所产生的特殊费用。

③ 共同海损的牺牲、分摊和救助费用。

④ 运输契约中如果订有"船舶互撞责任"条款，则根据该条款规定应由货方偿还船方的损失。

上述责任范围表明，在投保平安险的情况下，保险公司对由于仅因自然灾害造成的单独海损不负赔偿责任，而对于因意外事故造成的单独海损则要负赔偿责任。

此外，如果在运输过程中运输工具发生搁浅、触礁、沉没、焚毁等意外事故，则不论在事故发生之前还是之后，由于自然灾害所造成的单独海损，保险公司也要负赔偿责任。

2．水渍险

投保水渍险后，保险公司除担负上述平安险的各项责任外，还对被保险货物由于恶劣气候、雷电、海啸、地震、洪水等自然灾害所造成的部分损失负赔偿责任。

3．一切险

投保一切险后，保险公司除担负平安险和水渍险的各项责任外，还对被保险货物在运输途中由于一般外来原因而遭受的全部或部分损失，如货物被盗窃、钩损、碰损、受潮、发热、淡水雨淋、短量、包装破裂和提货不着等也负赔偿责任。

4．附加险

附加险不能独立投保，需要在投保基本险的基础上再投保。附加险包括一般附加险和特殊附加险。

一般附加险包括偷窃提货不着险(Theft，Pilferage and Non-Delivery，T.P.N.D)，淡水雨淋险(Fresh Water Rain Damage，F.W.R.D.)，短量险(risk of shortage)，混杂、沾污险(risk of intermixture & contamination)，渗漏险(risk of leakage)，碰损、破碎险(risk of clash & breakage)，串味险(risk of odour)，受热、受潮险(damage caused by heating & sweating)，钩损险(hook damage)，包装破裂险(loss for damage by breakage of packing)和锈损险(risks of rust)。

特殊附加险包括战争险和罢工险。

加保战争险时，保险公司按加保战争险条款的责任范围，对由于战争和其他各种敌对行为造成的损失负赔偿责任。

战争险的保险责任是从货物装上海轮开始至货物运抵目的港卸离海轮为止，即只负责水面风险。

（二）我国出口保险的做法和有关惯例

1．逐笔投保的原则

我国出口保险的实际做法是按逐笔投保的原则办理，即装运一票货物就给该票货物投保，因为每一票货物的出口，各自的运输工具、航次、开航日期、装运港、目的港及货物的数量、唛码都各不同。例如，如果合同中的货物分成两批装运，那么就应逐批投保，相应投保两次；如果合同中规定一次装运，那么就按该批装运的合同来投保。

2．保险单的日期不迟于提单日期

按国际惯例，保险责任的起讫采用“仓至仓条款”，是指自被保险货物运离保险单所载明的起运地发货人的仓库时生效，包括正常运输过程中的海上、陆上、内河和驳船运输在内，直至该货物运交保险单所载明的目的地收货人的仓库时为止。当货物一进入收货人仓库，保险责任即行终止。相应地，保险单的日期不迟于提单日期。对迟于提单日期的保险单据，银行有权拒收。UCP 600 第 28 条 e 规定：“保险单据日期不得晚于发运日期，除非保险单据标明保险责任不迟于发运日生效。”

3．保险单可通过背书进行转让

因为按照 CIF 贸易术语成交，卖方在装船前投保时，货物的所有权还未转移给买方，按照保险的可保利益原则，保险单的被保险人必须做成卖方，也就是信用证的受益人；卖方向买方交单时，转让货物所有权，卖方要在保险单后空白背书（blank endorsement），通过背书把保险单的所有权也就是求偿权，转让给买方。如果发生货损货差，那么由买方向所在地保险公司的海外代理机构索赔。

（三）投保单的填制

投保单是进出口企业向保险公司对运输货物进行投保的申请书，也是保险公司据以出立保险单的凭证。保险公司在收到投保单后即缮制保险单。

1．保险单据的种类

（1）保险单

保险单俗称大保单，是一种正规的保险合同，除载明被保险人名称，被保险货物名称、数量、质量、运输标记、运输工具、航次、起讫地点、承保险别、保险币别和保险金额，保费是否已付，赔偿地点，出具保单日期外，在背面还印有保险人的责任范围，以及受保险人和被保险人各自的权利、义务等内容的详细条款。

（2）保险凭证

保险凭证俗称小保单，是一种简化的保险凭证，除正面内容与大保单相同外，背面未印有详细条款。在法律上，它与保险单具有同等的法律效力。

（3）批单

保险单出具后，如果需要补充或变更，保险公司可应投保人的请求修改保险内容的凭证。该凭证就称为批单。

保险单一经批改，保险公司就要对批单的内容负责。批单被贴在保险单上加盖骑缝章，作为保险单不可分割的一部分，法律上有同等效力。

（4）联合凭证

联合凭证是指简化的保险凭证，在企业的商业发票上加盖保险编号、险别、金额、印戳，即作为保险凭证。这种凭证不能转让，只有港澳客户能接受。

（5）保险通知书

保险通知书是指 FOB、CFR、FCA、CPT 出口交易中由买方自费办理投保，买方与国外保险公司订有预保合同，卖方装船以后直接向进口商指定的保险公司发出的通知书。一经通知，保险公司自动承保。保险通知书副本是卖方向买方议付的单据之一。此项业务实际上是卖方向买方提供的装运后服务。

2. 投保单的主要填制内容

投保单一般是在逐笔投保方式下采用的做法。投保单一般是保险人根据不同险种事先设计内容格式，由投保人在投保时填写，投保人应根据贸易、运输、货物的实际情况（如果采用信用证方式，还须按来证要求），明确写出须投保的险别，提出相关的保险要求，并告知货物装运等情况。投保单所写明的事实内容，是保险人据以作为风险衡量、保费计费、合同订立（出保单）的依据。各企业投保的申请格式不完全一致，但无论哪种格式，都包括以下主要内容。

① 保险单的号码（policy No.）。保险公司编制的保险单号。

② 发票号码（invoice No.）。填写发票号码。

③ 保险人。承保此批货物的保险公司的名称。一般各个保险公司会事先印好自身名称。

④ 被保险人（insured）。被保险人就是投保人，或者称抬头，是有权得到保险赔付的一方，一般填写出口公司的名称。如果以 CIF 术语成交，则由卖方办理保险，应以卖方为被保险人。当交单结汇时，卖方在保险单背面签章背书后，保险单即可转让给买方。在信用证项下，应以受益人（卖方）为被保险人，如果信用证规定被保险人为受益人以外的第三方，或者做成“to order of…”则应视情况确定接受与否。在 FOB 或 CFR 价格条件下，如果国外买方委托卖方代办保险，被保险人栏可做成“×××（卖方）on behalf of（买方）”，并且由卖方背书；如果以 FOB 或 CFR 术语成交，由买方自行投保，直接以买方为被保险人，就不存在转让问题。

⑤ 标记（marks and Nos.）。填写商品的运输标记，或者写明按发票规定（as per invoice No.×××）。标记应该与提单上所载的标记符号相一致，特别要同刷在货物外包装上的实际标记符号一样，以免发生索赔案时，引起检验、核赔、确定责任的混乱。如果无唛码，可填 N/M。

⑥ 包装及数量（quantity）。有包装的货物填写最大包装件数；煤炭、石油等散装货注明 IN BULK，再填写净重；如果采用集装箱运输，应予注明 IN CONTAINER。要将包装的性质如箱、包、件、捆，以及数量都写清楚。如果一次投保数种不同包装时，可以件（packages）为单位。

⑦ 保险货物项目（description of goods）。填写保险货物的货号，按发票、提单或信用证填写，也可用统称，但应与提单、原产地证书上的填写一致。

⑧ 保险金额（amount insured）。填写小写的保险金额。通常按照发票 CIF 价加成 10%～20%计算，如果发票价为 FOB 带保险或 CFR，应将运费、保费相应加上去，再另行加成。

需要指出的是，保险合同是补偿性合同，被保险人不能从保险赔偿获得超过实际损失的赔付，所以溢额投保（如过高的加成、明显偏离市场价格的投保金额等）是不能得到全部赔付的。另外，保险金额的小数点后尾数一律进为整数。例如，USD2,438.37 应填写为 USD2,438。

⑨ 总保险金额（total amount insured）。填写保险金额的大写形式。注意，大、小写金额应保持一致，且计价货币也应填全称，末尾应加 Only，以防涂改。例如，U.S. DOLLARS TWO THOUSAND FOUR HUNDRED AND THIRTY EIGHT ONLY.

⑩ 保费（premium）和费率（rate）。通常不注明具体数字，由保险公司印就 AS ARRANGED。有时保费栏也可按信用证要求缮打 PAID、PREPAID，或者具体金额数目。

⑪ 装载运输工具（per conveyance）。海运方式下应写明详细的船名及航次，与提单的信息一致。假如中途须转船，如果已获悉第二程船，则应注明船名；如果未知第二程船名，则须注明“转船”字样。集装箱运输应注明用集装箱，联运须注明联运方式，如 FENGN-INC V.9406。如果整个运输由两程运输完成，应分别填写一程船名和二程船名，中间用“/”隔开。例如，提单中一程船名为 MAYER，二程船名为 SINYAI，则填写为 MAYER/ SINYAI。

⑫ 航程或路线（起运地和目的地）（FROM...TO...）。装运港填写合同或信用证规定的货物的装运港口；目的港填写合同或信用证规定的货物的卸货港口。如果从起运地到目的地的路线有两条，为了明确起见，需要写上具体途径港口或路线。如果发生转船，可填写 FROM（装运港）TO（目的港）W/T 或 VIA（转运港）。例如，FROM SHANGHAI TO NEW YORK VIA HONGKONG。

⑬ 起运日期（date of commencement）。填写提单的签发日期，即装船日期，或者填 AS PER B/L DATE。

⑭ 投保险别（conditions）。填写合同或信用证规定的投保险别和相应的保险条款。如果有特别要求，也在这一栏填写。

除特别声明外，一般在保险目的地支付赔款。如果信用证规定在赔付地点后注明赔付的货币名称，应照办。例如，Claim Payable at...in...。

⑮ 投保日期。填写出口公司投保的日期。投保日期应在船舶开航日期或货物起运日期之前。

⑯ 投保人签名盖章。盖出口公司的公章，经办人签名。

3．投保人填制投保单的注意要点

① 投保单内容须据实填制。如果填制内容不实或有隐瞒情况，势必影响保险公司承担风险估量错误，从而发生纠纷。法律规定该种情况下保险合同无效。

② 投保单内容应与出口合同或信用证规定相符。保险公司根据投保单内容签发保险单，投保人如果不按照合同规定填制投保单，导致保险单与合同规定不符，收货人可以拒绝接受。尤其是在信用证支付方式下，投保单内容须符合信用证有关规定，否则也会导致保险单与信用证有关规定不符，遭到开证银行拒付。

③ 对特殊要求的处理。在 CIF 条件下，买方可能临时要求提高保险金额，加保某种特殊附加险，以及扩展保险责任等。卖方应认真研究，并与保险公司取得联系，然后决定是否接受这些特殊要求。

④ 适用法律问题。我国外贸公司向中国人民保险公司投保，按照一般惯例，中国人民保险公司投保条款即可认为可适用中国的有关法律。国外客商如果要求按照伦敦协会有关条款投保，中国人民保险公司一般可予接受。

⑤ 我国外贸公司向中国人民保险公司投保出口货物运输险，为简化手续，双方事先协商同意，一般不填制投保单，而是采用有关装运出口单据副本代替，加注保险金额和投保险别，作为办理投保手续的代用投保单。

五、制单结汇与交单议付

（一）了解信用证业务的当事人

信用证（letter of credit，L/C）是开证行根据申请人的请求，向受益人开立的在一定期限内凭规定单据在指定的地点支付一定金额的书面保证。信用证实质上是银行代表买方向卖方有条件地承担付款责任的凭证。

信用证项下银行既提供服务又提供信用和资金融通，属于银行信用。

信用证具有银行的保证作用，使买卖双方免去了互不信任的顾虑。对卖方来说，装运后凭规定的单据即可向银行取款；对买方来说，付款即可得到货运单据，通过信用证条款控制卖方。

信用证还具有融通资金的作用，以缓解企业资金紧张的矛盾。

根据信用证的定义，信用证业务有 3 个基本当事人，即开证申请人、开证行、受益人。此外，通常还会有其他当事人，即通知行、议付行、付款行、偿付行、保兑行等。

1．开证申请人

开证申请人又称开证人（opener），是指根据双方销售合同向其所在地的银行提交开证申请，申请开立信用证的当事人，即进口商或实际买方。他有义务确保在适当的或合理的时间内，按照销售合同中规定的条款开出信用证。

2．开证行

开证行是指接受开证人的申请，开立信用证的银行。它一般是进口地的银行，且是开证申请人的账户行。开证人与开证行的权利和义务以开证申请书为依据，开证行承担第一性付款责任。

3．受益人

受益人是指信用证上所指定的有权使用信用证并在提交合格单据以后获得付款的人。这一般是出口商或卖方。受益人和开证行是信用证这份合约的缔约双方，一旦受益人接受信用证，这一合约即告生效。

4．通知行

通知行是指接受开证银行的委托，将信用证通知并转交受益人的银行。它一般是出口地的银行，且是开证行的代理行。通知行负责将信用证通知受益人，以及鉴别信用证表面的真实性和开证行的资信状况，并不承担其他义务。它有权利收取信用证通知手续费。

5．议付行

议付行是指由开证行指定的愿意买入或贴现受益人交来的跟单汇票的银行，又称为购票银行、贴现银行或押汇银行。这一般是出口商所在地的银行。议付行可以是信用证条款中指定的银行，也可以是非指定银行——由信用证条款决定，往往是由通知行担当。议付行是对受益人交来的单据进行审验，经查单单相符后，买入全套单据，并向受益人垫付款项，随后向开证行或偿付行索偿的银行。

6. 付款行

付款行是指开证行指定代付信用证项下款项或充当汇票付款人的银行。它一般是开证行，有时是开证行指定代其付款的另一家银行。付款行通常是汇票的受票人，所以也称为受票银行。付款人与汇票的受票人一样，一旦付款，便是最终付款，对出票人和善意持票人不能追索。

7. 偿付行

偿付行是指受开证行的授权或指示，依据某一特定的信用证，对有关付款行、议付行或承兑行的索偿予以照付的银行。如果偿付行并不偿付，那么开证行必须自行偿付。在这种情况下，开证行将对付款行、承兑行或议付行由于偿付行不偿付而遭受的利息损失负责。偿付行是开证行的代理人，可以是开证行的分行，也可以是第三方银行。偿付行偿付时不审查单据，不负单证不符的责任。因此，偿付行的偿付不视作开证行终局的付款。

8. 保兑行

保兑行是指经开证行授权或应开证行请求在信用证上加具保兑的银行。保兑行在信用证上加具保兑后，就对信用证独立承担付款责任，同时受益人就获得开证行和保兑行的双重付款保证。在国际上，保兑行一般由开证行请求通知行兼任或其他在出口地资信良好的银行充当。

9. 受让人

受让人是指接受第一受益人转让有权使用信用证的人（一般为出口商的实际供货商）。在使用可转让信用证时，受益人有权将信用证的全部或一部分转让给第三者，此第三者就是信用证的受让人。

10. 承兑行

承兑行是指承兑信用证上规定的远期汇票，并在到期日付款的银行。

（二）信用证业务的基本流程

以下的信用证业务流程在项目五中信用证已开立的基础上展开，如图6-26所示。

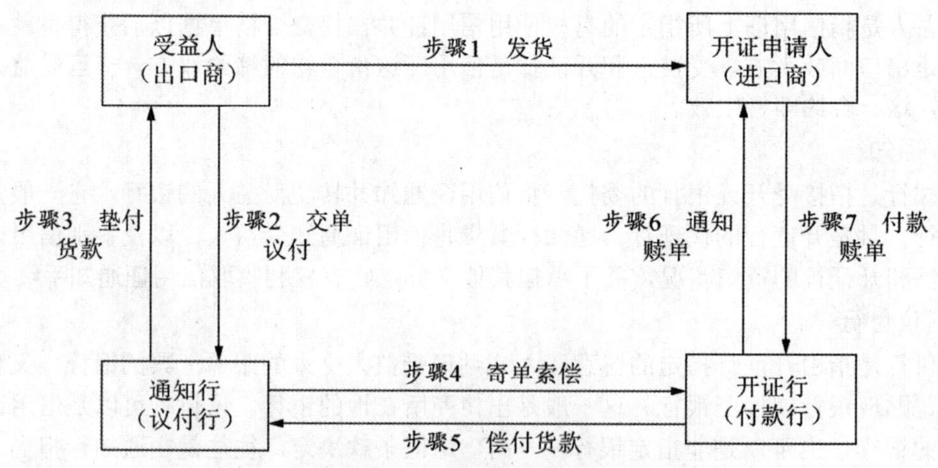

图6-26 信用证的业务流程

步骤 1　出口商备货后装运发货。

步骤 2　出口商根据信用证要求开立汇票并缮制各类单据，并将单据和信用证在信用证有效期内交与议付行议付。

步骤 3　议付行审查单据，确认其符合信用证的条款后向出口商付款。

步骤 4　议付行通过航空邮件或快件把单据寄送开证行。

步骤 5　开证行核对单据，确认其符合信用证的条款后向议付行偿付。

步骤 6　开证行通知进口商信用证项下的全套单据已到。

步骤 7　进口商核对单据，确认其符合信用证的条款后向开证行付款赎单。

保兑信用证（confirmed letter of credit）的流程与普通信用证基本相同，只是多了保兑行的参与。议付行在垫付货款后可向保兑行寄单索偿，保兑行付款后再向开证行索偿。如果开证行无法履行付款义务，则由保兑行履行验单付款的责任。因此，对受益人来说，保兑信用证增加了一份保障。

（三）其他非信用证结汇的流程

1．汇付

汇付（remittance）又称汇款，是付款人委托所在国银行，将款项以某种方式付给收款人的结算方式。常用的汇付方式包括电汇、信汇和票汇。

① 电汇是汇出行以电报、电传或 SWIFT（全球银行金融电讯协会）的电信手段向汇入行发出付款委托（委托其向收款人付款）的一种汇付方式。

使用电汇时，汇出行根据汇付人的申请，拍发加押电报、电传或 SWIFT 给另一国的代理行（汇入行）。汇入行核对密押后，通知收款人取款，收款人收取款项后出具收据作为收款凭证。电汇费用高，但交款迅速，业务中广泛使用。

② 信汇是汇出行以航空信函向汇入行发出付款委托的一种汇付方式。

③ 票汇是以银行即期汇票作为支付工具的汇付方式。

汇付的结汇流程如图 6-27 所示。

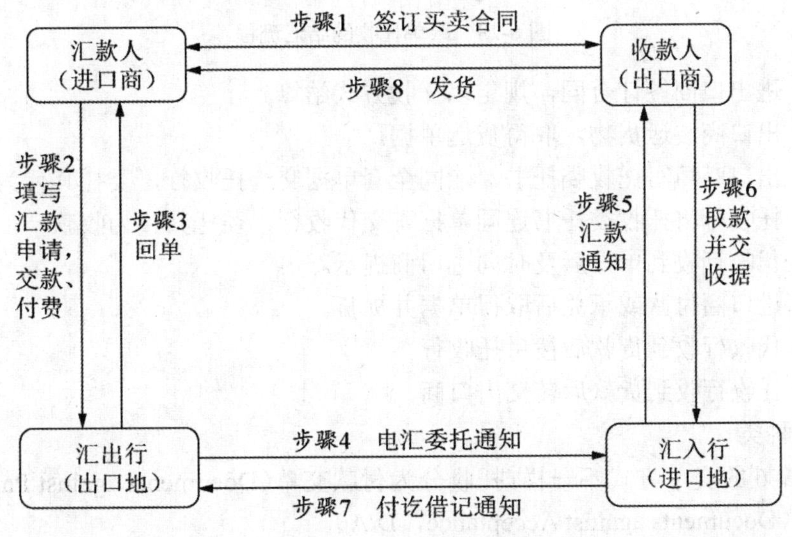

图 6-27　汇付的结汇流程

2．托收

托收是出口商委托银行向进口商收款的一种支付方式。

卖方发货后，将装运单证和开立的汇票通过卖方的代理行送交进口商，进口商履行付款条件，银行才交出单证。

托收方式主要涉及4个当事人：委托人（出口商）；托收行（出口地银行）；代收行（进口地银行）；付款人（进口商）。

托收的常用方式有光票托收和跟单托收两种。光票托收是出口商只开汇票，不随附货运单据的托收，用于样品、货款尾数的收付；跟单托收是出口商将汇票连同货运单据一起交给银行委托代收货款的方式。

跟单托收的结汇流程如图6-28所示。

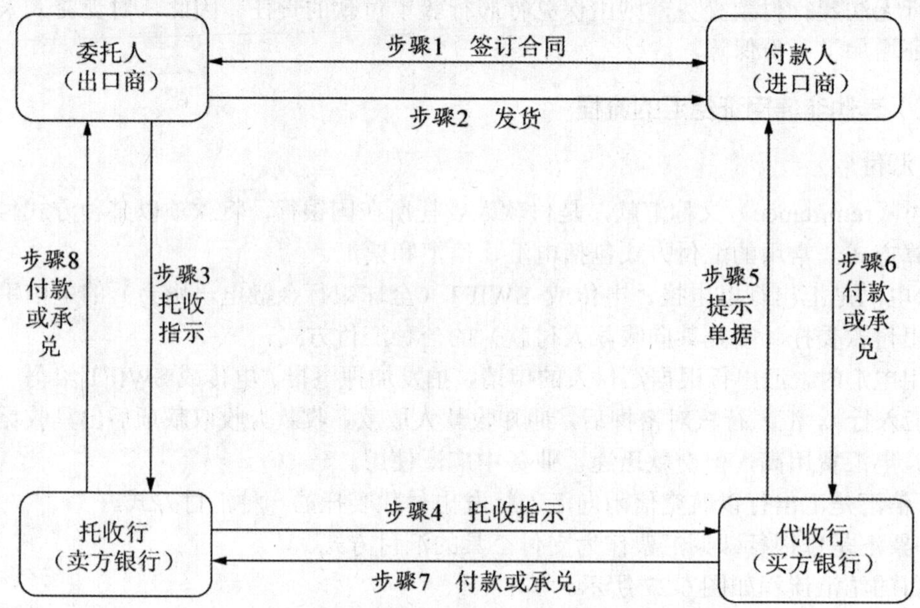

图6-28　跟单托收的结汇流程

步骤1　进出口商签订合同，规定以托收方式结算。

步骤2　出口商装运货物，取得货运单据。

步骤3　出口商填写托收委托书，连同全套单据交给托收行，委托其代为收款。

步骤4　托收行将托收委托书连同单据寄交代收行，委托其代为收款。

步骤5　代收行收到单据后及时向进口商提示。

步骤6　进口商付款或承兑后取得单据并提货。

步骤7　代收行收到货款后拨付托收行。

步骤8　托收行收到货款后转交出口商。

3．交单种类

根据步骤6的交单方式不一样，托收分为付款交单（Documents against Payment，D/P）和承兑交单（Documents against Acceptance，D/A）。

（四）信用证结汇单据的缮制

1．制作结汇单据应遵循的原则

业务员在制作结汇单据时，要坚持以下原则。

① 正确。单据内容必须正确，能真实反映货物的实际情况，单据之间的内容不能矛盾，信用证方式下还要符合信用证的要求。

② 完整。单据的份数应符合信用证或合同的规定，不能短少；单据本身的内容应当完备，不能出现项目短缺情况，信用证或合同的特别要求也应体现。

③ 及时。制单应及时，各单据出单时间应合理、有序；交单应及时，信用证业务中应在信用证有效期和交单期内交单。

④ 简明。单据内容应按信用证或合同的要求和国际惯例填写，力求简单明了，切勿加列不必要的内容。

⑤ 整洁。单据的布局要美观、大方，打印的字迹要清楚醒目，不宜轻易更改，尤其是金额、件数、质量等内容不宜改动。

2．汇票样本及填写规范

英文汇票样本如图 6-29 所示。

汇　票

BILL OF EXCHANGE

No.汇票号码　　　　Date：出票日期

For：汇票金额

At 付款期限 sight of this first of exchange (second of the same tenor and date unpaid)

pay to ________ the order of 受款人

the sum of ________

Drawn under 出票条款

L/C No. ________ Dated ________

To: 付款人　　　　***For and on behalf of***

（**Signature**）出票人签章

图 6-29　英文汇票样本

各栏目的具体填写规范如下。

（1）汇票字样

汇票字样简称 B/E，汇票名称一般使用 Bill of Exchage、Exchange 或 Draft，一般已印妥。但英国的票据法没有汇票必须注明名称的规定。

汇票一般为一式两份，第一联、第二联在法律上无区别，一联生效则另一联自动作废。港澳地区一次寄单可只出一联。为防止单据在邮寄途中可能遗失造成的麻烦，一般远洋单据都按两次邮寄。

（2）汇票号码

由出票人自行编号填入，一般使用发票号兼作汇票的编号，以便核对。

在国际贸易结算单证中，发票是所有单据的核心，以发票的号码作为汇票的编号，表明本汇票属第×××号发票项下。在实务操作中，银行也接受此栏是空白的汇票。

（3）出票日期

填写汇票出具的日期，一般以议付日期作为汇票的出票日期，实际业务中也可委托议付行在办理议付时代填日期。按规定，汇票的出票日期不得超过信用证规定的有效期，也不得超过信用证规定的交单期限。

（4）汇票金额

汇票金额要用数字小写（amount in figures），一般要求汇票金额使用货币缩写和用阿拉伯数字表示金额小写数字。例如，USD1,234.00，金额数要求保留小数点后2位。大小写金额均应端正地填写在线格内，不得涂改，且大小写数量要一致。除非信用证另有规定，汇票金额不得超过信用证金额，而且汇票金额应与发票金额一致，汇票币别必须与信用证规定和发票所使用的币别一致。

（5）付款期限

付款一般可分为即期付款和远期付款两类。

即期付款只须在汇票固定格式栏内打上at sight。如果已印有at sight，可不填。如果已印有at ____sight，应在at与sight之间空白处以虚线、“***”或“——”连接。

远期付款一般有以下4种。

① 见票后××天付款，填上at ×× days after sight，即以付款人见票承兑日为起算日，××天后到期付款。

② 出票后××天付款，填上at ×× days after date，即以汇票出票日为起算日，××天后到期付款，将汇票上印就的sight画掉。

③ 提单日后××天付款，填上at××days after B/L，即付款人以提单签发日为起算日，××天后到期付款，将汇票上印就的sight画掉。

④ 某指定日期付款，指定××年×月×日为付款日。例如，On 25th Feb. 2018，汇票上印就的sight应画掉。这种汇票称为定期付款汇票或板期汇票。托收方式的汇票付款期限，如D/P即期者填D/P at sight，D/P远期者填D/P at ×× days sight，D/A远期者填D/A at ×× days sight。

（6）受款人

受款人也称抬头人、抬头或受票人。信用证方式下一般以议付行指示性抬头为汇票受款人，即Pay to the order of ***（Bank）。它通常为出口地银行。

汇票的抬头人通常有以下3种写法。

① 指示性抬头（demonstrative order）。例如，“付××公司或其指定人”（pay ×× Co., or order；pay to the order of ×× Co.,）。

② 限制性抬头（restrictive order）。例如：“仅付××公司”（pay ×× Co. only）或“付××公司，不准流通”（pay ×× Co. not negotiable）。

③ 持票人或来票人抬头（payable to bearer）。例如，“付给来人”（pay to bearer）。这种抬头的汇票无须持票人背书即可转让。

在我国对外贸易中，指示性抬头使用较多，在信用证业务中要按照信用证规定填写。

如果来证规定“由中国银行指定”或来证对汇票受款人未规定，此栏应填上 pay to the order of Bank of China（由中国银行指定）；如果来证规定由开证行指定，此栏应填上 pay to the order of ×× Bank（开证行名称）。

（7）汇票金额

汇票金额要用文字大写（amount in words），先填写货币全称，再填写金额的数目文字，句尾加 only 相当于中文的“整”字。例如，United States dollars one thousand two hundred and thirty four only。大小写金额均应端正地填写在线格内，不得涂改，且必须与汇票的小写金额一致。除非信用证另有规定，汇票金额不得超过信用证金额，而且汇票金额应与发票金额一致，汇票币别必须与信用证规定和发票所使用的币别一致。

（8）出票条款

按信用证规定原句一字不改地照输，以示开证行对该汇票是受所开立的信用证约束而担保付款。如果信用证未规定出票条款的内容，汇票仍应注明出票条款的内容，即开证行名称、信用证号码及开立信用证日期。

（9）信用证号码

填写信用证的准确号码。如果是非信用证方式，则不填。

（10）开证日期

填写信用证的准确开证日期，而非出具汇票的日期。如果是非信用证方式，则不填。

（11）付款人

付款人在信用证方式下通常为进口地开证银行或其指定银行。根据 UCP 600 的规定，信用证方式的汇票以开证行或其指定银行为付款人，不应以申请人为汇票的付款人。如果信用证要求以申请人为汇票的付款人，银行将视该汇票为一份附加的单据；如果信用证未规定付款人的名称，汇票付款人也应填开证行名称。

在信用证业务中，汇票付款人按信用证 draw on××、draft on××或 drawee 确定。例如，... available by beneficiary's draft（s）on applicant 条款表明，以开证申请人为付款人。又如，... available by draft（s）drawn on us 条款表明，以开证行为付款人。再如，drawn on yourselves/you 条款表明以通知行为付款人。信用证未明确付款人名称的，应以开证行为付款人。

如果是非信用证方式，则填进口商名称。

（12）出票人签章

右下方空白栏为出票人，即出口商签名，填写公司名称。出票人的签章必须与其出具的发票等其他单据的签章一致。

3．发票的缮制

发票，即商业发票（commercial invoice），是指由出口商开立给进口商的载有货物名称、数量、价格等内容的商业单据。发票作为买卖双方交接货物和结算货款的主要单证，也是进出口申报关税必不可少的单证之一。

我国各进出口公司的商业发票没有统一格式，但主要项目基本相同，主要包括发票编号、填制日期、数量、单价、总值和支付方式等项目。发票种类很多，通常指的是商业发票，此外还有海关发票、领事发票和厂商发票等。

上海玩具进出口有限公司的空白发票样本如图6-30所示。

上海玩具进出口有限公司
SHANGHAI TOYS IMP. & EXP. CO., LTD.
139 Anyuan Road, Shanghai, China (1)

发 票
COMMERCIAL INVOICE（2）

To:（6） Invoice No.:（3）
Invoice Date:（4）

装运口岸（5） 目的地
From:（5） To:

Marks & Numbers（7）	Descriptions of Goods（8）	Quantity（9）	Unit Price（10）	Total Amount（11）

TOTAL AMOUNT IN WORDS:
TOTAL GROSS WEIGHT:
TOTAL NUMBER OF PACKAGE:

(12) ISSUED BY（13）
（SIGNATURE）

图6-30 上海玩具进出口有限公司的空白发票样本

发票填写规范如下。

（1）出票人和出票地址（出口商名址）

位于发票正上方，一般此栏事先已印就。

（2）发票的名称、种类

如Invoice字样。不同的发票名称表示不同的用途，要严格根据信用证的规定制作发票名称。

（3）发票编号

发票编号是整套单据的中心编号，可由出口单位自行编制。

（4）发票日期

通常是指发票签发时的日期。发票日期一般应在信用证开证日期之后，提单、保险单、

原产地证书等单据的日期之前，最晚不能晚于信用证有效期及交单期。由于在填制报关单时就须出具发票，所以填制的日期在全套单据中最早。

（5）运输方式和航线

运输方式和航线包括起运地及目的地，如 from Qingdao to Singapore W/T Hong Kong。运输航线要严格与信用证规定一致。如果在中途转运，在信用证允许的条件下，应表述转运方式及其地点。

（6）进口商名称和地址

进口商名称和地址也称发票的抬头，即在 To 后填写买方的名称和地址。UCP 600 第 18 条第 2 款规定：商业发票“必须出具成以申请人为抬头”。因此，此栏必须与信用证申请人严格一致，除非信用证另有规定。如果信用证无规定，即将信用证的收货人的名称、地址填入此栏；如果信用证无申请人名称，则用汇票付款人的名称。

（7）唛码及编号

唛码及编号即运输标记，如收货人简称、目的地、参考号、件号。应严格按照信用证与合同的规定进行刷唛和制单。如果未规定，可按买卖双方和厂商确定的方案或由受益人自定。唛码既要与实际货物一致，又要与提单一致。如果没有唛码，则写 N/M 或 No Mark；如果为裸装货，则注明 NAKED 或散装 In Bulk。

（8）货物描述

货物描述不得使用统称，应严格与信用证的描述一致。以件数计算价格的商品，发票只须列出件数和包装条件，但以质量计价的商品必须列明质量。信用证规定数量允许有增减幅度，如果有明确的百分比规定，则不能超出此规定的百分比；如果使用的是约数，则数量允许有 10%的增减幅度。

（9）数量

此栏填写外包装件数、商品规格、质量及包装情况。

（10）单价

此栏填报的单价应由四部分构成：价格术语、计价货币、单位金额和计量单位。这些必须与信用证完全一致。

（11）总值

单价乘以数量即得总值。除非信用证上另有规定，发票总金额不得超过信用证规定的总金额，发票金额要与汇票金额一致。

如果涉及佣金和折扣，要注意其处理方法。来证要求在发票中扣除佣金，则必须扣除；有时证内无扣除佣金规定，但金额正好是减佣后的净额，发票应显示减佣，否则发票金额超证。

（12）特殊条款

如果要求证实货物原产地等，则该栏要按信用证或合同要求进行注明，起到证明、声明的作用。

（13）签发人的签名或盖章

商业发票习惯上由出口商的法人代表或经办制单人员代表公司签名，并注明公司名称。

4．装箱单的缮制

装箱单（packing list）是商业发票的一种补充单据，有质量单（weight list）、尺码单（measurement list）等不同的名称、格式，具体应按照信用证要求的名称填制。

装箱单是对出口商品的包装、规格、质量、尺码等详细情况进行说明的一种单据，是买方在货物到达目的港时核对货物的品种、花色、尺寸、规格和海关验收的主要依据。

上海玩具进出口有限公司的空白装箱单如图6-31所示。

SHANGHAI TOYS IMP. & EXP. CO., LTD.

139 Anyuan Road, Shanghai, China

PACKING LIST（1）

TO:

INVOICE NO. （2）

INVOICE DATE （3）

CONTRACT NO. （4）

TEL.：

L/C NO.

MARKS（5） & NOS.（6）	DESCRIPTION OF GOODS（7）	QTY（8）	G.W.（KG） （11）	N.W.（KG） （10）	MEAS.（9）

PACKAGES IN WORDS：SAY ONLY

SHANGHAI TOYS IMP. & EXP. CO., LTD.

王萍（12）

图6-31 上海玩具进出口有限公司的空白装箱单

装箱单的主要内容如下。

（1）装箱单名称

应按照信用证规定使用，通常为packing list、packing specification或detailed packing list。如果来证要求用中性包装单（neutral packing list），则包装单名称打packing list，但包装单内不打卖方名称，不能签章。

常见的单据名称有packing list（note）（装箱单）、weight list（note）（质量单）、measurement list（尺码单）、packing list and weight list（装箱单/质量单）、packing note and weight note（装箱单/质量单）、packing list and weight list and measurement list（装箱单/质量单/尺码单）、packing note and weight note and measurement note（装箱单/质量单/尺码单）、weight and measurement list（质量单/尺码单）、weight and measurement note（质量单/尺码单）、packing and measurement list（装箱单/尺码单）和packing and measurement note（装箱单/尺码单）等。

（2）发票编号

应与发票编号一致。

（3）发票日期

应与发票日期一致。

（4）合同号或销售确认书号

标注此批货物的合同号或销售合同书号。

（5）唛码

唛码与发票一致。有时标注实际唛码，有时也可只标注 as per invoice No.×××。

（6）箱号

箱号又称包装件号码。在单位包装货量或品种不固定的情况下，须注明每个包装件内的包装情况，所以包装件应编号，如 Carton No. 1～5: 50pcs, Carton No. 6～10: 100pcs。如果来证要求此处注明 CASE NO.1-UP，其中 UP 是指总箱数，则在制单时应把具体箱数写明。

（7）货名和规格

货名和规格要求与发票一致。货名如有总称，应先注总称，然后逐项列明详细货名。

（8）外包装单位和数量

应注明此箱内每件货物的包装件数，如 bag 10、drum 20 或 bale 50。合同栏同时注明合计件数。

（9）箱外尺寸

注明每个包装件的外尺寸及（或）该批货物的总尺寸，通常计量单位是立方米（m^3）。

（10）净重

注明每个包装件的净重和此包装件内不同规格、品种、花色货物各自的总净重，最后在合计栏处标注总货量。信用证或合同未要求时，也可不标注。如果为 detailed packing list，则此处应逐项列明。

（11）毛重

注明每个包装件的毛重和此包装件内不同规格、品种、花色货物各自的总毛重（sub total），最后在合计栏处注总货量。信用证或合同未要求时，也可不注。如果为 detailed packing list，则此处应逐项列明。

（12）出票人签章

应与发票相同，如果信用证规定包装单为 in plam 或 in white per 等，则在包装单内不应出现买卖双方的名称，不能签章。

5．提单的填制

运输单据（shipping documents）随不同的运输方式而各异。

① 海洋运输——提单（海运提单，marine/ocean Bill of Lading）、不可转让海运单（Non-negotiable sea waybill）。

② 铁路运输——铁路运单（rail waybill）。

③ 航空运输——航空运单（air waybill）。

④ 邮包运输——邮包收据（parcel post receipt）。

⑤ 多式联运——多式联运单据（multimodal transport document，MTD）、联合运输单据（combined transport document，CTD）。

运输单据必须由承运人或其代理人签发，并分情况注明货物已装船、已收妥待运或已经接受监管。如果信用证指定为提单，则必须是已装船提单。除非信用证另有规定，可以是包括全部航程的转船提单。对于任何“不清洁”或货物装于舱面的运输单据，除信用证特许外，银行均可拒绝接受。其中，在国际贸易中，海洋运输是最主要的运输方式，所以在此着重介绍提单。

中国远洋运输（集团）总公司的空白提单如图 6-32 所示。

BILL OF LADING

<table>
<tr><td colspan="3">1.Shipper</td><td colspan="3" rowspan="6">10. B/L No.
11. Carrier:

COSCO
中国远洋运输（集团）总公司
CHINA OCEAN SHIPPING（GROUP）CO.

ORIGINAL
*Applicable Only When Document Used as a Combined Transport Bill of Lading</td></tr>
<tr><td colspan="3">2.Consignee</td></tr>
<tr><td colspan="3">3.Notify Party</td></tr>
<tr><td colspan="2">4.Pre-Carriage By*</td><td>5.Place of Receipt*</td></tr>
<tr><td colspan="2">6. Ocean Vessel Voy. No.</td><td>7.Port of Loading</td></tr>
<tr><td colspan="2">8.Port of Discharge</td><td>9.Place of Delivery*</td></tr>
<tr><td>12.Marks &Nos.</td><td>13. No. of Containers or Packages</td><td colspan="2">14. Description of Goods (If dangerous Goods, See Clause 20)</td><td>15.Gross Weight(KGS)</td><td>16.Measurement (cubic meter)</td></tr>
<tr><td rowspan="2"></td><td rowspan="2"></td><td colspan="2"></td><td></td><td></td></tr>
<tr><td colspan="4">17. Description of Contents for Shipper's Use Only</td></tr>
<tr><td colspan="6">18.Total Number of Containers or Packages (in words)
Subject to Clause 7 Limitation</td></tr>
<tr><td>Freight & Charges</td><td>Revenue Tons</td><td>Rate</td><td>Per</td><td>Prepaid</td><td>Collect</td></tr>
<tr><td rowspan="2">Ex. Rate:</td><td>Prepaid at</td><td>Payable at</td><td colspan="3">19. Place and date of issue</td></tr>
<tr><td>Total Prepaid in</td><td>20. No. of Original B (s)/L</td><td colspan="3" rowspan="2">21. Signed for the Carrier, COSCO CONTAINER LINERS</td></tr>
<tr><td colspan="2">Laden on board the vessel
Date</td><td>Signature</td></tr>
</table>

图 6-32　中国远洋运输（集团）总公司的空白提单

提单是代表货物所有权的凭证，也是进出口业务中最重要的单据。

提单的缮制中，最关键的是提单的抬头，即收货人（consignee）的填制，关系到提单所有权的转让方式。在信用证中，都会有明确的规定。此外，提单的各项内容（如提单的种类、收货人、货物的名称和件数、目的港、有关收取运费的记载、提单的份数等）一定要与信用证相符。但其中货物的描述只要与信用证的货物描述不抵触，即可使用统称。

根据 UCP 600 的规定，银行接受全套正本仅有一份的正本提单或一份以上的正本提单。如果提单正本有几份，每份正本提单的效力是相同的，但只要其中一份凭以提货，其他各份就立即失效。因此，合同或信用证中规定要求出口商提供全套提单（full set or complete set B/L），就是指承运人在签发的提单上所注明的全部正本份数。

提单的运费项目在 CIF、CFR、CPT、CIP 条件下，应注明"运费已付"（freight prepaid）；在 FOB、FCA 条件下，则应注明"运费到付"（freight to collect）。除另有规定外，不必列出运费的具体金额。

提单的填制方法如下。

（1）Shipper（发货人）

发货人又称托运人，信用证方式下的提单发货人栏一般填写信用证受益人（买卖合同中的卖方）的名址。如果信用证受益人并未规定地址，提单发货人也可以不加注地址，并且只要信用证没有规定不允许以第三者为发货人时，可以填写受益人以外的一方作为发货人。

（2）Consignee（收货人）

收货人即提单抬头人。这是提单中最重要的一栏，关系到货物所有权的占有和转让，填制时应严格按照信用证规定的抬头形式填写。

① 记名收货人。在收货人栏直接打收货人的名称。如果来证中有条款 consigned to×××，则提单上的收货人栏应照打 consigned to×××，意为"交付×××"。

② 不记名式抬头。此即空白抬头，收货人一栏留空不填或填 to bearer（极少采用）。

③ 不记名指示抬头。如果来证中有条款 full set of B/L made out to order，则在提单的收货人栏中应填 to order，意为"凭指示"。

④ 记名指示抬头。如果来证中有条款 full set of B/L made out to order of shipper，则提单必须经托运人背书进行转让，在提单的收货人栏中应填 to order of shipper，意为"凭托运人指示"。

（3）Notify Party（被通知人）

此栏按来证规定填写。如果无规定，通常可将开证申请人作为被通知人。

（4）Pre-Carriage By（一程船名）

如果货物需要转运，在此栏填写第一程船的船名；如果货物不需要转运，此栏留空。

（5）Place of Receipt（收货地点）

这是指向船方实际交货的地点（也可称作接受监管地）。如果货物需要转运，此栏填写收货的港口名称或地点；如果货物不需要转运，此栏留空。

（6）Ocean Vessel Voy. No.（船名航次）

此栏按配舱回单填写。没有航次的船舶可不填航次。货装直达船时，直接填写直达船名；如果货物需要转运，则填写第二程船的船名。

（7）Port of Loading（装货港）

此栏应严格按照信用证的规定与要求填写实际装运货物的港口的名称。如果信用证中仅笼统规定或同时列有几个起运港，则应根据实际情况填写具体港口名称。

（8）Port of Discharge（卸货港）

此栏在直达运输情况下一般填目的港，在转船运输情况下一般填转运港。

（9）Place of Delivery（最终目的地）

如果货物的目的地是目的港，则此栏可保留空白。

（10）B/L No.（提单号码）

填写由船公司所编制的配舱回单上的D/R号码，以便核查。

（11）Carrier（承运人）

此栏填写提单上端印就的船公司名称。

（12）Marks & No.（唛码）

如果信用证中有明确规定，则应按信用证缮制，每个字符和数字、图形的排列位置应与信用证完全一致；如果信用证中没有规定，则按买卖双方的约定或由卖方决定缮制，并注意单单一致；如果没有唛码，则填N/M。

（13）No. of Containers or Packages（件数）

此栏应填最大包装件数。

（14）Description of Goods（货名）

此栏按信用证或发票品名填写。如果发票上描述的品名过细，则提单上货物名称的描述可以只写总的名称。

（15）Gross Weight（KGS）[毛重（千克）]

提单的质量应与发票、装箱单等单据保持一致；如果裸装货物没有毛重只有净重，则在净重千克数前加注N.W.（Net Weight）。

（16）Measurement（cubic meter）[尺码（立方米）]

此栏即货物的体积，应与其他单据保持一致。

（17）Description of Conents for Shipper's Use Only（运费条款）

提单要按信用证规定加注运费条款。在CIF和CFR等贸易术语下，填写freight prepaid；在FOB和FAS等贸易术语下，填写freight collect。

（18）Total Number of Containers or Packages（in words）（大写合计件数）

与No. of Containers or Packages栏数字一致，由数字、单位和only组成。

（19）Place and date of issue（提单签发地点及日期）

提单的签发地点应为装运地点，签发日期应为装完货的日期。要注意，这一日期不得迟于信用证或合同所规定的最迟装运期。

（20）No. of Original B(s)/L（正本提单份数）

此栏应按信用证要求填写所需正本提单的份数。提单正本一般一式两份或三份。

（21）Signed for the Carrier（*承运人签名*）

此栏要有船方的签名和印章，否则无效。

6．原产地证书的缮制

原产地证书既是用以证明货物原产地或制造地的一种证明文件，也是进口国海关计征税率的依据。我国出口商品所使用的原产地证书主要有 3 种类型，如表 6-4 所示。出口商具体提供哪种原产地证书应根据合同或信用证的要求：一般向实行普惠制的国家出口货物，都要求出具普惠制产地证书，而向波斯湾和红海等地区的国家出口货物，习惯上使用贸促会出具的证书。此外，如果信用证未明确规定原产地证书的出具者，则银行可接受任何一种原产地证书。

表 6-4 原产地证书的种类

签发机构或单位	证书名称
中国出入境检验检疫局（CIQ）	普惠制产地证书格式 A（GSP FORM A）
贸促委	一般原产地证书，简称贸促会产地证书（CCPIT CERTIFICATE OF ORIGIN）
制造商或出口商	—

原产地证书的具体填制详见任务一。

资料卡

印度尼西亚严查 FORM E 证书，如何避免被罚

Original

Reference No

ASEAN-CHINA FREE TRADE AREA
PREFERENTIAL TARIFF
CERTIFICATE OF ORIGIN
(Combined Declaration and Certificate)

FORM E

Issued in THE PEOPLE'S REPUBLIC OF CHINA
(Country)

See Notes overleaf

4.For official use

☐ Preferential Treatment Given Under ASEAN-CHINA Free Trade Area Preferential Tariff

☐ Preferential Treatment Not Given (Please state reason(s))

Signature of Authorised Signatory of the Importing

做过印度尼西亚 FORM E证书的人应该都知道，印度尼西亚海关要求特别多，查得特别严，弄不好就被退证，甚至被罚款。印度尼西亚方面发起的退证查询涉及货物种类很多，服装、化工品、机械类都有涉及。退证查询的内容五花八门：是否符合直运规则（调查是否有中转口岸）；原产地标准是否相符；发票计价方式质疑；有无填写生产厂商信息，等等。

印度尼西亚海关对退证查询的货物采取暂缓给予关税优惠待遇、先行扣压货物、收取保证金或征税等措施，之后根据调查结果予以退税或其他处理。加之印度尼西亚方面有不退还保证金等不规范操作，企业利益受损严重。为避免损失，部分企业不得不选择放弃自贸区关税优惠。

被印度尼西亚海关退证查询的证书大约一半能退回保证金并享受到关税优惠，其余则照常征收关税，保证金也无法退还，有些甚至被处以几倍于关税的罚金。

3. Means of transport and route (as far as known) Departure date Jun. 30, 2013 Vessel's name / Aircraft etc. [illegible] Port of Discharge [illegible], MALAYSIA			4. For Official Use ☐ Preferential Treatment Given ☐ Preferential Treatment Not Given (Please state reasons) Signature of Authorised Signatory of the Importing Party		
5. Item number	6. Marks and numbers on packages	7. Number and type of packages, description of products (including quantity where appropriate and HS number of the importing Party)	8. Origin criteria (see Overleaf Notes)	9. Gross weight or other quantity and value (FOB)	10. Number and date of invoices
1	N/M	SS DRAINAGE PLATE H.S. CODE: [illegible] TOTAL: ONE (1) WOODEN CASE ONLY [illegible]	"WO"	[illegible] [illegible]PCS USD [illegible]	PO-[illegible] MAY [illegible]

A公司是一家生产电梯的出口企业，2016年11月在上海闵行检验检疫局成功申办了一份FORM E证书。该批货物目的地为印度尼西亚，货物价值USD26,210，预计可减免关税USD2,621。

谁想到，2017年3月，该份原产地证书签发机构闵行检验检疫局收到印度尼西亚海关来函进行退证查询。经调查，该批货物申报时的运输路线为上海——雅加达直运，而实际航线为上海——香港——雅加达。虽然在香港停留过，但在停留期间没有进行过任何装卸货操作。申报企业未在申办原产地证书时明确该路线。

那么，印度尼西亚的FORM E证书还能不能做了？怎样规避风险呢？应注意以下这几点。

1. 货物描述

印度尼西亚与我国对双方签订的原产地规则在理解上存在差异，印度尼西亚海关认为必须在货物描述栏内标注每个产品的型号、生产厂家名称等详细信息，而中国签发的其他类原产地证书很少有这样的要求，给企业签证带来了诸多不便。

因此，我们需要注意，产品名称必须详细，不能笼统含糊。申报时要严格按照提供给国外客户清关的装箱单和发票上的项目逐条列明，并同时在货物描述栏中录入生产厂家名称。

例如，machine、garment、goods、clothing都是笼统的表述。

2. 运输路线

货物出运前申报企业应与货代及时沟通，核实运输路线。有些船公司没有告知他们是中转运输，而且现在即使从第三地中转，船公司也不提供二程提单，只签发联运提单，企业并不知晓转运信息，从而不能向进口国海关提供相关证明，造成退证。

如果企业合理从香港转运时，要向香港中检公司据实申报，申请未再加工证明，在向印度尼西亚海关报关时，同时提交 FORM E证书和该材料。或者企业在订舱时直接向船公司说明只订直达印度尼西亚、不经过中转的船舶。据向船公司了解，直达订舱费用比转运高10%左右，但这能确保原产地证书关税优惠的实施。

3．原产地标准

货物原产地情况应如实申报，一批货物中的所有产品都必须符合各自原产地标准。如果一批货物中含有不同规格的类似商品或备件，每项产品都要符合原产地标准。

4．发票信息

发票信息要准确，特别要核对发票号和日期；发票金额等栏目不能盲目遵从客户要求，如不能盲从客户把发票金额做低。

涉及第三国的中间商贸易必须如实填写。要使用第三方发票通关时，一是按要求填写第三方发票号和日期，同时在第 7栏备注中国内地以外的第三方公司名称和详细地址；二是还须勾选 Third Party Invoicing选项。

5．唛码信息

唛码的信息应与实际货物外包装上的唛码完全一致，不得出现中国以外的地区或国家制造的字样，也不能出现香港、澳门、台湾原产地字样。如果无唛码，应录入 N/M。

唛码上有特殊图案，须使用 A4纸打印并在相应位置标注上证书号、申报与签证日期，加盖企业印章作为附件处理。

6．原产地资料留档

FORM E证书正本交进口国海关，将第三副本建档留存并将相关资料至少保存 3年。如果有退证查询工作，就应主动配合签证机构调查。

此外，建议选择有实力、有信誉的印度尼西亚客户，加强与客户的交流，多方获取印度尼西亚海关的相关政策要求；出口到印度尼西亚的产品尽量使用 FOB价格签订合同，以规避印度尼西亚海关清关风险。

7．补充知识

中国-东盟自由贸易区优惠原产地证书，简称 FORM E证书或东盟证书，英文名称为 ASEAN-CHINA FREE TRADE AREA PREFERENTIAL TARIFF CERTIFICATE OF ORIGIN FORM E。FORM E证书的签发，限于已公布的《货物贸易协定》项下给予关税优惠的产品。这些产品必须符合《中国-东盟自由贸易区原产地规则》，证书内容以英文填写。

签证国家有文莱、柬埔寨、印度尼西亚、老挝、马来西亚、缅甸、菲律宾、新加坡、泰国、越南。

在中国，由国家市场监督管理总局（原国家质检总局）设在各地的检验检疫机构负责签发这种原产地证书。

由于优惠原产地证书能为企业带来关税减免，所以被称为出口贸易“纸黄金”。然而随着中国-东盟自贸区建设进程的不断推进，我国对印度尼西亚出口增幅显著，印度尼西亚出于保护本国产品的考虑，故意设置非关税壁垒，特别针对对本国行业冲击较大的产品。因此，退证查询由国际行政合作逐渐演变成印度尼西亚等自贸伙伴国拒绝给予关税优惠的隐性贸易措施。

退证查询是指给予关税优惠国家的海关有特定目的的、有针对性的查询，其对签发证书的某项内容的正确性有怀疑，将证书及有关单据退给出口国签证当局，要求答复真实查询结果。

7．填制保险单

保险单是保险人（保险公司）和投保人（被保险人）之间订立的保险合同。当保险货物发生损失时，它是被保险人索赔、保险人理赔的主要依据。中国人民保险公司的保险单如图 6-33 所示。

PICC

中国人民保险公司
The People's Insurance Company of China

总公司设于北京　　1949年创立
Head Office Beijing　　Established in 1949

货物运输保险单
CARGO TRANSPORTATION INSURANCE POLICY

保险单号
POLICY No.

被保险人：
Insured: ______(1)______

中国人民保险公司（以下简称本公司）根据被保险人的要求，由被保险人向本公司交付约定的保险费，按照本保险单承保险别和背面所载条款与下列特款承保下述货物运输保险，特立本保险单。

THIS POLICY OF INSURANCE WITNESSES THAT THE PEOPLE'S INSURANCE COMPANY OF CHINA (HEREINAFTER CALLED "THE COMPANY") AT THE REQUEST OF THE INSURED AND IN CONSIDERATION OF THE AGREED PREMIUM PAID TO THE COMPANY BY THE INSURED, UNDERTAKES TO INSURE THE UNDERMENTIONED GOODS IN TRANSPORTATION SUBJECT TO THE CONDITIONS OF THIS POLICY AS PER THE CLAUSES PRINTED OVERLEAF AND OTHER SPECIAL CLAUSES ATTACHED HEREON.

标记 MARKS & NOS.	包装及数量 QUANTITY	保险货物项目 DESCRIPTION OF GOODS	保险金额 AMOUNT INSURED
(2)	(3)	(4)	(5)

总保险金额：
TOTAL AMOUNT INSURED ______(6)______

保费
PREMIUM ______(7)______　费率 RATE ______(7)______　装载运输工具 PER CONVEYANCE S.S.______(8)______

开航日期
SLG. ON OR ABT.______(9)______　自 FROM ______(10)______　至 TO ______(10)______

承保险别：
CONDITIONS:

(11)

所保货物，如发生保险单项下可能引起索赔的损失或损坏，应立即通知本公司下述代理人查勘。如有索赔，应向本公司提交保单正本（本保险单共有__份正本）及有关文件。如一份正本已用于索赔，其余正本自动失效。

IN THE EVENT OF LOSS OR DAMAGE WHICH MAY RESULT IN A CLAIM UNDER THIS POLICY, IMMEDIATE NOTICE MUST BE GIVEN TO THE COMPANY'S AGENT AS MENTIONED HEREUNDER. CLAIMS, IF ANY, ONE OF THE ORIGINAL POLICY WHICH HAS BEEN ISSUED IN ______(12)______ ORIGINAL（S）TOGETHER WITH THE RELEVENT DOCUMENTS SHALL BE SURRENDED TO THE COMPANY. IF ONE OF THE ORIGINAL POLICY HAS BEEN ACCOMPLISHED, THE OTHERS TO BE VOID.

中国人民保险公司上海分公司
The People's Insurance Company of China
Shanghai Branch

赔款偿付地点
CLAIM PAYABLE AT______(13)______

出单日期
ISSUING DATE ______(14)______

______(15)______
Authorized Signature

图6-33　中国人民保险公司的保险单

保险单的填制如下。

（1）insured（被保险人）

如果来证无特别规定，保险单的被保险人应是信用证上的受益人。

（2）marks & Nos.（标记）

应与发票和运输单据一致。

（3）quantity（数量）

包装、单位及数量。应与提单相同。

（4）description of goods（保险货物项目）

按发票或信用证填写。如果货名过多，可只写统称，不必过于具体。

（5）amount insured（保险金额）

一般按照发票金额加一成（即110%发票金额）填写。对超出110%的保险费可要求由开证人承担。

（6）total amount insured（总保险金额）

将保险金额以大写的形式填入并与保险金额的阿拉伯数字一致。计价货币也应以全称形式填入并与信用证使用的货币一致。

（7）premium/rate（保费/费率）

此栏已由保险公司在保险单上印就as arranged字样。除非信用证另有规定，否则不必填写其他内容。

（8）per conveyance S.S.（装载运输工具）

海运直达填写船名、航次，转船则在一程船名后加二程船名。

（9）SLG. ON OR ABT.（开航日期）

一般填写提单装运日期。如果填写时不知准确的提单日，也可填写提单签发日前5天之内的任何一天的日期。

（10）from...to...（起讫地点）

海运的起讫地点一般是指海轮开航和到达目的港口的地点。当货物经转船到达目的港时，可填“from 装运港 to 目的港 W/T 转运港（或VIA 转运港）”。如果目的港与投保最终目的地不一致时，应填“from 装运港 to 目的港 and thence to 投保最终目的地”。

（11）conditions（承保险别）

一般应包括具体投保险别、保险责任起讫时间、适用保险条款的文本及日期。填制时应与信用证要求严格一致。

（12）claim payable at...（赔款偿付地点）

如果信用证中并未明确，一般将目的地作为赔付地点。赔款货币为与信用证和投保额相同的货币。

（13）issuing date（保险单的签发日期）

保险单的出单日应在提单日期之前或是同一天，但不得晚于提单日期。

（14）authorized signature（签章）

由签发保险单的保险公司签章后保险单才正式生效。

课堂思考

上海港保税区某公司出口一批货物CIF价为5 360美元，现国外客户来电要求按CIF价加15%投保海上一切险，我方照办，如保险费率为1%时，我方应向客户补收保险费多少？

我国某外贸公司以每吨10 000美元CIF洛杉矶（按加一成投保一切险，保险费率为1%），向美商报盘出售一批轻工业产品，该外商拟自行投保，要求改报CFR价，试问CFR价格为多少？我方应从CIF价中扣除多少保险费？

8．受益人证明书

受益人证明书是一种由信用证受益人自己出具的证明，用以证明自己已按合同或信用证规定完成了某项工作或履行了某种义务。受益人证明书（见图6-34）无固定格式，内容也多种多样，重要的是证明的内容必须严格与合同或信用证规定相符。

SHANGHAI TOYS IMP. & EXP. CO., LTD.
139 Anyuan Road, Shanghai, China

BENEFICIARIES' CERTIFICATE

Invoice No.:　　　　　　L/C No.:

To whom it may concern,

WE HEREBY CERTIFY THAT ONE COPY OF ALL NON-NEGOTIABLE DOCUMENTS HAVE BEEN SENT DIRECTLY TO BUYER WITHIN FIVE DAYS AFTER SHIPMENT EFFECTED

SHANGHAI TOYS IMP. & EXP. CO., LTD.

图6-34　受益人证明书

能力实训题

任务一　出口报检

1．根据以下资料缮制报检单。

上海对外经济贸易实业浦东有限公司（英文名称 Shanghai Foreign Trade Enterprise Pudong Co., Ltd.）在2017年9月份与日本UNITIKA SAKAI公司签订了有关“玻璃钟K－9 Glass Clock”货物的买卖合同。该批货物共1 400个，总计2 860千克，136箱。全部货物的价值为41 720美元，产地为上海，无唛码。该单位报检员张明华（电话64331432）于2017年10月11日持有关资料到商检部门进行报检。

报检单位号：3100704903

合同号：8CW03D18，合同中无特别检验检疫要求

贸易方式：一般贸易

起运地：上海口岸

收货人：日本大阪市 UNITIKA SAKAI LTD.

报检时间：2017 年 10 月 11 日

已选定运输方式：船舶集装箱运输

预计出运日期：2017 年 10 月 18 日

查得商品编码：7020.0090 其他非工业用玻璃制品

报检单编号：31010020850277E

空白出境货物报检单如下。

中华人民共和国出入境检验检疫

出境货物报检单

报检单位（加盖公章）：　　　　　　　　　　　　　　　　　　　　*编号

报检单位登记号：　　　　　　　联系人：　　　　　电话：　　　　　报检日期：　　年　月　日

<table>
<tr><td rowspan="2">发货人</td><td colspan="5">（中文）</td></tr>
<tr><td colspan="5">（外文）</td></tr>
<tr><td rowspan="2">收货人</td><td colspan="5">（中文）</td></tr>
<tr><td colspan="5">（外文）</td></tr>
<tr><td>货物名称
（中/外文）</td><td>H.S.编码</td><td>产地</td><td>数/质量</td><td>货物总值</td><td>包装种类
及数量</td></tr>
<tr><td></td><td></td><td></td><td></td><td></td><td></td></tr>
<tr><td>运输工具名称
及号码</td><td></td><td>贸易方式</td><td></td><td>货物存放地点</td><td></td></tr>
<tr><td>合同号</td><td></td><td>信用证号</td><td></td><td>用途</td><td></td></tr>
<tr><td>发货日期</td><td></td><td>输往国家（地区）</td><td></td><td>许可证/审批号</td><td></td></tr>
<tr><td>起运地</td><td></td><td>到达口岸</td><td></td><td>生产单位注册号</td><td></td></tr>
<tr><td>集装箱规格、数
量及号码</td><td colspan="5"></td></tr>
<tr><td colspan="2">合同、信用证订立的检验检疫
条款或特殊要求</td><td colspan="2">标记及号码</td><td colspan="2">随附单据（画“√”或补填）</td></tr>
<tr><td colspan="2"></td><td colspan="2"></td><td>□合同
□信用证
□发票
□换证凭单
□装箱单
□厂检单</td><td>□包装性能结果单
□许可/审批文件
□
□</td></tr>
</table>

（续表）

<table>
<tr><td colspan="2">需要证单名称（画“✓”或补填）</td><td colspan="2">*检验检疫费</td></tr>
<tr><td rowspan="3">□品质证书 __正__副
□质量证书 __正__副
□数量证书 __正__副
□兽医卫生证书 __正__副
□健康证书 __正__副
□卫生证书 __正__副
□动物卫生证书 __正__副</td><td rowspan="3">□植物检疫证书 __正__副
□熏蒸/消毒证书 __正__副
□出境货物换证凭单 __正__副
□
□
□</td><td>总金额
（人民币元）</td><td></td></tr>
<tr><td>计费人</td><td></td></tr>
<tr><td>收费人</td><td></td></tr>
<tr><td colspan="2" rowspan="3">报检人郑重声明：
（1）本人被授权报检。
（2）上列填写内容正确属实，货物无伪造或冒用他人的厂名、标志、认证标志，并承担货物质量责任。
签名：________</td><td colspan="2">领取证单</td></tr>
<tr><td>日期</td><td></td></tr>
<tr><td>签名</td><td></td></tr>
</table>

注：有“*”号栏由出入境检验检疫机关填写　　◆国家出入境检验检疫局制

2．根据以下资料缮制报检单。

Sales Contract

Contract No.: SN0012 Date: June 20, 2017

the Sellers: Hangzhou Tianyi Trading Co., Ltd.（杭州天益商贸有限公司）

Address: No.118 Xihu Road, Hangzhou, China

the Buyers: Meiling Trading Co., Ltd.（美菱商贸有限公司）

Address: 201/3 Lardp Road, Bangkok, Thailand

Name of commodity: Preserved Egg（皮蛋）

Quantity: 10,000 pieces

Unit Price: CFR Bangkok USD0.20 Per piece

Amount: USD2,000.00 (Say U.S. Dollars Two Thousand Only)

Shipment: From Shanghai, China To Bangkok（曼谷）, Thailand Not Later Than July 15, 2017

Packing: In cartons of 50 pieces each, total 200 cartons

N.W.: 5 KGS/ctn, total 1,000 KGS

G.W.: 6.5 KGS/ctn, total 1,300 KGS

Measurement: 0.288 m^3 each, total 57.60 m^3

Insurance: To be covered by seller

Payment: By irrevocable Letter of Credit at Sight

Shipping Marks: TY; Bangkok; No.1-200

其他制单材料：

报检单位登记号：30087245354

制作发票的日期：2017年6月28日

报检日期：2017年7月5日

信用证号：ly0098

登录杭州出入境检验检疫网查询给定商品的H.S.编码，并在杭州出入境检验检疫局报检。

空白出境货物报检单如下。

中华人民共和国出入境检验检疫

出境货物报检单

报检单位（加盖公章）：　　　　　　　　　　　　　　　　　　*编号________

报检单位登记号：　　　　　　联系人：　　　　电话：　　　　报检日期：　　年　　月　　日

<table>
<tr><td rowspan="2">发货人</td><td colspan="5">（中文）</td></tr>
<tr><td colspan="5">（外文）</td></tr>
<tr><td rowspan="2">收货人</td><td colspan="5">（中文）</td></tr>
<tr><td colspan="5">（外文）</td></tr>
<tr><td>货物名称
（中/外文）</td><td>H.S.编码</td><td>产地</td><td>数/质量</td><td>货物总值</td><td>包装种类
及数量</td></tr>
<tr><td></td><td></td><td></td><td></td><td></td><td></td></tr>
<tr><td>运输工具名称
及号码</td><td></td><td>贸易方式</td><td></td><td>货物存放地点</td><td></td></tr>
<tr><td>合同号</td><td></td><td>信用证号</td><td></td><td>用途</td><td></td></tr>
<tr><td>发货日期</td><td></td><td>输往国家（地区）</td><td></td><td>许可证/审批号</td><td></td></tr>
<tr><td>起运地</td><td></td><td>到达口岸</td><td></td><td>生产单位注册号</td><td></td></tr>
<tr><td>集装箱规格、数量及号码</td><td colspan="5"></td></tr>
<tr><td colspan="2">合同、信用证订立的检验检疫条款或特殊要求</td><td colspan="2">标记及号码</td><td colspan="2">随附单据（画“√”或补填）</td></tr>
<tr><td colspan="2"></td><td colspan="2"></td><td>□合同
□信用证
□发票
□换证凭单
□装箱单
□厂检单</td><td>□包装性能结果单
□许可/审批文件
□
□</td></tr>
<tr><td colspan="4">需要证单名称（画“√”或补填）</td><td colspan="2">*检验检疫费</td></tr>
<tr><td colspan="2" rowspan="3">□品质证书　__正__副
□质量证书　__正__副
□数量证书　__正__副
□兽医卫生证书　__正__副
□健康证书　__正__副
□卫生证书　__正__副
□动物卫生证书　__正__副</td><td colspan="2" rowspan="3">□植物检疫证书　__正__副
□熏蒸/消毒证书　__正__副
□出境货物换证凭单　__正__副
□出境货物通关单　__正__副
□
□
□</td><td>总金额（人民币元）</td><td></td></tr>
<tr><td>计费人</td><td></td></tr>
<tr><td>收费人</td><td></td></tr>
<tr><td colspan="4" rowspan="3">报检人郑重声明：
1．本人被授权报检。
2．上列填写内容正确属实，货物无伪造或冒用他人的厂名、标志、认证标志，并承担货物质量责任。
签名：________</td><td colspan="2">领取证单</td></tr>
<tr><td>日期</td><td></td></tr>
<tr><td>签名</td><td></td></tr>
</table>

注：有“*”号栏由出入境检验检疫机关填写　　　　　　　　◆国家出入境检验检疫局制

任务二　租船订舱

1．按以下材料缮制托运单。

ISSUING BANK: NATIONAL BANK, SINGAPORE

L/C NO.: ZJ489

DATE: 01062018

EXPORY DATE: JUL. 25, 2018

BENEFIGIARY: ZHEJIANG TEXTTILE IMPORT AND EXPORT CORPORATION

NO.124 QINGCHUN ROAD HANGZHOU, CHINA

APPLICANT: CHANG LIN HAI COMPANY, LTD., SINGAPORE

NO.111 AVENUE, SINGAPORE

SHIPMENT: FROM SHANGHAI TO SINGAPORE, NOT LATER THAN JUN. 20, 2018

PARTIAL SHIPMENT: NOT ALLOWED

TRANSSHIPMENT: ALLOWED

DESCRIPTION OF GOODS: 1,000 DOZS 100% COTTON SHIRTS

DOCUMENTS REQUIRED: ...

＋3/3 CLEAN ON BOARD OCEAN BILLS OF LADING MADE OUT TO ORDER OF SHIPPER BLANK ENDORSED AND MARKED FREIGHT PREPAID AND NOTIFY APPLICANT.

补充：

PACKING: 20DOZS/CTN

GROSS WEIGHT: @14 KGS/CTN

NET WEIGHT: @12 KGS/CTN

MEASUREMENT: @(50*30*20)CM/CTN

MARKS&NOS.:

CLA

08998

SINGAPORE

海运出口货物托运单（散货）如下。

<table>
<tr><td colspan="7">托运人
Shipper ZHEJIANG TEXTTILE IMPORT AND EXPORT CORPORATION
编号 船名
No.______ S/S______
目的港
For SINGAPORE</td></tr>
<tr><td colspan="2">标记及号码
Marks & Nos.</td><td>数量
Quantity</td><td>货名
Description of Goods</td><td colspan="3">质量 Weight Kilos
净 Net | 毛 Gross</td></tr>
<tr><td colspan="2">CLA
08998
SINGAPORE</td><td>50 CTNS</td><td>100% COTTON SHIRTS</td><td>600 KGS</td><td colspan="2">700 KGS</td></tr>
<tr><td colspan="2">共计件数（大写）Total Number of Packages (In Writing)</td><td colspan="2">SAY FIFTY CARTONS ONLY</td><td>运费付款方式</td><td colspan="2">FREIGHT PREPAID</td></tr>
<tr><td>运费计算</td><td></td><td colspan="2">尺码
Measurement</td><td colspan="3">@(50*30*20) CM/CTN
1.5M³</td></tr>
<tr><td>备注</td><td colspan="6"></td></tr>
<tr><td>抬头</td><td>TO ORDER OF SHIPPER</td><td>可否转船</td><td>ALLOWED</td><td>可否分批</td><td colspan="2">NOT ALLOWED</td></tr>
<tr><td rowspan="2">通知人</td><td rowspan="2">CHANG LIN HAI COMPANY, LTD. , SINGAPORE NO.111 AVENUE , SINGAPORE</td><td>装运期</td><td>有效期</td><td>JUL. 25,2018</td><td>提单张数</td><td>3</td></tr>
<tr><td>金额</td><td colspan="4"></td></tr>
<tr><td></td><td></td><td>银行编号</td><td></td><td>信用证号</td><td colspan="2"></td></tr>
<tr><td colspan="7">制单日期______年____月____日</td></tr>
</table>

2．2018 年 3 月 11 日，公司准备向船公司订舱，请根据发票和相关信用证的资料填制出口货物订舱委托书。

公司相关情况如下。

电话：025-58818844　　　　传真：025-58818855

开户银行：中国银行；银行账号：58625935148

信用证资料（部分）如下。

SOME MSG FROM THE L/C（ISSUED BY BNP PARIBAS（CANADA））

DOC. CREDIT NUMBER	*	20 :	63211020049
DATE OF ISSUE		31 C:	180129
EXPIRY	*	31 D:	DATE 180410 PLACE IN BENEFICIARY'S COUNTRY
APPLICANT	*	50 :	FASHION FORCE CO., LTD. P.O.BOX 8935 NEW TERMINAL, ALTA, VISTA OTTAWA, CANADA
BENEFICIARY	*	59 :	NANJING TANG TEXTILE GARMENT CO., LTD. HUARONG MANSION RM2901 NO.85 GUANJIAQIAO, NANJING 210005, CHINA

…

PARTIAL SHIPMENTS	43 P:	NOT ALLOWED
TRANSSHIPMENT	43 T:	ALLOWED
FOR TRANSPORT TO...	44 B:	MONTREAL
LATEST DATE OF SHIP.	44 C:	180325
DOCUMENTS REQUIRED	46 A:	

+ FULL SET OF ORIGINAL MARINE BILLS OF LADING CLEAN ON BOARD FLUS 2 NON NEGOTIABLE COPIES MADE OUT OR ENDORSED TO ORDER OF BNP PARIBAS (CANADA) MARKED FREIGHT PREPAID AND NOTIFY APPLICANT'S FULL NAME AND ADDRESS.

…

发票资料如下。

<table>
<tr><td colspan="2">ISSUER
NANJING TANG TEXTILE GARMENT CO., LTD.
HUARONG MANSION RM2901 NO.85 GUANJIAQIAO,
NANJING 210005, CHINA</td><td colspan="3" rowspan="2">发票
COMMERCIAL INVOICE</td></tr>
<tr><td colspan="2" rowspan="2">TO
FASHION FORCE CO., LTD.
P.O.BOX 8935 NEW TERMINAL, ALTA,
VISTA OTTAWA, CANADA</td></tr>
<tr><td colspan="2">NO.
NT01FF004</td><td>DATE
Mar. 9, 2018</td></tr>
<tr><td colspan="2" rowspan="2">TRANSPORT DETAILS
SHIPMENT FROM SHANGHAI TO MONTREAL BY VESSEL</td><td colspan="2">S/C NO.
F01LCB05127</td><td>L/C NO.
63211020049</td></tr>
<tr><td colspan="3">TERMS OF PAYMENT
L/C AT SIGHT</td></tr>
<tr><td>Marks and Numbers</td><td>Number and kind of package
Description of goods</td><td>Quantity</td><td>Unit Price
USD</td><td>Amount</td></tr>
<tr><td rowspan="2">FASHION FORCE
F01LCB05127
CTN NO.
MONTREAL
MADE IN CHINA</td><td colspan="4">CIF MONTREAL, CANADA</td></tr>
<tr><td>LADIES COTTON BLAZER
(100% COTTON, 40SX20/140X60)</td><td>2,550 PCS</td><td>USD12.80</td><td>USD32,640.00</td></tr>
<tr><td></td><td>Total:</td><td>2,550 PCS</td><td></td><td>USD32,640.00</td></tr>
<tr><td colspan="5">SAY TOTAL: USD THIRTY TWO THOUSAND SIX HUNDRED AND FORTY ONLY

SALES CONDITIONS: CIF MONTREAL/CANADA
SALES CONTRACT NO. F01LCB05127
LADIES COTTON BLAZER （100% COTTON, 40S×20/140×60）
STYLE NO. PO NO. QTY/PCS USD/PC
46-301A 10337 2,550 12.80

PAKAGE N. W. G. W.
85 CARTONS 17KGS 19KGS

TOTAL PACKAGE：85 CARTONS
TOTAL MEAS.：21.583 CBM

NANJING TANG TEXTILE GARMENT CO., LTD.
唐明生</td></tr>
</table>

模板如下。

出口货物订舱委托书

1）发货人	4）信用证号码			
	5）开证银行			
	6）合同号码		7）成交金额	
	8）装运口岸		9）目的港	
2）收货人	10）转船运输		11）分批装运	
	12）信用证有效期		13）装船期限	
	14）运费		15）成交条件	
	16）公司联系人		16）电话/传真	
3）通知人	18）公司开户行		19）银行账号	
	20）特别要求			

21）标记唛码	22）货号规格	23）包装件数	24）毛重	25）净重	26）数量	27）单价	28）总价

29）总件数	30）总毛重	31）总净重	32）总尺码	33）总金额

34）备注

任务三 出口报关

根据下列资料缮制报关单。

Sales Contract

No.BR20170218

DATE: MAY 20, 2017

Seller: Ningbo Huadong Food Co., Ltd.（宁波华东食品有限公司）

Buyer: Toko Trade Corporation

Name of commodity: Frozen peapods（冻豌豆）

Quantity: 30 M/T

Unit Price: CIF Osaka USD1, 020.00 Per M/T

Amount: USD30, 600.00

Shipment: From Ningbo, China To Osaka, Japan Not Later Than June 15, 2017

Packing: By Seaworthy cartons

N.W: 20 KGS/ctn

G.W: 21 KGS/ctn

Payment: By irrevocable letter of Credit at Sight

Shipping Marks: Toko/ Made in China/ No.1-up

其他制单材料如下。

出口口岸：宁波海关

出口单位编码：3103945120

贸易方式：一般贸易

运输工具名称：Lirong, E33

配舱回单号码：cosu211

境内货源地：宁波其他

运费总价为220美元，保险费总价为210美元。

中华人民共和国海关出口货物报关单

预录入编号：　　　　　　　　　　　　　　　　　　　　　　　　海关编号：

境内发货人		出境关别	出口日期	申报日期	备案号	
境外收货人		运输方式	运输工具名称及航次号		提运单号	
生产销售单位		监管方式	征免性质		许可证号	
合同协议号		贸易国（地区）	运抵国（地区）	指运港	离境口岸	
包装种类	件数	毛重（千克）	净重（千克）	成交方式　运费	保费	杂费
随附单证及编号						
标记唛码及备注						

项号	商品编号	商品名称、规格型号	数量及单位	单价/总价/币制	原产国	最终目的国（地区）	境内货源地	征免

特殊关系确认：　　　　　价格影响确认：　　　　　支付特许权使用费确认：

申报人员　申报人员证号　电话　　　兹声明以上申报无讹并承担法律责任 申报单位　　　　　　　　　　　　申报单位（签章）	海关审单批注及放行日期（签章）

任务四 出口保险

1．根据以下材料制作投保单。

LETTER OF CREDIT NO.（信用证编号）：YS1234

BENEFICIARY（受益人）：CHINA MACHINERY IMP. & EXP. CO., NINGBO BRANCH

AMOUNT（金额）：USD18,400.00

LIST OF DOCUMENTS（提交的单证）：…

INSURANCE POLICY IN DUPLICATE BLANK ENDORSED COVERING ALL RISKS AND WAR RISK FOR 110% INVOICE VALUE CLAIM AT LONDON, ENGLAND

COVERING：400 SETS BUTTERFLY SEWING MACHINES

PACKING（包装）：IN WOODEN CASES OF 1 SET EACH

SHIPMENT（运输）：FROM NINGBO TO LONDON, ENGLAND BY VESSEL "HONGZHEN" V.65

ON JULY 15, 2018 WITH TRANSSHIPMENT AT HONGKONG

CONDITIONS：ALL RISKS AND WAR RISK

INVOICE NO.（发票号）：MIE201156

SPECIAL CONDITIONS（特殊条件）：ALL DOCUMENTS MUST SHOW THE L /C NO.

PICC 中国人民保险公司南京分公司

The People's Insurance Company of China, Nanjing Branch

货物运输保险投保单

APPLICATION FORM FOR CARGO TRANSPORTATION INSURANCE

被保险人

INSURED:

发票号（INVOICE NO.）____________

合同号（CONTRACT NO.）____________

信用证号（L/C NO.）____________

发票金额（INVOICE AMOUNT）____________ 投保加成（PLUS）______%

兹有下列货物向 投保。（INSURANCE IS REQUIRED ON THE FOLLOWING COMMODITIES:）

标 记 MARKS＆NOS.	数量及包装 QUANTITY	保险货物项目 DESCRIPTION OF GOODS	保险金额 AMOUNT INSURED

（续表）

起运日期　装载运输工具：

DATE OF COMMENCEMENT ________　PER CONVEYANCE：

自　经　至

FROM ________　VIA　TO

赔款偿付地点

CLAIM PAYABLE AT　DESTINATION

投保险别：（PLEASE INDICATE THE CONDITIONS＆/OR SPECIAL COVERAGES：）ALL RISKS

请如实告知下列情况：（如“是”在[ ]中打“√”，“不是”打“×”）IF ANY，PLEASE MARK“√”OR“×”.

1．货物种类：	袋装[√]	散装[ ]	冷藏[ ]	液体[ ]	活动物	机器/汽车[ ]	危险品等级[ ]
GOODS：	BAG/JUMBO	BULK	REEFER	LIQUID	LIVE ANIMAL	MACHINE/AUTO	DANCEROUS CLASS
2．集装箱种类：	普通[√]	开顶[ ]	框架[ ]	平板[ ]	冷藏[ ]		
CONTAINER：	ORDINARY	OPEN	FRAME	FLAT	REFRIGERATOR		
3．转运工具：	海轮[√]	飞机[ ]	驳船[ ]	火车[ ]	汽车[ ]		
BY TRANSIT：	SHIP	PLANE	BARGE	TRAIN	TRUCK		
4．船舶资料：		船籍[ ]	船龄[ ]				
PARTICULAR OF SHIP：		REGISTRY	AGE				

备注：被保险人确认对本保险合同条款和内容已经完全了解。

THE ASSURED CONFIRMS HEREWITH THE TERMS AND CONDITIONS OF THESE INSURANCE CONTRACT FULLY UNDERSTOOD

投保人（签名盖章）

APPLICANT'S SIGNATURE

电话：（TEL）025-45289816

投保日期：DATE

地址：（ADD）

2．根据销售确认书或信用证的投保条款制作保险单据。

上海龙达食品公司向英国坦斯科百货（TESCO STORES）公司出口花生油。该交易以CIF伦敦贸易术语成交，发票号为XIA081030，所以在出口货物订妥舱位后，在报关的同时，应向保险公司PICC办理投保手续，取得货物保险单。

发票条款为：按发票金额的100%投保中国人民保险1981年1月1日海运货物条款的一切险，保费率为0.25%，运输工具为TAI SHENG/0102。

销售确认书资料如下。

SHANGHAI LONGDA FOODS CO., LTD.

SALE CONFIRMATION

No.102 Minsheng Road
Pudong New Area
Shanghai China

Tel： 0086-021 56330102　　Date： DEC. 29,2018

Fax： 0086-021 56330103　　NO.： 2018LDSP020

To： TESCO STORES

1．Date of shipment：IN 45 WORKING DAYS AFTER THE BUYER ISSUING THE IRREVOCABLE DOCUMENTARY

2．Packing： IN CARTON

3．Terms of payment：L/C AT 60 DAYS AFTER SIGHT

4．PORT OF LADING： SHANGHAI CHINA

5．PORT OF DESTINATION： LONDON THE UNITED KINGDOM

MARKS	Name of Commodity Specification	Quantity	Unit Price	Amount
TESCO STORES LONDON 2018LDSP020 NO.1-300	PEANUT OIL	300 PCS	USD22.50/PC CIFC 3% LONDON	USD6,750.00
			TOTAL	USD6,750.00

PICC 中国人民保险公司
The People's Insurance Company of China

总公司设于北京　　一九四九年创立

Head Office Beijing　　Established in 1949

货物运输保险单
CARGO TRANSPORTATION INSURANCE POLICY

保险单号

POLICY No.

被保险人：

Insured: --

中国人民保险公司（以下简称本公司）根据被保险人的要求，由被保险人向本公司交付约定的保险费，按照本保险单承保险别和背面所载条款与下列特款承保下述货物运输保险，特立本保险单。

THIS POLICY OF INSURACE WITNESSES THAT THE PEOPLE'S INSURANCE COMPANY OF CHINA (HEREINAFTER CALLED "THE COMPANY")AT THE REQUEST OF THE INSURED AND IN CONSIDERATION OF THE AGREED PREMIUM PAID TO THE COMPANY BY THE INSURED,UNDERTAKES TO INSURE THE UNDERMENTIONED GOODS IN TRANSPORTATION SUBJECT TO THE CONDITIONS OF THIS POLICY AS PER THE CLAUSES PRINTED OVERLEAF AND OTHER SPECIAL CLAUSES ATTACHED HEREON.

标记 MARKS & NOS.	包装及数量 QUANTITY	保险货物项目 DESCRIPTION OF GOODS	保险金额 AMOUNT INSURED

总保险金额：

TOTAL AMOUNT INSURED --

保费　　费率　　装载运输工具

PREMIUM --------------- RATE --------------- PER CONVEYANCE S.S. ---------------

开航日期　　自　　至

SLG. ON OR ABT. --------------- FROM --------------- TO ---------------

承保险别：

CONDITIONS:

所保货物，如发生保险单项下可能引起索赔的损失或损坏，应立即通知本公司下述代理人查勘。如有索赔，应向本公司提交保单正本（本保险单共有__份正本）及有关文件。如一份正本已用于索赔，其余正本自动失效。

IN THE EVENT OF LOSS OR DAMAGE WHICH MAY RESULT IN A CLAIM UNDER THIS POLICY, IMMEDIATE NOTICE MUST BE GIVEN TO THE COMPANY'S AGENT AS MENTIONED HEREUNDER. CLAIMS, IF ANY, ONE OF THE ORIGINAL POLICY WHICH HAS BEEN ISSUED IN__________ ORIGINAL(S) TOGETHER WITH THE RELEVENT DOCUMENTS SHALL BE SURRENDED TO THE COMPANY.IF ONE OF THE ORIGINAL POLICY HAS BEEN ACCOMPLISHED, THE OTHERS TO BE VOID.

中国人民保险公司上海分公司

The People's Insurance Company of China

Shanghai Branch

赔款偿付地点

CLAIM PAYABLE AT ---------------

Authorized Signature

出单日期

ISSUING DATE ---------------

任务五 制单结汇与交单议付

试根据以下资料缮制汇票、发票、装箱单等单证。

信用证资料

27: SEQUENCE OF TOTAL

1/1

40A: FORM OF DOCUMENTARY CREDIT

IRREVOCABLE

20: DOCUMENTARY CREDIT NUMBER

0802534722

31C: DATE OF ISSUE

181210

31D: DATE AND PLACE OF EXPIRY

180311 P.R.O.C

50: APPLICANT

JOHN BLACK& BROTHER LIMITED LIMPIRE BUILDING FIFTH AVENUE

NSW 2006 SYDNEY, AUSTRALIA

59: BENEFICIARY

SHANGHAI FOREIGN TRADE CORP. NO. 35, HONGQIAO ROAD

SHANGHAI, 200030, CHINA

32B: CURRENCY CODE AMOUNT

USD85, 980.00

41D: AVAILABLE WITH...BY...

ANY BANK

BY NEGOTIATION

42C: DRAFTS AT…

SIGHT FOR FULL INVOICE VALUE

42A: DRAWEE

COMMONWEALTH BANK

10-12 YORK STREET SYDNEY NSW 2000, AUSTRALIA

43P: PARTIAL SHIPMENTS

NOT ALLOWED

43T: TRANSSHIPMENT

ALLOWED

44C: LATEST DATE OF SHIPMENT

180307

45A: DESCRIPTION OF GOODS AND/OR SERVICES
LADIES T-SHIRT CFR SYDNEY
46A: DOCUMENTS REQUIRED
＋SIGNED COMMERCIAL INVOICES IN 5 COPIES
＋FULL SET OF CLEAN "ON BORAD" BILLS OF LADING
MADE OUT TO ORDER BLANK ENDORSED
MARKED "FREIGHT PREPAID" AND NOTIFY APPLICANT
＋PACKING LIST IN 4 COPIES INDICATING QUANTITY/GROSS AND NET WEIGHTS OF EACH PACKAGE
＋CERTIFICATE OF ORIGIN IN 3 COPIES ISSUED BY AUTHORIZED INSTITUTION
＋BENEFICIARY'S CERTIFIED COPY OF FACSIMILE DISPATCHED TO THE
APPLICANT WITHIN 1 DAY AFTER SHIPMENT DATE ADVISING NAME OF VESSEL, SHIPMENT DATE, QUANTITY, WEIGHT AND VALUE OF SHIPMENT GOODS
47A: ADDITIONAL CONDITIONS
DRAFTS DRAWM HEREUNDER MUST BEAR
DOCUMENTARY CREDIT NUMBER AND DATE
FOR EACH PRESENTATION OF DESCRIPTION DOCUMENTS
UNDER THIS CREDIT, A FEE OF AUD60.00 (OR ITS EQUIVALENT
IN THE CURRENCY OF YOUR DRAWING) IS FOR ACCOUT OF BENEFICIARY
AND MUST BE DEDUCTED FROM YOUR REIMBURSEMENT
CLAIM OR WILL BE DEDUCTED FROM THE PROCEEDS (IN THE EVENT
CLAIM IS PAID BY OURSELVES)
71B: CHARGES
ALL BANK CHARGES OUTSIDE COUNTRY OF ISSUING
BANK ARE FOR ACCOUNT OF BENEFICIARY
48: PERIOD FOR PRESENTATION
DOCUMENTS TO BE PRESENTED WITHIN
21 DAYS AFTER ISSUANCE OF BILL LADING
BUT WITHIN THE VALIDITY DATE OF THIS
DOCUMENTARY CREDIT
49: CONFIRMATION INSTRUCTIONS
WITHOUT
78: INSTRUCTIONS TO PAY/ACCPT/NEGOT BANK
UPON RECEIPT OF COMPLIANT DOCUMENTS, WE UNDERTAKE
TO REMIT PROCEEDS BY TELEGRAPHIC TRANSFER IN TERMS OF
YOUR INSTRUCTIONS, WITHIN TWO BUSINESS DAYS,
LESS OUR REIMBURSEMENT CHARGES AND COSTS OF AUD70.00,
THE EQUIVALENT OF WHICH WILL BE DEDUCTED FROM YOUR
CLAIM. DRAFT AND DOCUMENTS ARE TO BE COURIERED IN ONE
LOT TO COMMONWEALTH BANK, AUSTRALIA.

其他相关信息

INVOICE NO. 9180Y10052 DATE: 2018-02-18

STYLE NO.1863079 USD6.77 CFR SYDNEY 19,500 PCS/347 CTNS, 3,817 KGS G.W., 3,470 KGS N.W., 11.11 CBM

STYLE NO.1863080 USD6.87 CFR SYDNEY 500 PCS/9 CTNS, 99 KGS G.W., 90 KGS N.W., 0.47 CBM

B/L NO.: ANL 8SHA007861

CARTONS IN ONE 20'GP CONTAINER TGHU7655852

VESSEL: CMA CGM ORFED FN005W

ON BOARD DATE: 2018-03-03

SHIPPING MARKS:

STYLE NO.

COLOUR

SIZE

QTY PER SIZE

TOTAL QTY

FROM

制作的汇票如下。

BILL OF EXCHANGE

No.____________________

For____________________ ____________________________

(amount in figure) (place and date of issue)

At________sight of this First Bill of exchange(SECOND being unpaid)

pay to____or order the sum of

SAY____

(amount in words)

Value received for______________________of________________________

(quantity) (name of commodity)

Drawn under____________________

L/C No.__________________________________dated__________________________________

To: ____________________________For and on behalf of

____

(Signature)

制作的发票如下。

上海对外贸易公司
SHANGHAI FOREIGN TRADE CORP.
NO.35, HONGQIAO ROAD
SHANGHAI, 200030, CHINA
发票
COMMERCIAL INVOICE

To: Invoice No.: ____________
Invoice Date: ____________

CONTRACT NO.____________
L/C NO. ____________
装运口岸 目的地
From: ____________ To: ____________

Marks & Numbers	Descriptions of Goods	Quantity	Unit Price	Total Amount

AMOUNT IN WORDS: SAY

____
（Signature）

制作的装箱单如下。

SHANGHAI FOREIGN TRADE CORP.
NO.35，HONGQIAO ROAD SHANGHAI，200030，CHINA
PACKING LIST

TO:

INVOICE NO.: ____________
INVOICE DATE: ____________
CONTRACT NO.: ____________

From: ____________ To: ____________
Shipped per____________ S/C No.____________

Marks & Nos.	Description of Goods	QTY	G.W.(KG)	N.W.(KG)	MEAS.

PACKAGES IN WORDS: SAY

Issued by

项目七

进口合同的履行

学习目标

应知能力

熟悉申请开立信用证的流程及注意事项，了解信用证申请书的内容；熟悉进口租船订舱流程，了解进口货物保险的相关细节；了解进口付汇的方式，熟悉单据审核的内容，熟悉进口付汇的流程；掌握进口接货的流程，熟悉报关报检的注意事项。

应会能力

能够办理申请开立信用证的具体手续，填写信用证申请书；能够根据进口商品实际数量进行租船订舱业务；能够根据货物的特点办理具体的投保手续；能够根据信用证要求进行单据审核，完成进口付汇核销手续；能够办理进口报检手续并填写进口报检单，办理进口报关手续。

项目引入

北京绿环食品有限公司（简称绿环公司）位于北京市通州区车站路15号（15 Chezhan Road, Tongzhou District, Beijing），主要经营加工肉制品，销售干鲜果品、调味品、副食品、蔬菜、日用百货等。

2018年6月，绿环公司从荷兰环诺食品有限公司（Van Luin Foods Netherlands B.V.）以FOB鹿特丹每箱145美元的价格进口牛肉罐头1 500箱，即期跟单信用证付款，由公司的业务员王晴来负责办理进口的有关事项。相关资料如图7-1所示。

PURCHASE CONTRACT

The Sellers: VAN LUIN FOODS NETHERLANDS B. V.　　Contract No.: LHSP191

Address: Hermesweg 26 3771 ND Barneveld Netherlands

TEL: 0031-34-2423020　　FAX: 0031-34-2423424　Date: June 3, 2018

The Buyers: BEIJING LVHUAN FOOD CO., LTD.

Address: 15 Chezhan Road, Tongzhou District, Beijing

TEL: 0086-010-60591211　　FAX: 0086-010-60591212

This contract is made by and between the Buyers and the Sellers, whereby the Buyers agree to buy and the Sellers agree to sell the undermentioned commodity according to the terms and conditions stipulated below.

I. COMMODITY AND SPECIFICATIONS:

Name of the commodities	Specifications	Quantity	Unit price	Amount
Canned beef	Brand: Keerqin Color & page: multicolor Carton dimensions(L*W*H) 450*220*550	1, 500 CARTONS	FOB Rotterdam USD145/CARTON	USD217,500

Ⅱ.TOTAL AMOUNT: SAY AMERICAN DOLLARS TWO HUNDRED AND SEVENTEEN THOUSAND AND FIVE HUNDRED ONLY.

COUNTRY OF ORIGIN: Netherlands.

Ⅲ.PACKING: New original sealed cartons.

Ⅳ.TIME OF SHIPMENT: No later than July 10, 2018, transshipment allowed, partialshipment not allowed.

Ⅴ.PORT OF SHIPMENT: Rotterdam, Netherlands.

Ⅵ.PORT OF DESTINATION: Tianjin, China.

Ⅶ.INSURANCE: To be covered by the buyer for 110% of invoice value covering all risks and war risks as per PICC.

Ⅷ.PAYMENT: To be effected by Irrevocable Letter of Credit available by draft (s) at sight for 100% of invoice value drawn by the Sellers.

Ⅸ.INSPECTION: Inspection result of CCIB at destination should be final.

The Sellers:　　The Buyers:

VAN LUIN FOODS NETHERLANDS B.V.　　BEIJING LVHUAN FOOD CO., LTD.

Jensen Sniekers　　王晴

图 7-1　绿环公司进口业务相关资料

在进口贸易的整个过程中，进口合同的履行是进口交易的一个实质性阶段，是合同的当事人实现合同内容的具体行为。当进口合同签订之后，进口企业就要根据合同的规定，履行支付价款、接收货物等义务。

由于进口企业根据各自的需要在进口合同中采用不同的贸易术语、支付条件及其他的交易条件，进口合同的履行程序和各个环节的工作也就不尽相同。但在我国进口业务中，大多数进口合同仍然采用 FOB 贸易术语和信用证付款方式。

按 FOB 术语和信用证付款方式成交的进口合同的一般程序是开立信用证、租船订舱、通知出口商交货、办理保险、赎单、进口货物报检、进口货物通关等环节，如图 7-2 所示。这些环节的工作是由进出口公司、运输部门、商检部门、银行、保险公司，以及用货部门等各方面分工负责、紧密配合而共同完成的。简而言之，这些环节也可以归纳为证、船、款和货 4 个大环节。作为进口贸易业务的实际操作人员，必须了解和掌握整个国际贸易进口的流程，把握进口的关键环节，正确填制各种进口相关单证，处理好进口贸易中可能发生的问题。

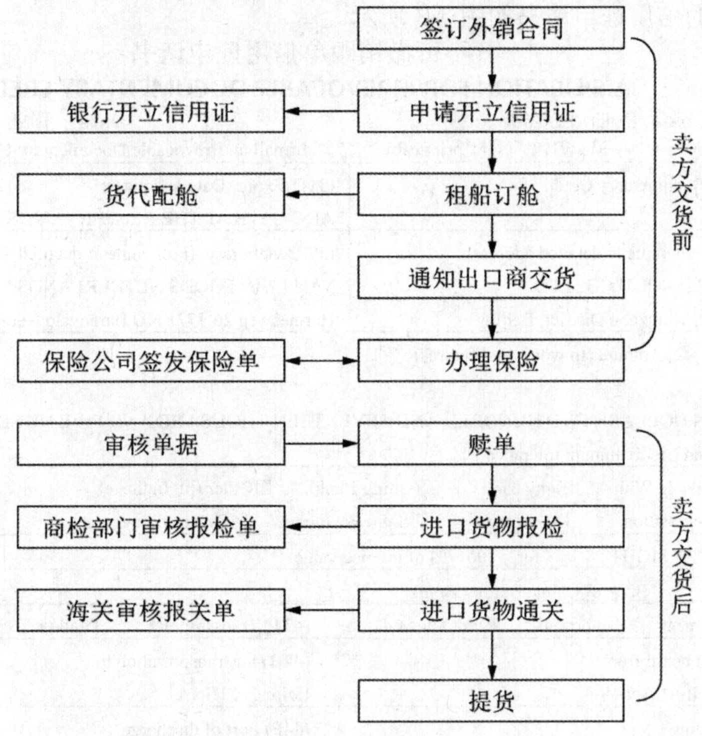

图 7-2 进口贸易业务操作流程（FOB＋信用证）

情景模拟操作示例

任务一 开立和修改信用证

在与荷兰公司的进口合同签订之后，王晴需要在合同规定的时间内开出信用证。由于绿环公司的往来银行为中国银行北京市分行，所以她需要到该银行去申请开立信用证。

进口是出口的反向操作，多数进口单据与出口单据的区别不大。在信用证付款方式下，准确填写与制作开证申请书的相关内容是进口方（申请人）必须掌握的一种技能。申请书是申请人和开证行之间明确彼此权利义务关系的契约，通常一式三份（银行 2 份，客户 1 份）。许多银行已开展了网上开证业务。

Step 1 填写信用证申请书。

6 月 10 日王晴去绿环公司的往来银行中国银行北京市分行提出了开立信用证的申请，并递交了与合同相关的副本和附件。目前，绿环公司的账户上有充足的资金，银行业务员在审核了合同的相关副本之后，交给王晴一份开证申请书。王晴根据进口合同中的品质、规格、数量、价格、交货期、装货期、装运条件及装运单据等条款填写信用证申请书。为避免日后出口商提出的信用证修改请求所导致的时间拖延，开证内容必须与合同内容一致，做到完备、明确、具体。

王晴填制的信用证申请书如图 7-3 所示。

不可撤销跟单信用证申请书

APPLICATION FOR IRREVOCABLE DOCUMENTARY CREDIT

TO: Bank of China, Beijing Brank **Date** JUNE 10, 2018

Please establish by ☑SWIFT ☐ brief cable ☐ airmail an Irrevocable Documentary Credit as follows:

(20) Irrevocable Documentary Credit No.	(31D)Expiry Date and place AUG. 15TH AT THE BENEFICIARY'S COUNTRY
(50) Applicant: (Full name & detailed address) BEIJING LVHUAN FOOD CO., LTD. 15 Chezhan Road, Tongzhou District, Beijing	(59)Beneficiary: (Full name & detailed address) VAN LUIN FOODS NETHERLANDS B. V. Hermesweg 26 3771 ND Barneveld Netherlands
(32B) Currency code, Amount (In words and figures) USB217,500 SAY AMERICAN DOLLARS TWO HUNDRED AND SEVENTEEN THOUSAND AND FIVE HUNDRED ONLY. (39A) Quantity and Credit amount tolerance 1 %	
(41A) Credit Available With ☒any bank ☐Issuing Bank ☐Other (pl. Indicate) By ☒Negotiation ☐Acceptance ☐Sight Payment ☐Deferred Payment at	
(42C) Draft at AT SIGHT for 100 % of invoice value	
(42A) Draw on Bank of China, Beijing Brank	
(43P) Partial shipment ☐allowed ☒not allowed	(43T) Transshipment ☒allowed ☐not allowed
(44A) Loading on board from Rotterdam, NETHERLANDS	(44B) for transportation to Beijing, CHINA
(44E) Port of loading Rotterdam, NETHERLANDS	(44F) Port of discharge Tianjin, CHINA
(44C) Latest shipment date 180710	
(45A) Description of goods or services canned beef Brand: Keerqin Color & page: multicolor Carton dimensions (L*W*H) : 450*220*550 Price term: FOB Rotterdam USD145 PER CARTON Packing: in carton	
(46A) Documents required: (marked with ×) (×) Signed Commercial Invoice in 5 copies indicating L/C No. and Contract No. LHSP191 (×) Full set of clean on board ocean Bills of Lading made out to order and blank endorsed marked "freight (×) to collect/( )prepaid ( )showing freight amount" notifying	

依照国际商会《跟单信用证统一惯例》（2007年修订版）第600号出版物

图 7-3 不可撤销跟单信用证申请书

☒Applicant ☐Other(pl. Indicate)
( ) Air Waybills showing "freight ☐to collect ☐prepaid" indicating freight amount and consigned to
☐Applicant ☐Issuing Bank
( ) Forwarding agent's Cargo Receipt
( ) Insurance Policy/Certificate in__________for______ % of the invoice value showing claims payable in China in currency of the draft blank endorsed, covering (☐Ocean Marine Transportation ☐Air Transportation ☐Over Land Transportation) All Risks, War Risks, including____________ as per__________________________ Clause.
(×) Packing List/Weight Memo in 3 copies indicating quantity/gross and net weights of each package and packing conditions as called for by the L/C.
(×) Certificate of Quantity/Weight in in 2 copies issued an independent surveyor at the loading port, indicating the actual surveyed quantity/weight of shipped goods as well as the packing condition.
(×) Certificate of Quality in 3 copies issued by☐beneficiary ☒public recognized surveyor ☐manufacturer.
( ) Certificate of Origin (FORM E)in ________________ISSUED BY MALAYSIA CHAMBER OF COMMERCE.
( ) Certificate showing that the goods have not been subjected to any processing in Taiwan issued by custom.
( ) Beneficiary's certified copy of fax/telex dispatched to the applicant within__________ hours after shipment advising
☐name of vessel ☐B/L No. ☐Flight No. ☐Wagon No. ☐Shipping date ☐contract No. ☐L/C No., commodity, quantity, weight and value of shipment.

(47A)Additional conditions: (Marked with×)
( )Documents issued earlier than L/C issuing date are not acceptable.
( )All documents to be forwarded in one cover, unless otherwise stated.
( )The remaining _____% of invoice value.
( )Third party as shipper☐is ☐is not acceptable.

(71B)All banking charges and interest if any outside opening bank are for account of ☒beneficiary ☐Other (pl. Indicate)

(48)Documents to be presented within_______days after the date of issuance of the transport document(s) but within the validity of the credit.

Other requirement:

开证申请人（公章或授权印鉴）：北京绿环食品有限公司
法定代表人或被授权人：周普川
联系人：王晴
电话：0086-010-60591211

图 7-3（续）

Step 2 交纳费用并开立信用证。

中国银行北京市分行在收到绿环公司的开证申请后，立即对开证申请书的内容及其与合同的关系、开证申请人的资信状况进行审核。开证行在确信可以接受开证人的申请，并收到开证申请人提交的押金及开证手续费后，即向信用证受益人开出信用证，并将信用证正本电传给受益人所在地分行或代理行，然后由通知行将信用证传达给受益人。

由于绿环公司是中国银行的老客户，所以中国银行同意其交付合同金额 10%的担保金，即 137 895 元人民币（合同的金额是 217 500 美元，当时美元与人民币的汇率是 1：6.34）。此外，还支付了 2 068.43 元开证手续费（开证手续费为合同金额的 1.5‰）。

手续费收讫后，中国银行即向 VAN LUIN FOODS NETHERLANDS B. V.开出信用证，并将信用证正本电传给荷兰的 ABN AMRO Bank N. V.，然后由该行将信用证传达给受益人。所开立的信用证如图 7-4 所示。

Letter of Credit

Issuing bank		BKCHCNJSA08E SESSION: 000 ISN: 000000 BANK OF CHINA BEIJING BRANCH 67 XINHUA NORTH ROAD, TONGZHOU DISTRICT BEIJING CHINA
Destination Bank		ABN AMRO Bank N. V. WESTBLAAK 109 3012 KH ROTTERDAM, NETHERLANDS
Type of Documentary Credit	40A	IRREVOCABLE
Letter of Credit Number	20	LC75E2302/01
Date of Issue	31G	180616
Date and Place of Expiry	31D	DATE 180815 PLACE NETHERLANDS
Applicant Bank	51D	BANK OF CHINA BEIJING BRANCH
Applicant	50	BEIJING LVHUAN FOOD CO., LTD.
Beneficiary		VAN LUIN FOODS NETHERLANDS B. V. Hermesweg 26 3771 ND Barneveld Netherlands
Currency Code, Amount	32B	USD217,500
Available with... by...	41D	ANY BANK BY NEGOTIATION
Drafts at	42C	AT SIGHT
Drawee	42D	BANK OF CHINA BEIJING BRANCH
Partial Shipments	43P	NOT ALLOWED
Transshipment	43T	ALLOWED
Shipping on Board/Dispatch /Packing in Charge at/from	44A	Rotterdam, NETHERLANDS
Transportation to	44B	TIANJIN CHINA
Latest Date of Shipment	44C	180710
Description of Goods or Services:	45A	Label printer Canned beef Brand: Keerqin Color & page: multicolor Dimensions (L*W*H): 450*220*550
Documents Required	46A	

1. SIGNED COMMERCIAL INVOICE IN 5 COPIES.
2. FULL SET OF CLEAN ON BOARD OCEAN BILLS OF LADING MADE OUT TO ORDER AND BLANK ENDORSED, MARKED “FREICHT TO COLLECT” NOTIFYING BEIJING LVHUAN FOOD CO., LTD. TEL: 0086-010-60591211
3. PACKING LIST/WEICHT MEMO IN 4 COPIES INDICATING QUANTITY/GROSS AND NET WEICHTS OF EACH PACKAGE AND PACKING CONDITIONS AS CALLED FOR BY THE L/C.
4. CERTIFICATE OF QUALITY IN 3 COPIES ISSUED BY PUBLIC RECOGNIZED SURVEYOR.
5. BENEFICIARY’S CERTIFIED COPY OF FAX DISPATCHED TO THE ACCOUNTEE WITHIN 3 DAYS AFTER SHIPMENT ADVISING NAME OF VESSEL, DATE, QUANTITY, WEIGHT, VALUE OF SHIPMENT, L/C NUMBER AND CONTRACT NUMBER.
6. CERTIFICATE OF ORIGIN IN 3 COPIES ISSUED BY AUTHORIZED INSTITUTION.

ADDITIONAL INSTRUCTIONS 47A

1. CHARTER PARTY B/L AND THIRD PARTY DOCUMENTS ARE ACCEPTABLE.
2. SHIPMENT PRIOR TO L/C ISSUING DATE IS ACCEPTABLE.

Charges 71B

ALL BANKING CHARGES OUTSIDE THE OPENNING BANK ARE FOR BENEFICIARY’S ACCOUNT.

Period for Presentation 48

DOCUMENTS MUST BE PRESENTED WITHIN 15 DAYS AFTER THE DATE OF ISSUANCE OF THE TRANSPORT DOCUMENTS BUT WITHIN THE VALIDITY OF THE CREDIT.

Confirmation Instructions 49 WITHOUT

Instructions to the Paying/Accepting/Negotiating Bank 78

1. ALL DOCUMENTS TO BE FORWARDED IN ONE COVER, UNLESS OTHERWISE STATED ABOVE.
2. DISCREPANT DOCUMENT FEE OF USD50.00 OR EQUAL CURRENCY WILL BE DEDUCTED FROM DRAWING IF DOCUMENTS WITH DISCREPANCIES ARE ACCEPTED.

“Advising Through” Bank 57A ABN AMRO Bank N. V.
WESTBLAAK 109 3012 KH ROTTERDAM, NETHERLANDS

******** other wordings between banks are omitted *********

图 7-4 信用证

任务二　进口货物运输和保险

根据购货合同，货物需要在 2018 年 7 月 10 日之前装船；允许转船，但不允许分批装运；货物装运港在鹿特丹，目的港在天津；由买方按发票金额的 110%投保一切险，加保战争险，以中国人民保险公司的海洋运输货物保险条款为准。业务员王晴在中国银行北京市分行办妥开证手续后，即开始联系进口货物的租船订舱及保险事宜。

Step 1　租船订舱。

王晴积极联系宇飞国际货运代理有限公司，并填写了订舱委托书（见图 7-5），委托该公司办理进口货物的运输。

进出口货物订舱委托书

<table>
<tr><td colspan="2">公司编号：DL12070616</td><td>日期：2018 年 6 月 19 日</td></tr>
<tr><td rowspan="4">发货人：荷兰环诺食品有限公司
VAN LUIN FOODS NETHERLANDS B. V.
Hermesweg 26 3771 ND Barneveld Netherlands</td><td colspan="2">信用证号码：LC75E2302/01</td></tr>
<tr><td colspan="2">开证银行：中国银行北京市分行通州区新华北路支行</td></tr>
<tr><td>合同号码：LHSP191</td><td>成交金额：USD217,500</td></tr>
<tr><td>装运口岸：鹿特丹</td><td>目的港：天津</td></tr>
<tr><td rowspan="4">收货人：北京绿环食品有限责任公司
BEIJING LVHUAN FOOD CO., LTD
15 Chezhan Road, Tongzhou District, Beijing</td><td>转船运输：
是</td><td>分批装运：
否</td></tr>
<tr><td>信用证有效期
2018 年 8 月 15 日</td><td>装运期限：
7 月</td></tr>
<tr><td>运费：</td><td>成交条件：FOB</td></tr>
<tr><td>公司联系人：王晴</td><td>电话/传真：
TEL：0086-010-60591211
FAX：0086-010-60591212</td></tr>
<tr><td rowspan="2">通知人：北京绿环食品有限责任公司，北京市通州区车站路 15 号</td><td>公司开户行
中国银行北京市分行</td><td>银行账号：
01000130045193675438</td></tr>
<tr><td colspan="2">特别要求：</td></tr>
</table>

标记唛码	货号规格	包装件数	总毛重	单价	总价
1	canned beef (Brand: Keerqin)	1,500 箱	30,000 千克	USD145	USD217,500

图 7-5　进出口货物订舱委托书

宇飞国际货运代理有限公司在收到托运单后进行审核，确定装运船舶后安排运输。绿环公司随后通知荷兰环诺食品有限公司预期装船的港口、船名和时间：7月15日荷兰鹿特丹港口，ANGEL12号货轮。7月1日，荷兰环诺食品有限公司向我方发来了货物已备妥的通知。双方再次核准了装船时间、港口和地点等。

Step 2　办理投保货运险。

7月15日，王晴通过传真收到了荷兰环诺食品有限公司的已装船通知单，告知该批货物已于当日装载至ANGEL12号货轮，预计开航日期为2018年7月16日。其装船通知如图7-6所示。

Shipping Advice

Rotterdam, July 15th, 2018

Messr,

Dear Sirs,

L/C No.LC75E2302/01

Cover Note (or Open Policy)No.AD335

Under the captioned Credit and Cover Note(or Open Policy), please insure the goods as detailed in our Invoice No.__HNSP351712__Enclosed, other particulars being given below:

Carry Vessells Name: ANGEL12

Shipment Date: on or about July 16th, 2018

Covering Risks (as arranged)

Kindly forward directly to the insured your Insurance Acknowledgment.

VAN LUIN FOODS NETHERLANDS B.V.

图7-6　装船通知

据此通知，王晴立即向中国人民保险公司发出了一份国际运输预约保险起运通知书，如图7-7所示。预约保险的方式适用于经常有货物进口的外贸公司或企业。按这种方式办理保险，既可简化投保手续，免去逐笔投保的麻烦，又可防止漏保。

被保险人：北京绿环食品有限公司　　　　　　　　编号：SK030412

唛码	包装及数量	保险货物项目	价格条件	货价（原币）
N/M	packed in cartons 1,500 cartons	canned beef	FOB Rotterdam	USD217,500
合同号：LHSP191	发票号：VLFN0221934		提单号：MFCWPPO2157	
运输方式：海洋运输	运输工具名称：ANGEL12		运费：　to collect	
开航日期：2018年7月16日		运输路线：自鹿特丹至天津		
投保险别	一切险	费率：0.5%	保险金额：USD242,861.40	保险费：USD1,192.25
中国人民保险公司 2018年7月15日	北京绿环食品有限责任公司 被保险人签章 2018年7月15日		备注	

图7-7　国际运输预约保险起运通知书

本通知书填写一式五份送保险公司。保险公司签章后退回被保险人一份。

任务三 进口付汇操作

汇票及全套单据于 2018 年 7 月 21 日顺利传递至中国银行北京市分行，中国银行当日便通知绿环公司单据已到，并要求该公司及时审核单据。

Step 1 单据的审核。

接到通知后，王晴立刻去银行审核单据。审核的单据包括商业发票、海运提单、品质证书、装箱单、原产地证书。审核的依据主要是根据信用证内容，查看单据名称、份数、内容是否与信用证相一致，各单据之间是否存在矛盾，各单据签发的日期之间是否存在矛盾和不合理的地方，以及汇票、商业发票与索偿通知书所列金额是否正确等。在单据审核时可以寻求银行审单工作人员的帮助，在审单时必须准确、及时，做到“单证一致，单单相符”。

Step 2 付款。

经审核完全无误后，荷兰环诺食品有限公司交单日期是 2018 年 7 月 16 日，当日见票审核无误后，荷兰银行已经垫付。因此，除了支付票面金额外，绿环公司还须支付 5 天的垫付利息，每天的利息率为 0.23%。根据当日汇率，绿环公司应支付的金额为 1 403 607.98[217 500×(1＋0.23%×5)×6.38]元。

任务四 进口接货、监卸、报检和报关操作

7 月 22 日，货物顺利到达天津港口。接到通知后，负责该项进口业务的王晴需要马上去码头办理进口货物的接货、监卸、报检及报关等一系列工作。

Step 1 接货及监卸。

由于绿环公司没有委托货代办理接货、监卸、报检及报关等手续，所以王晴需要具备报检员及报关员等的资格证书以便办理这些手续。货物到达天津港以后，船方按海运提单上的地址，将“准备卸货通知”寄交绿环公司，王晴代表绿环公司负责现场监卸。监卸过程比较顺利，没有发现货损货差现象。

Step 2 报检及报关。

监卸完毕后，王晴立即向天津出入境检验检疫局提出检验申请，填写了报检单（见图 7-8），随后向天津海关提交了报关单（见图 7-9）。海关工作人员依法查验后，对货物征收了进口关税。具体税款的计算如下。

已知海运费用为人民币 13 235 元，保险费用为人民币 7 546.94（1 192.25×6.33）元。根据当日汇率 1∶6.33，转换为 CIF 价为人民币 1 397 556.94（217 500×6.33＋13 235＋7 546.94）元，即海关完税价格为人民币 1 397 556.94 元。经查询，牛肉罐头的 H.S.编码为 1602501090，征收进口关税为按照总价值征收 15%的税费，则绿环公司应该缴纳的进口关税为人民币 209 633.54（1 397 556.94×15%）元。

各种手续办好之后，天津海关即在货运单据上签印放行。

中华人民共和国出入境检验检疫
入境货物报检单

1.报检单位（加盖公章）：北京绿环食品有限公司　　编号 020002R17324512

2.报检单位登记号：4320688319　　3.联系人：王晴　电话：0086-010-60591211　　4.报检日期：2018年7月22日

5.发货人	（中文）荷兰环诺食品有限公司		企业性质（画“√”）		□合资□合作□外资
	（外文）VAN LUIN FOODS NETHERLANDS B.V.				
6.收货人	（中文）北京绿环食品有限公司				
	（外文）BEIJING LVHUAN FOOD CO., LTD.				
7.货物名称（中/外文）	8.H.S.编码	9.原产国（地区）	10.数/重量	11.货物总值	12.包装种类及数量
牛肉罐头	1602501090	荷兰	1,500set	USD217,500	1,500 CARTONS

13.运输工具名称号码	ANGEL12			14.合同号	LHSP191
15.贸易方式	一般	16.贸易国别（地区）	荷兰	17.提单/运单号	MFCWPPO2157
18.到货日期	2018年7月22日	19.起运国家（地区）	荷兰	20.许可证/审批号	
21.卸毕日期		22.起运口岸	鹿特丹	23.入境口岸	天津
24.索赔有效期至		25.经停口岸		26.目的地	北京市通州区
27.集装箱规格、数量及号码		20 ft 集装箱			
28.合同订立的特殊条款以及其他要求				29.货物存放地点	天津
				30.用途	其他
31.随附单据（画“√”或补填）		32.标记及号码	33.*外商投资财产（画“√”或补填）		□是　□否
☑合同	□到货通知	N/M	35.*检验检疫费		
☑发票	☑装箱单		总金额（人民币元）		
☑提/运单	☑质保书				
□兽医卫生证书	□理货清单		计费人		
□植物检疫证书	□磅码单				
□动物检疫证书	□验收报告		收费人		
□卫生证书	□				
□原产地证	□				
□许可/审批文件	□				

34.报检人郑重声明： 1.本人被授权报检 2.上列填写内容正确属实 签名＿＿＿＿＿＿＿	36.领取证单	
	日期	
	签名	

注：有“*”号栏由出入境检验检疫机关填写　　◆国家出入境检验检疫

图 7-8　王晴填写的报检单

中华人民共和国进口货物报关单

预录入编号：599318392-3　　　　　　　　　　海关编号：599318392-3

境内收货人	进境关别	进口日期	申报日期	备案号
北京绿环食品有限公司 4320688319	天津海关 2020	20180722	20180723	

境外发货人	运输方式	运输工具名称及航次号	提运单号	货物存放地点
VAN LUIN FOODS NETHERLANDS B. V.	水路运输	ANGEL12	MFCWPPO2157	天津

消费使用单位	监管方式	征免性质	许可证号	起运港
北京绿环食品有限公司 4320688319	一般贸易（0110）	一般征税		鹿特丹

合同协议号	贸易国（地区）	起运国（地区）	经停港	入境口岸
LHSP191	荷兰（309）	荷兰（309）		天津 120001

包装种类	件数	毛重（千克）	净重（千克）	成交方式	运费	保费	杂费
纸箱	1500	6000	5500	FOB	300/2090.84/3	300/1191.25/3	

随附单证及编号

标记唛码及备注
TEXU4687328/32/2248

项号	商品编号	商品名称、规格型号	数量及单位	单价/总价/币制	原产国	最终目的国（地区）	境内目的地	征免
01	1602501090999	牛肉罐头　LX900e	1,500 cartons	145 217,500 美元	荷兰	中国	北京市通州区	照章征税

特殊关系确认：	价格影响确认：	支付特许权使用费确认：

申报人员　王晴　　申报人员证号　电话　　兹声明以上申报无讹并承担法律责任	海关审单批注及放行日期（签章）
申报单位 北京绿环食品有限公司　　　　申报单位（签章）	

图 7-9　王晴向天津海关提交的报关单

注意

TEXU是集装箱编号的前 4位数字，前 3位代表了箱子的租赁公司和制造公司，U表示集装箱这种设备，后尾应该有7个数字。TEX是集装箱的箱主代码，是 Textainer Equipment Management Ltd.的简称，它是世界最大的租箱公司，专门从事集装箱的租赁及二手集装箱的买卖。TEX公司并不是只有TEXU字头的箱子，其他如CLHU、TGHU、AMFU等字头的箱子也有一部分是TEX公司的。

Step 3　验收和国内运输。

海关放行后，王晴会同相关人员一起查验货物，发现一切正常，于是联系与本公司日常业务往来比较密切的羽飞运输公司进行国内路段的运输，从天津港码头将已经通关的货物运往绿环公司在通州区的仓库。

在履行凭信用证付款的FOB进口合同时，上述各基本环节不可缺少，但是在履行凭其他付款方式和其他贸易术语成交的进口合同时，其工作环节有别。例如，在采用汇付或托收的情况下，就不存在买方开证的工作环节；在履行CFR进口合同时，买方则不负责租船订舱，由卖方办理；在履行CIF进口合同时，买方不仅不承担货物从装运港到目的港的运输任务，而且不负责办理货运投保手续，由卖方按约定条件代为办理。这就表明，履行进口合同的环节和工作内容与出口合同履行一样，主要取决于合同的类别及其所采取的支付条件。

知识链接

一、开立和修改信用证

（一）申请开立信用证的流程

进口合同签订后，进口企业应根据进口合同的规定，在合同规定的开证时间到所在地银行办理信用证的开证。如果合同规定在卖方确定交货后开证，应在接到卖方上述通知后开证；如果合同规定在卖方领到出口许可证或支付履约保证金后开证，应在收到对方已领到出口许可证的通知，或者银行转告保证金已收后开证。

一般而言，进口商都在业务往来银行申请开立信用证。具体可分为以下几个步骤。

步骤1　准备有关合同的副本及附件等开证手续所需材料。

进口商在向银行申请开立信用证时，应向银行递交相关的进口合同副本及其他单证材料。具体应包括：开证申请书及协议；进口贸易合同副本；贸易融资额度合同；备案表正本（如需）；代理协议（如需）；进口许可证（如需）、进口配额证（需要进口许可证及配额商品时）。首次开证的申请人还需要提供工商行政管理部门颁发的营业执照和主管部门批准其成立的证书。申请人填制完开证申请书后附以上单证一并提交银行，供银行参考、核对。

一些商品，如进出口管制的商品或特殊商品，需要经过政府部门的批准后方可允许进出口。如果合同规定的进口商品需要提供进口许可证才能办理进口手续，买方就有责任自负费用，在货物装船之前取得这种进口许可证并通知卖方。在我国，进口商要取得进口许可证，首先要提出申请，填写进口许可证申请表及其他相关材料，并送交发证机关。经发证机关审核后，进口企业就可在规定的时间内领取进口许可证。

步骤2　填写信用证申请书。

进口企业在申请开证时，首先要填写开证申请书（application for Letter of Credit），由进口商按照开证银行提供的标准格式来填写。开证申请书既是开证申请人对开证行的开证指示，也是开证申请人和开证行之间的一种书面合同，规定了开证申请人和开证行之间的权利与义务。信用证一经开立则独立于合同，因而在开证申请时应审慎查核合同的主要条款，并将其列入申请书中。

步骤3　交纳押金和开证手续费。

按照国际惯例，进口商向银行申请开立信用证，应向银行交付一定比例的押金或其他担保金。押金一般为信用证金额的百分之几到百分之几十，要根据进口商的资信情况而定。此外，银行为进口商开证时，开证申请人还须按规定支付一定比例的开证手续费，通常为

申请金额的1.5‰。

步骤4 银行开立信用证。

开证行在收到进口商的开证申请后，立即对开证申请书的内容及其与合同的关系、开证申请人的资信状况进行审核，在确信可以接受开证人的申请，同时收到开证申请人提交的押金及开证手续费后，即向信用证受益人开出信用证，同时将信用证正本电传给受益人所在地分行或代理行，然后由通知行将信用证传达给受益人。受益人审核信用证与合同相符后，按信用证规定装运货物，备齐单据，开出汇票，在信用证的有效期内送银行议付。议付行按信用证条款审核单据无误后，偿付汇票金额扣除利息，把货款垫付给受益人。议付行将汇票和货物单据寄给开证行索汇。开证行指定的银行审核单据无误后，偿付给议付行。开证行通知开证人付款赎单。然后，进口商备款向开证行赎取单据。

（二）申请开证的注意事项

① 按时开证。如果合同规定了开证日期，进口商应在规定期限内开立信用证；如果合同只规定了装运期的起止日期，则应让受益人在装运期开始前收到信用证；如果合同只规定了最迟装运日期，则应在合理时间内开证。由于信用证的开证时间会影响装运期（有时甚至直接影响出口方的加工生产），出口方只有在收到信用证后才可以放心地安排生产和装运，因此。进口方一定要在规定的装运期前开出信用证，以便出口方有足够的时间安排货物出运。

开证时间不宜太早，也不宜太迟。按照国际惯例，一般应在合同规定的装运期前一个月至一个半月将信用证开给对方。

② 开证前一定要落实进口批准手续及外汇来源。有充足的、可使用的外汇是进口方向银行申请开立信用证的前提。

③ 信用证的内容应该是完整的、自足的。信用证的内容应严格以合同为依据，必须具体列明。有些信用证为了准确地表述合同的内容，在信用证上写明“参阅××合同”。这种做法不科学。因为信用证是一个自足文件，有其自身的完整性和独立性，不应参照或依附于其他契约文件。

④ 合同中有关规定单据化。UCP 600规定：如果信用证载有某些条件，但并未规定须提交与之相符的单据，银行将视这些条件为“未予规定而不予置理”。因此，进口商在申请开证时，应将合同的有关规定转化成单据，而不能照搬照抄。例如，合同以CFR/CIF条件成交，信用证应要求受益人在提交的清洁已装船提单上注明“运费已付”字样等。

⑤ 单据条款要明确。开证时必须列明需要出口人提供的各项单据的种类、份数及签发机构，明确规定各单据表述的内容。

⑥ 信用证中应明确规定是否允许分批装运、转运，是否接受第三者装运单据等条款。否则，根据UCP 600，将被默认为允许分批、允许转运、接受第三者转运单据。

⑦ 一般信用证都应明确表示可撤销或不可撤销。如果无此规定，根据UCP 600应视作不可撤销的信用证。我国基本上使用不可撤销信用证。

⑧ 关于保兑和可转让信用证。我国银行不开具载有TIR偿付条款的信用证，原则上也不开具由国外其他银行或由通知行保兑的保兑信用证，对可转让信用证也持慎重态度。对此，进口商在签订合同时应予注意，以免开证时被动。

⑨ 关于装船前检验证明。由于信用证是单据业务，银行不过问货物品质，所以可在信

用证中要求对方提供双方认可的检验机构出具的装船前检验证明，并明确规定货物的数量和规格。如果受益人所交检验证明的结果与信用证规定不符，银行即可拒绝。

⑩ 关于保护性规定。UCP 600 中的若干规定，均以“除非信用证另有规定”为前提。如果进口商认为 UCP 600 的某些规定将增加其风险，则可利用“另有规定”这一前提，在信用证中列入相应的保护性条件。

⑪ 除非有特殊要求和规定，信用证申请书原则上应以英文开立。

⑫ 开证申请书文字应力求规范、完整、明确，不能使用含糊不清的文字，应避免使用“约”“近似”或类似的词语。这样，一方面可使银行处理信用证或卖方在履行信用证的条款时有所遵循，另一方面也可以此保护自己的权益。

⑬ 银行单证中心的开证人员对开证申请人提交有关文件进行审核，确认资料完整符合规定后，通常按 SWIFT 规定的 MT700 格式将信用证开出。

⑭ 对方要求改证，如果认为没有必要，可以拒绝；如果对方改证要求充分、合理，则可同意改证并按国际银行惯例办理。最常见的修改内容有延展装运期和信用证的有效期、变更装运港口等。

（三）信用证申请书的填制

信用证申请书是开证银行对外开立信用证的基础和依据。因此，在填写申请书时，应与合同条款一致，做到完整、正确、具体、明确。例如，品质、规格、包装、数量、价格、贸易术语、装船期、交货期、装运条件、应提交的单据、付款期限等所有项目应以合同为依据，并在信用证中一一做出规定，才能保证信用内容与进口合同的内容一致，保证进口业务能够顺利进行。

开证申请书一般包括两部分内容。

（1）拟开立信用证的内容

其内容包括：开证申请人与受益人的名称、地址；开证行名称；汇票付款人的名称与付款期限；信用证类型，即明确信用证是即期付款，还是承兑、议付或延期付款；信用证的金额（大小写）和币别；货物基本情况，如名称、规格、数量、包装等；运输条件，如装运港、目的港、装运时间等；所需的单据；信用证的有效期及到期地点等；通知行名址；信用证开证通知方式，要明确指示信用证采用全电、简电或信开方式，以及申请日期；必要的附加指示，如国外银行费用由谁负担、提交单据的期限、以第三者为发货人的运输单据可否接受等；价格条件及原产国；装运条款；开证申请人签章，等等。

这部分内容是开证行打印信用证的依据，应严格根据买卖合同和有关国际惯例的规定填写。

（2）申请人对开证行的声明

其内容包括承认并遵守 UCP 600 的规定；保证向银行支付信用证项下的货款、手续费、利息及其他费用；在申请人付款赎单前，单据及货物所有权属银行所有；该信用证如果因邮电传递发生遗失、延误、差错，中国银行概不负责；开证行收下不符合信用证规定的单据时，申请人有权拒绝赎单，等等。

一般情况下，开证申请书都由开证银行事先印就，以便申请人直接填制。开证申请书通常为一式两联，申请人除填写正面内容外，还须签具背面的开证申请人承诺书。以中国银行开立不可撤销跟单信用证为例，英、中文版开证申请书分别如图 7-10、图 7-11 所示。

不可撤销跟单信用证申请书
APPLICATION FOR IRREVOCABLE DOCUMENTARY CREDIT

TO： Bank of China, Shanghai Brank **Date**

Please establish by □SWIFT □brief cable □airmail an Irrevocable Documentry Credit as follows：

(20) Irrevocable Documentary Credit No.	(31D) Expiry date and place
(50) Applicant: (Full name & detailed address)	(59) Beneficiary: (Full name & detailed address)

(32B) Currency code, amount (In words and figures)
(39A) Quantity and Credit amount tolerance__________%

(41A) Credit available with □any bank □Issuing Bank □Other (pl. Indicate)
By □Negotiation □Acceptance □Sight payment □Deferred payment at

(42C) Draft at ____________________for________% of invoice value
(42A) Draw on __________________________________

(43P) Partial shipment □allowed □not allowed	(43T) Transshipment □allowed □not allowed
(44A) Loading on board from	(44B) For transportation to
(44E) Port of loading	(44F) Port of discharge

(44C) Latest shipment date

(45A) Description of goods or services

Price term：
Packing：

(46A) Documents required: (marked with×)
( ) Signed Commercial Invoice in ______________________________indicating L/C No. and Contract No.
( ) ____________ set of clean on board Ocean Bills of Lading made out to order and blank endorsed marked "freight__________" notifying
□Applicant □Other(pl. Indicate)
( ) Air Waybills showing "freight □to collect □prepaid" indicating freight amount and consigned to
□Applicant □Issuing Bank
( ) Forwarding agent's Cargo Receipt
( ) Insurance Policy/Certificate in________for______ % of the invoice value showing claims payable in China in currency of the draft blank endorsed, covering (□Ocean Marine Transportation □Air Transportation □Over Land Transportation) All Risks, War Risks, including___________ as per______________________________ Clause.
( ) Packing List/Weight Memo in________________indicating quantity/gross and net weights of each package and packing conditions as called for by the L/C.
( ) Certificate of Quantity/Weight in_____________________
( ) Certificate of Quality ___________ issued by □beneficiary □public recognized surveyor □manufacturer.
( ) Certificate of Origin (FORM E) in________________ISSUED BY MALAYSIA CHAMBER OF COMMERCE.
( ) Certificate showing that the goods have not been subjected to any processing in Taiwan issued by custom.
( ) Beneficiary's certified copy of fax/telex dispatched to the applicant within_________ hours after shipment advising
□name of vessel □B/L No. □Flight No. □Wagon No. □Shipping date □contract No. □L/C No., commodity, quantity, weight and value of shipment.

(47A) Additional conditions: (Marked with×)
( ) Documents issued earlier than L/C issuing date are not acceptable.
( ) All documents to be forwarded in one cover, unless otherwise stated.
( ) The remaining_____% of invoice value.
( ) Third party as shipper□is □is not acceptable.

(71B) All banking charges and interest if any outside opening bank are for account of □beneficiary □Other (pl. Indicate)

(48) Documents to be presented within__________days after the date of issuance of the transport document(s) but within the validity of the credit.

Other requirement:

开证申请人（公章或授权印鉴）：
法定代表人或被授权人：
联系人：
电话：

依照国际商会《跟单信用证统一惯例》（2007年修订版）第600号出版物

图 7-10 英文版开证申请书

不可撤销跟单信用证申请书（中文版）
APPLICATION FOR IRREVOCABLE DOCUMENTARY CREDIT

致 中国银行 上海市分行 日期

请通过 □SWIFT □电报（简电） □航空邮件 方式开立如下不可撤销跟单信用证：

（20）不可撤销跟单信用证号码：	（31D）到期日和到期地：
（50）申请人：（全称及详细地址）	（59）受益人：（全称及详细地址）
（32B）开证币种及金额：（大小写） （39A）数量及信用证金额溢短装比例： %	
（41A）信用证由 □任何银行 □开证行 □其他（请指明） □议付 □承兑 □即期付款 □迟期付款，付款日________	
（42C）汇票付款日期（期限）______________，发票金额的________%	
（42A）受票人（付款人）________________	
（43P）分批装运 □允许 □不允许	（43T）转运 □允许 □不允许
（44A）接管地，发送地，接货地	（44B）最终目的地，交货地
（44E）装货港，起飞机场	（44F）卸货港，目的机场
（44C）最迟装船日	
（45A）货物或服务描述 价格条款： 包装：	
（46A）单据条款： （用“×”标记） （ ）经签署的发票________份，发票上标明信用证及合同号码。 （ ）________套清洁已装船提单指示抬头（空白抬头），空白背书标明运费________通知 □申请人 □其他（请注明）。 （ ）空运单据表明“运费待付/已付”及运费金额，收货人为 □开证申请人 □开证行。 （ ）运输行的货物收据 （ ）保险单/保险证明________份，涵盖________%发票金额并以汇票币种注明索赔在中国支付，空白背书，覆盖 □海运运输 □空运 □全程，承保一切险、战争险，包括________根据________条款。 （ ）装箱单、质量单________份，标明信用证要求的数量/每个包装的毛重和净重以及包装条件。 （ ）数量、质量检验证明________份。 （ ）质量检验证明________份，由 □受益人 □公共认可的检验商 □制造商 出具。 （ ）由马来西亚商会签署的原产地证书FORM E________。 （ ）一份由海关签署的，没有一道工序在中国台湾加工的证明。 （ ）受益人应在装运后________小时内以证明的形式传真/电传通知申请人 □船名 □提单号 □航班号 □货车号 □装运日 □合同号 □信用证号 □商品数量 □质量 □货物价值	
（47A）附加条款：（用“×”标记） （ ）信用证开证日前签发的单据不可接受。 （ ）除非另有规定，所有单据应一次寄出。 （ ）剩余________%发票金额________。 （ ）第三方单据 □接受 □不接受。	
（71B）所有开证行以外的银行费用和利息由 □受益人 □其他（请注明）承担	
（48）单据应在运输单据签发后________日内且本信用证有效期内提交。	
其他须说明事项：	

开证申请人（公章或授权印鉴）：
法定代表人或被授权人：
联系人：
电话：

依照国际商会《跟单信用证统一惯例》（2007年修订版）第600号出版物

注：本不可撤销跟单信用证申请书（中文版）仅做银行内部参考使用，客户不必填写。

图7-11 中文版开证申请书

进口开证申请书的填制如下。

① date（申请开证日期）。在申请书右上角填写实际申请日期。

② to（致）。银行印制的申请书上事先都会印就开证银行的名称、地址，银行的 SWIFT Code、Telex No.等也可同时显示。

③ please issue on our behalf and/or for our account the following Irrevoable Letter of Credit（请开列以下不可撤销信用证）。如果信用证是保兑或可转让的，应在此加注有关字样。开证方式多为电开（by telex），也可以是信开、快递或简电开立。

④ L/C number（信用证号码）。此栏由银行填写。

⑤ applicant（申请人）。填写申请人的全称及详细地址，有的要求注明联系电话、传真号码等。

⑥ beneficiary（受益人）。填写受益人的全称及详细地址。

⑦ advising bank（通知行）。由开证行填写。

⑧ amount（信用证金额）。分别用数字和文字两种形式表示，并且表明币制。如果允许有一定比率的上下浮动，要在信用证中明确表示出来。

⑨ expiry date and place（到期日期和地点）。填写信用证的有效期及到期地点。

⑩ partial shipment（分批装运）、transshipment（转运）。根据合同的实际规定画“×”进行选择。

⑪ loading on board from、for transportation to、latest date of shipment（装运地/港、目的地/港、最迟装运日期）。按实际情况填写，如果允许有转运地/港，也应清楚标明。

⑫ credit available with/by（付款方式）。在所提供的即期、承兑、议付和延期付款 4 种信用证有效兑付方式中选择与合同要求一致的类型。

⑬ beneficiary's draft（汇票要求）。金额应根据合同规定填写为发票金额的一定百分比或发票金额的 100%（全部货款都用信用证支付）。如果部分用信用证支付，部分用托收时按信用证支付的金额比例填写。付款期限可根据实际填写即期或远期，如属后者必须填写具体的天数。信用证条件下的付款人通常是开证行，也可能是开证行指定的另外一家银行。

⑭ documents required（单据条款）。各银行提供的申请书中已印就的单据条款通常为十几条，从上至下一般为：发票、运输单据（提单、空运单、铁路运输单据及运输备忘录等）、保险单、装箱单、品质证书、装运通知、受益人证明等，最后一条是 other documents, if any（其他单据）。如果要求提交超过上述所列范围的单据，可以在此栏填写，如有的合同要求 certificate of no solid wood packing material（无实木包装材料证明）、certificate of free sale（自由销售证明书）、certificate of conformity（合格证明书）等。申请人填制这部分内容时应依据合同规定，不能随意增加或减少。选中某单据后对该单据的具体要求（如一式几份、要否签名、正副本的份数、单据中应标明的内容等）也应如实填写。如果申请书印制好的要求不完整，则应在其后予以补足。

⑮ description of goods or services（货物或服务描述）。所有内容（品名、规格、包装、单价、唛码）都必须与合同内容相一致，价格条款里附带 as per incoterms 2000、数量条款中规定 more or less 或 about、使用某种特定包装物等特殊要求必须清楚列明。

⑯ additional conditions（附加条款）。该栏通常体现为以下一些印就的条款。

- All documents must indicate contract number（所有单据加列合同号码）.

- All banking charges outside the opening bank are for beneficiary's account（所有开证行以外的银行费用由受益人承担）.
- Both quantity and amount for each item % more or less allowed（每项数量与金额允许%增减）.
- Third party as shipper is not acceptable（第三方作为托运人是不能接受的）.
- Documents must be presented within ××× days after the date of issuance of the transport documents but within the validity of this credit（单据必须在提单日后××天送达银行并且不超过信用证有效期）.
- Short form/blank back/claused/charter party B/L is unacceptable（银行不接受略式/不清洁/租船提单）.
- All docments to be forwarded in one cover, unless otherwise stated above（除非有相反规定，所有单据应一次提交）.
- Prepaid freight drawn in excess of L/C amount is acceptable against presentation of original charges voucher issued by shipping Co./Air Line or ITS agent（银行接受凭船公司/航空公司或其代理人签发的正本运费收据索要超过信用证金额的预付运费）.
- Document issued prior to the date of issuance of credit not acceptable（不接受早于开证日出具的单据）.

如果需要已印就的上述条款，可在条款前画“×”，对合同涉及但未印就的条款还可以做补充填写。

⑰ name, signature of authorised person, Tel No., Fax, account No.（授权人名称、签名、电话、传真、账号等内容）。

（四）修改信用证

信用证开出后，如果发现内容与开证申请书不符，或者是由于其他原因需要对信用证进行修改，则开证申请人要向银行提交修改申请书。开证行经审查，如果同意修改，就会缮制信用证修改书，并将其由原通知行通知出口方，以征得出口方的同意。如果出口方同意，该修改即可为信用证的一部分；如果不同意（或在没有特别约定的情况下，未做表示），则仍按原信用证条款执行。

1．信用证修改的原因

信用证修改的原因有两个：一是受益人的原因，凡是发现有不符合买卖合同或不利于出口商安全收汇的内容，就应立即要求进口商向原开证行申请修改信用证；另一个是开证申请人的原因，因为情况的变化迫使开证申请人认为有必要修改信用证条款。

（1）受益人通知开证申请人修改信用证

改证函电是指受益人致信给开证申请人要求其通过开证银行对信用证进行修改的信函，主要表述3个方面的内容：首先，感谢对方及时开来了信用证；其次，逐项列明信用证中的不符点，并告知对方如何修改；最后，希望能早日收到信用证修改书，以便能按时发货。

例 7-1 改证函文句。

We are pleased to have received your L/C No.×× against S/C No.

××for table cloth.

However, we find that the L/C stipulates for the invoice to be certified by your consul, which is unacceptable to us as there is no consul of your country here.

It is our usual practice to have our invoice certified by the China Council for the Promotion of International Trade and this has universally been accepted by our clients abroad. We hope you will agree to it as well.

You are, therefore, requested to contact your bank to delete this clause immediately upon receipt of this letter, or you may replace it by inserting the clause to read "Invoice in triplicate to be certified by the China Council for the Promotion of International Trade".

If your amendment could reach us by the end of this month, we would effect shipment in the first half of next month.

We thank you in advance for your cooperation.

（2）开证申请人向开证银行提出修改申请

从要求修改者的角度划分，信用证修改通常在以下几种情况下发生。

① 出口商（受益人）要求修改。这是由于信用证内容与合同不符或信用证中某些条款受益人无法办到。例如，来证规定货物不允许转运，但实际并无直航船只抵达目的地，也可能是货源或船期等出现问题，要求展期。

② 进口商（开证申请人）要求修改。一种情况是由于市场或销售情况发生变化。例如，需要提前或推后发货，以便增加或减少货物，或者是数量或品种，改变信用证单价、金额等。另一种情况是进口国某些情况发生变化或国际政治、经济形势变化，使信用证必须修改才能进口有关货物。例如，进口国政策改变，规定进口某些货物必须具备某特定单据等；当战争爆发时，进口商要求增保战争险或改变航运路线等。

③ 开证行工作疏漏。开证行在打字或传递上造成的错误使信用证必须修改。

2. 改证的原则

按照国际惯例，修改信用证有以下几条原则。

① 信用证的修改必须经开证行、保兑行（如已保兑）、受益人的同意。不经开证行、保兑行（如已保兑）、受益人各方的同意，开证人对信用证的部分修改内容是无效的。

② 如果银行利用另一家银行的服务将信用证通知受益人，则它必须利用同一家银行的服务通知修改。

③ 开证行自发出修改书之时，即对修改书负有不可撤销的义务。保兑行可将其保兑扩大至修改书，并自收到修改书之时起负有不可撤销的义务。但是，保兑行也可以选择不扩大保兑，并将修改书通知受益人。如果保兑行这样做，则它必须将此情况通知开证行和受益人。

④ 原信用证（或含有先前被接受修改的信用证）的条款，在受益人告知通知修改的银行接受修改之前，仍对受益人具有约束力。通知行可向受益人约定，在一定期限内不拒绝即为接受。

3．修改信用证的注意事项

在改证中应注意以下几点。

① 发现同一张信用证中有多处需要修改的地方，应尽量做到一次性提出，以节约时间与费用。每次修改开证申请人（进口商）都要向开证行交纳一定的手续费，受益人也要向通知行交纳一定的修改通知费，一般一处不符点的修改费为50美元。它不仅增加了双方的手续和费用，而且多次修改对外影响不好，还会延误装运期，影响及时履约。

② 在不可撤销信用证下，任何一方对信用证的修改，都必须征得各当事人的同意，尤其是进出口双方的同意，方能生效。

③ 信用证的修改一律按原信用证的寄递途径进行。如果出口商提出修改，则应先与进口商进行交涉，由进口商向开证行申请修改，再由开证行通过通知行将修改通知书转递给出口商；如果修改由进口商提出，则应由进口商向开证行申请修改，并请开证行通过通知行将修改告知受益人。通过进口商直接寄送的修改申请书或修改书复印件无效。

④ 受益人对于开证行根据客户申请发出的修改通知的内容，也仍然要认真地进行审核，一旦发现修改后的内容仍不能接受时，应及时向进口商声明表示拒绝，并再次提请修改。

⑤ 根据UCP 600的规定，“对同一修改通知中的修改内容不允许部分接受，因而对修改内容的部分接受当属无效”。国外开证行发来的修改通知中如果包括两项或两项以上的内容，则受益人对此通知要么全部接受，要么全部拒绝，不能只接受其中一部分而拒绝另一部分。

⑥ 明确修改费用由谁承担。一般按照责任归属来确定修改费用由谁承担。

⑦ 对信用证修改内容的接受或拒绝有两种表示形式：受益人做出接受或拒绝该信用证修改的通知；受益人以行动按照信用证的内容办事。

课堂思考

我某公司与非洲A商成交出口货物一批，规定9月份装运。客户按期开来信用证，但计价货币与合同规定不符，加上我方货未备妥，直到11月对方来电催装时，才向对方提出按合同货币改证并要求延展装船有效期。次日A商复电：证已改妥。我方据此发运货物，但信用证修改书始终未到。单到开证行时被以“证已过期”为由拒付。我方为收回货款，避免在目的港的仓储费用的支出，接受了A商提出的D/P、T/R提货的要求。终因A商未能如约付款而使我方遭受重大损失。请分析此案中我方有何失误。

课堂思考

A公司与B公司订立了一份国际货物销售合同，由A公司向B公司销售一批计算机显示屏，双方约定以信用证方式付款。合同订立后，B公司依约申请银行开出即期不可撤销信用证。A公司收到信用证后，便开始准备货源、安排装运及制作单据。此时，因国内用户要求B公司提供原产地证书，B公司便向开证行提出修改信用证的申请，

要求在信用证的“单据”栏增加原产地证书这一单据。银行接受 B公司的申请，修改了信用证，并通知 A公司信用证修改事宜，A公司接到通知后未做出接受或拒绝修改的通知，并仍按原信用证的规定向银行提交了单据。银行审单后，认为单证相符，便向 A公司支付了信用证项下的货款。此后，B公司以单据中缺少原产地证书，单证不符为由，拒绝向银行付款赎单。试问：银行接受 A公司提交的单据并支付款项的行为是否正确？为什么？

二、进口货物运输和保险

（一）租船订舱

履行 FOB 交货条件下的进口合同，应由进口商负责派船到对方口岸接运货物。例如，在有的合同中规定，出口商在交货前一定时间内，应将预计装运日期通知进口商。进口商在接到上述通知后，应及时向运输公司办理租船订舱手续，在办妥租船订舱手续后，应按规定的期限将船名及船期及时通知对方，以便对方备货装船。

为了防止船货脱节和出现船等货的情况，买方安排好运输后，还应做好催装工作，随时掌握卖方的备货情况和船舶动态，催促卖方做好装船准备工作。对于数量大或重要的进口货物，必要时可请我国驻外机构就地协助了解和督促对方履约。

1．进口货物租船订舱的程序

目前，我国大部分进口货物是委托中国对外贸易运输公司、中国租船公司或其他运输代理机构代办运输的，也有直接向中国远洋运输公司或其他国际货运的实际承运人办理托运手续的。如果是委托中国对外贸易运输公司办理，其一般程序如下。

步骤 1　进口商在接到出口商货物已备妥的通知后或在交货期前的合理时间内填写进口租船订舱联系单。

步骤 2　将此联系单连同合同副本送交外运公司，委托其安排船只或舱位。在实际业务中，除了进口大宗商品需要租用整船装运外，大多数情况下都是预订班轮舱位装运。在订舱业务中，一般填写进口订舱联系单。

租船订舱工作应按合同规定及时办理，大宗货物一般应在交货期前 45 天向运输机构提出，零星货物应在交货期前 30 天提出，以便运输机构有足够时间落实舱位。

在办妥租船订舱手续后，应按规定的期限将船名、船期及时通知对方，以便对方备货装船。派船通知中一般包括船名、船籍、船舶吃水深度、装载质量、到达港口、预计到达日期，以及其他需要说明的问题。这些信息对出口商及时做好交付准备很有帮助。

2．租船订舱时应注意的问题

进口公司在租船订舱时应注意的问题可分为以下两种情况。

① 班轮订舱时应注意的问题。磋商班轮舱位时，注意与信用证装船日期衔接，保证按时在装运港接运货物；应在订舱前查明班轮费率表有无附加费、有无折让回扣、其计价标准是尺码吨还是质量吨；班轮运输装卸费条件有多种，应注意与进口合同中的费用负担条件相衔接；应了解所订班轮是否直达目的港、停靠港口多少、中途是否转船等。

② 租用整船时应注意的问题。注意运输市场的行情状况；必须了解装卸港口的情况；应根据实际情况选择船型，以保证货物安全运输和尽可能节约费用；应了解各航线港口的习惯、运输契约的格式。在办妥租船订舱手续后，应按规定的期限将船名和船期及时通知对方，运便对方备货装船。同时，为了防止船货脱节和船等货物的情况，应注意催促卖方按时装运，特别是大宗货物的发运，可以委托驻外机构或派人前往出口地检查监督，促使对方按时、按质和按量履行交货义务，防止船货脱节。

在装运过程中，进口商需要与船公司和出口商随时保持联系，以掌握装船的进度。当货物完成装货时，进口商可以及时向保险公司投保，因为有时会发生出口商在货物上船以后没有及时发装运通知而造成货物漏保或迟保的现象。

（二）进口投保

按 FOB、FCA、CFR、CPT 贸易术语成交签订的进口合同，货运保险由进口商办理。进口商可凭出口商发出的装运通知向保险公司办理保险手续，交纳保险费。

1．进口运输保险的两种做法

进口商向保险公司办理进口运输保险时，一般有以下两种做法。

（1）预约保险

为了简化投保手续，防止漏保，进口商一般与保险公司订有长期预约保险合同。预约保险的具体做法是：进口商作为被保险人，与中国人民保险公司签订海运、空运、陆运和邮运货物等的预约保险合同，简称预保合同（open policy），作为办理预约保险的依据。在预约保险合同中，双方对进口商品应投保的险别、保费率、保险条款和保险支付方式都做了具体的规定。只要属于承保范围内的商品，国外出口商一经装船，向我方发出装船通知，我方根据装船通知填写进口货物装船通知，提供给保险公司，则预约保险合同立即生效。但是，被保险人应按规定根据出口商发来的装运通知，编制进口货物装船通知，将每批起运货物的品名、价值、包装、数量、起讫港口、运输工具、起运日期等情况提供给保险公司，作为投保的凭证。保险人承担的最高保险责任已在预约保险合同中做了具体规定，如果承运货物超过此限额，则被保险人应于货物装船前以书面方式通知保险人；否则，仍按原定限额作为最高赔付金额。

我国进口货物大多采用预约保险的办法，各专业进出口商或其收货代理人与保险公司事先签有保险合同。签订合同后，保险公司负有自动承保的责任。

（2）逐笔投保

没有签订预约保险合同的公司，如果自办货物的运输保险手续，只能采用逐笔投保的方法。这种方法适用于进口业务不太多的情况。在这种情况下，买方在接到卖方发来的装船通知后，直接向保险公司提出投保申请，尽快填写进口货物国际运输预约保险起运通知书交保险公司，保险公司如果同意承保，即在此项通知书上签章，待买方交付保险费后，保险公司出具保险单，保险单随即生效。否则，保险公司将不承担货物于投保之前在运输途中发生的损失。保险险别应根据商品特性、航程情况、季节变化，以及其他因素加以选择。

2．办理进口保险的注意事项

（1）运输与投保的协调

在 FOB 和 FCA 贸易术语下，运输和保险都由进口商办理，运输和保险的手续比较好

协调。但在 CFR、CPT 贸易术语下，由出口商负责安排运输，进口商负责投保，在逐笔投保的情况下，进口商应注意投保时间和货物运输的协调，保证保险合同在货物的风险转移至进口商之前生效。

（2）保险费率的制定

进口货物保险费率的制定分进口货物保险费率和特约费率两种。特约费率主要适用于预约保险合同项下进口货物的优惠费率。

（3）保险责任起讫期限

中国人民保险公司对海运进口货物保险的责任期限自货物在国外装运港装上海轮起生效，至卸货港转运单据上载明的国内目的地收货人仓库为止。但是，保险货物在卸离海轮后，保险人对货物在港口的保险责任以 60 天为限，如货物不能在此期限内转运，被保险人应向当地保险公司申请延期，最长期限为 60 天。而对矿砂、煤炭、谷物、肥料等散装货，其保险责任均至卸货港口仓库或场地为止，不实行国内转运期间保险责任的扩展。

三、进口付汇操作

对外付汇与出口收汇同样存在着风险，一方面是国外的出口商提交的货物是否与合同规定相符；另一方面是国内进口企业对外付汇环节也存在商业风险、汇率风险和金融风险。这就要求外贸业务员对国际贸易的付款方式、国家的监管规则和海关的通关程序，以及国际贸易惯例非常熟悉和了解。

（一）进口付汇方式

进口付汇有汇付、托收、信用证 3 种支付方式。在我国，进口付汇主要采用信用证的方式，近年来也较多采用汇付方式中的电汇付款，而托收方式较少采用。采用电汇付款的方式有预付货款（payment in advance）和货到付款（payment after arrival of the goods）。因为预付货款对进口商风险较大，而货到付款对出口商风险较大，所以近年来就产生了一种较为折中的付款方式——装运后见提单传真件电汇付款，并渐趋流行。

1. 汇付项下的电汇付款

汇付主要有信汇（Mail Transfer，M/T）、电汇（Telegraphic Transfer，T/T）、票汇（remittance by banker's Demand Draft，D/D）3 种方式。其中，电汇是目前最经常使用的。现主要介绍电汇付款操作。

（1）电汇付款方式下预付货款的业务操作

进口商办理预付货款项下购付汇时，凭进口合同和形式发票等相关单证直接到外汇指定银行办理。

其业务操作流程如下。

步骤 1　进口商在进口合同规定的期限内填写境外汇款申请书，向银行（汇出行）申请电汇。

步骤 2　汇出行按照进口商的要求，通过 SWIFT 方式把资金汇发给汇入行。

步骤 3　汇入行对出口商付款。

步骤 4　出口商收到货款后，办理出运手续，货物装运出口。

步骤 5　出口商装运后，从货代或船公司取得提单。

步骤 6　出口商把提单直寄进口商，或者要求船公司或货代电放提单给进口商。

步骤 7　进口商凭提单或电放提单换取提货单，办理通关和提货手续。

（2）电汇付款方式下货到付款的业务操作

其业务操作流程如下。

步骤 1　出口商在合同规定的装期内装运货物。

步骤 2　出口商从船公司或货代取得提单。

步骤 3　出口商把提单直寄进口商，或者要求船公司或货代电放提单给进口商。

步骤 4　进口商凭提单、电放提单或电放保函换取提货单，然后向船公司或货代提货。

步骤 5　进口商填写境外汇款申请书，向银行申请电汇。

步骤 6　汇出行按进口商的指示，用 SWIFT 方式把货款汇划给出口国的汇入行。

步骤 7　汇入行将货款解付给出口商。

（3）装运后见提单传真件电汇付款的业务操作

其业务操作流程如下。

步骤 1　出口商在合同规定的装期内装运货物。

步骤 2　出口商装船后取得提单。

步骤 3　出口商将提单通过传真或电子邮件的方式发送给进口商。

步骤 4　进口商填写境外汇款申请书，向汇出行申请电汇。

步骤 5　汇出行按进口商指示，通过 SWIFT 方式把资金汇划给汇入行。

步骤 6　汇入行向出口商解付。

步骤 7　出口商把提单直寄进口商，或者要求船公司或货代电放提单给进口商。

步骤 8　进口商凭提单、电放提单或电放保函换取提货单，然后向船公司或货代提货。

2．托收项下的进口付款

托收和汇付这两种方式都属于商业信用方式，风险较大。托收又分为付款交单（D/P）和承兑交单（D/A）两种。付款交单又分为即期付款交单和远期付款交单两种。

（1）付款交单的做法

出口商装船后，将全套装运单据通过出口国当地银行（托收行）寄交进口国当地银行——一般是进口国的代收行。由代收行向进口商提示，进口商审核单据无误未付清货款的前提下，代收行将单据交给进口商。对于远期付款交单，进口商先在出口商开具的远期汇票上承兑，待付款期限到时付款后交单。

（2）托收项下进口商的业务操作

根据《托收统一规则》（URC522），托收业务中托收行、代收行都没有义务负责审单，也没有义务处理货物。对于单到代收行，进口商是否付款赎单与银行无关。银行也不承担付款的责任，只是负责传递单据。因此，进口商在付款赎单前要认真地审核单据是否符合合同的规定，最终决定是对外付款或承兑，还是拒付。

审单的主要内容为：发票、运输单据上对货物的描述是否与合同的规定一致，出口商

的交单是否包含了合同所要求的全部单据，以便清关和提货。另外，还要判断提单、检验证书、保险单、原产地证书等单据的真伪；可以委托银行进行船情调查，或者向船公司进口国所在地的船代或货代咨询船只的情况。

（3）进口商所需提供的文件

进口商如果同意付款，应在代收行的进口代收来单确定书上明确表示同意付款或承兑，并加盖全套财务专用章或其他规定的印鉴，填写对外付款承兑通知书，且加盖在银行预留的印鉴。同时，还要提交进口合同，如果属代理进口，则还须提交代理协议及其他要求的文件，如买汇申请书、进口付汇备案表、进口许可证、进口证明等。

如果进口商审单后决定拒付，则要在进口代收来单确认书上说明拒付或拒绝承兑的理由，并加盖在银行预留的印鉴。在银行规定的时间内将确认书交回银行，以便代收行能根据托收委托书的指示以便捷的方式通知托收行。如果托收行指示退单，代收行即将全套正本单据退回托收行，并收取银行费用。

如果代收行把付款人的拒付/拒绝承兑的事实通知托收行后，60天仍未得到托收行处理单据的指示，那么代收行可以自行退单到托收行；如果托收行授权可以无偿交单，那么代收行在收取银行费用后，向进口商放单；如果进口商提出部分拒付，那么代收行在取得托收行同意后，办理付款手续。

（4）付款赎单

进口商在办妥付款手续后，如果用自有外汇支付，代收行从其外汇账户中划款支付；如果用银行贷款支付，由银行的信贷部门提供资金支付，需要向银行购汇的，进口商须将足额人民币购汇资金划至银行之后，从银行取得全套进口货物单据清关提货。

远期付款交单与即期付款交单不同的是，进口商在审单无误后，在远期汇票上承兑，代收行在到期日向进口商提示付款，进口商付款后取得全套单据。

对于承兑交单，进口商在代收行提供的进口代收来单确认书上表明同意承兑，加盖全套财务专用章或是约定的印鉴，并在远期汇票上承兑，即可向代收行获取全套单据。

3. 信用证项下的进口付汇

国外出口商装运后，将汇票及全套单据交开证行或者付款行或其他指定银行要求付款，付款银行必须合理地谨慎审核信用证项下的单据，与信用证的规定是否相符。如果单据与信用证表面相符，开证行或付款行就必须按信用证的规定，即期信用证见票即付，远期信用证先行承兑，待到期后付款；如果单据与信用证不相符，开证行可与进口商联系，询问进口商是否接受不符点单据，如果进口商接受，可指示银行对外付款，如果进口商不接受，也可指示银行对外提出异议，或者由国外银行提供书面担保后付款，还可改为货到经检验认可后付款。

开证行在对外付款的同时，即通知进口商向开证行付款赎单。

（二）审单

进口货物单据的审核是进口合同履行过程中的一个重要环节。货物单据不仅是凭以付款的依据，也是用于核对出口商所提供货物是否与合同相符的凭证。因此，做好进口货物单据审核工作非常重要。在进口业务中，如果采用托收或汇付方式，则由进口商负责对货物单据进行全面审核；如果采用信用证支付方式，则由开证银行和进口商共同对货物单据进行审核。通常开证银行进行初审，进口商进行复审。在单据符合信用证和合同规定的条件下，开证银行履行付款责任。

1. 审单的程序及内容

在信用证支付方式下，卖方在货物装运后，将汇票和全套货运单据经国外银行提交开证行、保兑行（如有）或其他被指定的银行。开证行接到国外议付行寄来的单据，应根据信用证规定的条款全面、逐项地审核单证之间、单单之间是否相符。

审单的内容主要包括：单据种类是否齐全；单据名称、份数、内容等与信用证是否一致；各单据之间是否存在矛盾；各种单据签发的日期之间是否存在矛盾（如装运期是否早于货物检验日期等），以及汇票、发票与索偿通知书所列金额是否正确，等等。在由进口商审核单据时，必要时可根据提单委托代理人进行船情调查或船舶航行情况调查来确认货物装运的真实情况，然后付款。这样可以降低进口商的风险，防止欺诈。

开证行审核无误后，凭议付行的寄单索偿通知填制进口单据发送清单，附上全部单据送进口商签收，经进口商全面审核无误，在5个工作日内办理付款。进口商将索偿通知书、汇票及一份清单，连同信用证留底，归入待办卷内，以待办理对外付款。

对于审单付款的问题，银行和贸易双方都应当在思想上明确：如果按正常做法，审核进口单据应当是开证银行的职责，开证行在审核单据无误以后，应当直接对外办理付款，不必事先征得开证申请人的同意，我国开证行在接到国外寄来单据以后，未经详细审核就先交开证申请人审核，这是一种变通的做法，属于暂借单据的性质。之所以采用这种做法，主要是为了简化手续。因为开证行如果审核单据以后转交申请人，申请人仍须审一遍，况且开证申请人对货物规格等较开证行熟悉，申请人又都是国内企业，所以才把这两道手续合二为一。正因为如此，申请人接到单据在办理对外付款之前，要对单据妥善保管，以便在单证不符要拒付时可对外退单。

2. 处理单据不符点的方法

处理的方法主要有：在实际业务中，如果开证行一时不能确定不符点的处理方案，可与进口商联系，征求其意见，看进口商是否同意接受这些单据表面不符合信用证条款的内容或做出其他的变通处理。一般来说，处理不符点的方法有以下几种。

① 拒绝接受单据并拒付全部货款。如果出现单据不全或种类有误、货款金额有严重偏差、提单不清洁或单据中的重要项目内容不符规定等性质相当严重的不符点时，考虑到将对己方利益产生实质性的损害，应采取拒收单据、拒付全部货款的办法。

② 部分付款，部分拒付。这种处理方法主要适用于出口商虽然在提供的单据中含有不符点，但性质不十分严重的情况。采用这种处理方式，应向对方说明理由，如果对方能够更改并最终符合规定的要求，进口商应考虑支付剩余货款。

③ 货到经检验后付款。如果审单过程中发现非实质性不符点，而涉及的进口货物属于国内建设或生产中急需产品时，可采用此办法。如果到货后经检验认为货物与合同规定完全相符，出现的不符点属于制单疏忽所致，进口商可接受单据，考虑支付全部货款。否则，可视具体情况予以拒付或扣款处理。

④ 凭国外议付行书面担保后付款，保留追索权。如果不符点性质一般，对买方利益不

会造成明显损害，则买方可同意在议付行出具担保后先行付款。如果收到货后发现与规定不符，则可以把已付的货款追回。

⑤ 更正单据后付款。如果审单中发现不符点确属操作错误，而且时间和其他条件都具备，出口商要求更改单据，进口商可以接受。在这种情况下，应在收到更正的且符合规定要求的单据后，再行对外办理付款手续。

应当指出，单证不符、单单不符是在信用证支付条件下，进口商拒付货款的唯一理由，在此阶段不应涉及货物。拒收单据和拒付货款，均须以开证行的名义办理，而不能以开证申请人的名义出现。

根据 UCP 600 的规定，如果开证行或者保兑行或其他被指定银行决定拒绝接受单据，则必须在收到单据次日起 5 个银行工作日内，以电信方式或者其他快递方式通知寄单银行或受益人（如单据直接由受益人向银行提交），并说明银行据以拒收单据的所有不符点，还需征询受益人的意见，说明单据是否保留在银行等待交单人处理或退回交单人。在对方尚未答复之前，由开证行代议付行保存全部单据，归存拒付案卷单独保管，等待处理。如果是电拒付，所发生的电报或电传费用于付款时扣收或另函收取。

（三）承兑或付款

进口商收到开证行转来的单据经核验无误后，向开证行办理付款或承兑手续。银行应立即根据信用证规定，并结合国外议付行索汇通知书的要求对外办理付款或承兑。如果信用证规定为即期付款，则应对外办理付款手续；如果为远期付款，则应办理承兑手续，确定付款到期日，发出承兑通知书，于到期日付款转账。对于总的付款或承兑时间，应掌握在银行接到单据后 5 个工作日内对外办理。

银行收到进口商交来加章后确认付款的发送清单，对照证号从待付款卷内调出原进口单据发送清单、索偿证明书及信用证留底，经核查证明手续齐备、内容正确、本币与外币折算无误，在信用证留底背批付汇日期、金额、余额及有关事宜后办理付款手续。

为了做到在合理的时间内对外办理或承兑，银行应建立检查制度，即每日检查待付款卷内的到期付款或承兑情况。如果有到期应付而未付或未承兑，应及时办理手续对外付款或承兑；如果因申请人迟付而引起国外议付行索赔，迟付利息应由申请人负担，如果属银行责任则应由银行负担。

（四）进口付汇的程序

近年来由于国际金融风险加剧和欺诈案例频繁发生，作为一个外汇管制较严的国家，我国政府对外贸企业的进口付汇实行较为严格的监管，采用进口付汇备案制。对有关付汇的程序，外贸业务员必须掌握，以免给外贸企业带来不必要的损失。

步骤 1　向外汇管理局申请列入对外付汇进口单位名录。

① 进口企业需要向注册所在地的外汇管理局申请列入对外付汇进口单位名录，只有列入名录的单位才具有对外付汇的资格，不在名录内的进口企业不得直接到外汇指定银行办理进口付汇。经外汇管理局批准后，外汇管理局在中国电子口岸系统预输入，并向银行公布对外付汇进口单位名录。

② 申请列入对外付汇进口单位名录（以下简称名录）需要提供的材料有：商务部（厅、

局）的进出口经营权的批件；工商管理部门颁发的营业执照；外汇登记证（外商投资企业）。

对于已经国家外汇管理局分支局（以下简称外汇局）核准开立经常项目外汇账户的企业，在申请办理名录时，无须再次提供进出口经营权备案登记表、工商营业执照等资料，可直接凭经常项目外汇业务核准件企业留存联（第三联）和进口单位名录登记申请书办理。

进口企业如果被列入由外汇管理局审核真实性的进口单位名单，在付汇时须提交由外汇管理局签发的进口付汇备案表。

步骤2 进口企业对外付款。

① 用跟单信用证/保函方式结算的贸易进口，如果须在开证时购汇，可持进口合同、开证申请书办理；如果须在付汇时购汇，还应提供信用证结算方式要求的有效商业单据。

② 用跟单托收方式结算的贸易进口，持进口合同、进口付汇通知书和跟单托收结算方式要求的有效商业单据办理。

③ 用汇款方式结算的贸易进口，持进口合同、发票、正本进口货物报关单、正本运输单据办理。如果提单上的提货人和报关单上的经营单位与进口合同中列明的买方名称不一致，还应当提供两者之间的代理协议。

④ 进口项下不超过合同总金额的15%或虽超过15%但未超过等值10万美元的预付货款，持进口合同办理。

上述4项进口业务中，如果是实行进口配额管理或特定产品进口管理的货物，还应提供有关部门签发的许可证或进口证明；进口实行自动登记制的货物，还应提供填好的登记表格。

资料卡

信用证注销

信用证无论是否发生对外支付，均应在超过有效期3个月后注销。如果信用证未超过有效期或在超过有效期不到3个月的情况下，经有关各方当事人同意，且通知行已确认受益人同意撤证并已确认收回信用证正本，该信用证可予以撤销并收取有关费用。在信用证执行完毕或信用证注销、撤销后，银行应将保证金退还开证申请人，并在开证登记簿上做好相应的记录。对于采用授信开证的，应通知有关部门恢复其授信额度。

四、进口接货、报检和报关操作

（一）接货及监卸

进口商通常委托货代公司办理接货业务，可在合同和信用证中指定接货代理。出口商在填写提单时，在被通知人栏内应填上被指定的货代公司的名称和地址。

船只抵港后，船方按提单上的地址，将准备卸货通知（notice of readiness to discharge）寄交接货代理，接货代理应负责现场监卸。如果未在合同或信用证中明示接货代理，则也可由进口商在收到船方寄来的准备卸货通知后自行监卸。但大多数情况下，仍可委托货代

公司作为收货人的代表现场监卸。

监卸时如果发现货损货差，则应会同船方和港务当局填制货损货差报告。

（二）进口报检

卸货后，货物可在港口申请报检，也可在用货单位所在地报检。但下述情况之一的，应在卸货港口向商检机构报检：属于法定检验的货物；合同规定应在卸货港检验；发现货损货差情况。

《联合国国际货物销售合同公约》规定，卖方交货后，在买方有一个合理的机会对货物加以检验以前，不能认为买方已接受了货物。如果买方经检验，发现卖方所交货物与合同不符，买方有权要求损害赔偿，甚至拒收货物。因此，买方收到货物后，应在合同规定的索赔期限内对货物进行检验。

1．入境货物检验检疫程序

入境货物检验检疫的工作程序一般是：报检后先放行通关，然后进行检验检疫。入境货物检验检疫的报检方式可分为两种，即进境一般报检和进境流向报检。

（1）进境一般报检

① 在法定检验检疫货物入境前或入境时，报检人（可以是货主或其代理人）应先向卸货口岸或到达站的检验检疫机构报检。报检时，应填写入境货物报检单，并提供外贸合同、发票、提运单、装箱单等有关证单。

② 检验检疫机构按有关规定审核报检人员提供的资料，符合要求的，受理报检并计收费。

③ 对来自疫区、可能带有传染病、动植物疫情及可能夹带有害物质的入境货物的交通工具或运输包装实施必要的检疫、消毒、卫生处理，然后签发入境货物检验检疫证明，以便报检人办理通关手续。

④ 货物通关后，报检人应及时主动与检验检疫机构联系落实施检工作事宜，未经检验检疫的，不准销售、使用。

⑤ 检验检疫合格的，签发入境货物检验检疫证明，准予销售、使用；不合格的，签发检验检疫处理通知书，货主或其代理人应在检验检疫机构的监督下进行处理；无法进行处理或处理后仍不合格的，做退运或销毁处理；需要对外索赔的，检验检疫机构可以签发检验检疫证书。

（2）进境流向报检

进境流向报检也称口岸清关转异地进行检验检疫的报检，是指对于通关地和目的地不同的进口货物，可在口岸办理报检手续，获取入境货物通关单并通关后，由进境口岸检验检疫机构对运输工具和外包装进行必要的检疫处理。货物调往目的地后，该批货物的货主或其代理人，在规定的时间内向目的地检验检疫机构申请进行检验检疫的报检，然后由目的地检验检疫机构对整批货物进行检验检疫监管，并提供口岸检验检疫机构签发的入境货物调离通知单。只有符合有关要求及信用证、合同的规定，货物才能获得相应的准许进口货物销售使用的合法凭证，这样才完成了进境货物的检验检疫工作。

2. 报检的时限和地点

（1）报检的时限

① 微生物、人体组织、生物制品、血液及其制品或种畜、禽及其精液、胚胎、受精卵类，应在入境前30天报检。

② 其他动物类，应在入境前15天报检。

③ 植物、种子、种苗及其他繁殖材料类，应在入境前7天报检。

④ 入境货物须对外索赔出证类，应在索赔有效期前不少于20天内向到岸口岸或货物到达地的检验检疫机构报检。

（2）报检的地点

① 审批、许可证等有关政府批文中规定检验检疫地点的，在规定的地点报检。

② 大宗散装商品、易腐烂变质商品、废旧物品及在卸货时发现包装破损、数量短缺的商品，必须在卸货口岸检验检疫机构报检。

③ 须结合安装调试进行检验的成套设备、机电仪产品，以及在口岸开箱后难以恢复包装的商品，应在收货人所在地检验检疫机构报检并检验。

④ 其他入境货物，应在入境前或入境时向报关地检验检疫机构报检。

⑤ 入境的运输工具及人员应在入境前或入境时向入境口岸检验检疫机构申报。

3. 入境货物报检单的填写要求

入境货物报检单所列各栏必须填写完整、准确、清晰，没有内容填写的栏目应以斜杠“/”表示，不得留空。

① 编号。由检验检疫机构报检受理人员填写，前6位为检验检疫机构，第7位为报检类代码，第8、第9位为年代码，第10至第15位为流水号。实行电子报检后，该编号可在受理电子报检的回执中自动生成。

② 报检单位。应写全称，并加盖报检单位公章。

③ 报检单位登记号。报验单位在检验检疫机构备案或注册登记的代码。

④ 联系人。报检人员的姓名和联系电话。

⑤ 报检日期。检验检疫机构实际受理报检的日期，由检验检疫机构受理报检人员填写。

⑥ 收货人和发货人。按合同填写，应中英文对照。

⑦ 企业性质。根据收货人的企业性质，在对应的“□”中打“√”。

⑧ 货物名称。按贸易合同或发票所列的货物名称，根据需要可填写型号、规格或牌号。货物名称不得填写笼统的商品类，如“陶瓷”“玩具”等，必须填写具体的类别名称，如“日用陶瓷”“塑料玩具”。留空不够填写的，可用附页的形式填报。

⑨ H.S.编码。这是指货物对应的海关商品代码，填写8位数或10位数。

⑩ 产地。这是指货物原始生产/加工的国家或地区名称。

⑪ 数/质量。填写报检货物的数/质量，质量一般填写净重，如填写毛重则须注明。

⑫ 货物总值。按本批货物合同或报关单上所列的总值填写（以美元计）。一张报检单报检多批货物时，须列明每批货物的总值。注意，如果申报货物总值与国内、市场价格有较大差异，检验检疫机构保留核价权力。

⑬ 包装种类及数量。这是指本批货物运输包装的种类、数量及材质。

⑭ 运输工具名称、号码。填写货物实际装载的运输工具类别名称（如船、货柜车、火车等）及运输工具编号（船名、飞机航班号、车牌号码、火车车次）。

⑮ 合同号。贸易双方就本批货物所签订的书面贸易合同、订单或编号。

⑯ 贸易方式。贸易方式有这样几种：一般贸易；三来一补；边境贸易；进料加工贸易；其他贸易。

⑰ 贸易国别（地区）。这是指本批货物贸易的国家或地区。

⑱ 提单/运单号。这是指本批货物对应提单/运单的编号。

⑲ 到货日期。本批货物到达口岸的日期。

⑳ 起运地区。这是指装运本批货物进境的交通工具的起运国家（地区）。

㉑ 许可证/审批号。对实施许可证制度管理或审批制度管理的货物，报检时填写许可证编号或审批单编号。

㉒ 卸毕日期。按货物实际卸毕的日期填写。在货物还未卸毕前报检的，可暂不填写，待货物卸毕后再补填。

㉓ 起运口岸。这是指装运本批货物进境的交通工具的起运口岸名称。

㉔ 入境口岸。这是指装运本批货物的交通工具进境时首次停靠的口岸名称。

㉕ 索赔有效期。按合同规定的日期填写，特别要注明截止日期。

㉖ 经停口岸。这是指本批货物在起运后到达目的地前中途停靠的口岸名称。

㉗ 目的港（地）。这是指本批货物预定最后抵达的交货港（地）。

㉘ 集装箱规格、数量及号码。填写装载本批货物的集装箱规格（如 20 ft、40 ft 等），以及分别对应的数量和集装箱号码。如果集装箱太多，可用附单形式填报。

㉙ 合同、信用证订立的检验检疫条款或特殊要求。这是指贸易合同中双方对本批货物特别约定而订立的质量、卫生等条款和报检单位对本批货物检验检疫的特别要求。

㉚ 货物存放的地点。这是指本批货物卸货时存放的地点。

㉛ 用途。这是指本批货物的用途，如种用、食用、奶用、观赏或演艺、伴侣、实验、药用、饲用、加工等。

㉜ 随附单据。按实际向检验检疫机构提供的单据，在对应的“□”中打“√”。

㉝ 标记及号码。按货物实际运输包装标记填写，如果没有标记，则填写 N/M。标记及号码栏留空不够填写时，可用附页填写。

㉞ 外商投资财产。由检验检疫机构报检受理人填写。

㉟ 报检人郑重声明。必须有报检人的亲笔签名。

㊱ 检验检疫费。由检验检疫机构计费人员填写。

㊲ 领取证单。由报检人在领取证单时根据实际领证日期填写并签名。

4．电子检验检疫

随着全球信息化的不断发展，为了提高进出境货物的通关速度，近年来，国家质检总局（2018 年合入国家市场督管理总局）积极推进“大通关”工程建设，实行了以“电子申报、电子监管、电子通关”为主要内容的“三电工程”，大大提高了检验检疫的工作效率，真正实现了“方便进出、监管有效”的目标。

电子申报主要是指电子报检和原产地证书电子签证。电子报检是指报检人使用电子报检软件通过检验检疫电子业务服务平台将报检数据以电子方式传输给检验检疫机构，经检验检疫业务管理系统和检验检疫工作人员处理后，将受理报检信息反馈报检人，实现远程办理出入境检验检疫报检业务的过程。

目前，能够进行电子报检的业务包括出境货物报检、入境货物报检、原产地证书报检和出境包装报检等。进出口企业使用电子报检业务通过电子报检软件实现，该软件必须经国家质检总局评测合格认可，有通过安装在企业端软件进行电子报检和通过浏览器进行电子报检两种方式，企业可自行选择。申请电子报检的报检单位须具备一定的条件，通过检验检疫机构审查合格后即可开展电子报检业务。

（三）进口报关

根据我国《海关法》的规定，进出境的货物必须通过设有海关的地方进出境，接受海关实施监管。因此，进口商在提货之前，应与海关积极配合，顺利完成进口报关。《海关法》还规定："进出口货物收发货人、报关企业办理报关手续，必须依法经海关注册登记，报关人员必须依法取得报关资格。未依法经海关注册登记的企业和未依法取得报关从业资格的人员，不得从事报关业务。"

进口报关是指进口货物收货人、进境运输工具负责人、进境物品的所有人或他们的代理人向海关办理货物、物品或运输工具进境手续及海关事务的过程。

1．进口报关地点和时限

（1）进口报关地点

进口货物应由进口商或者委托货代公司或报关行在货物的进境地海关申报。

目前实际业务中，绝大多数进口货物由报关行（报关企业）办理报关手续。

"属地申报，口岸验放"新通关模式指的是分属两个关区的进出口企业在通关时，原本须在两个海关分别办理的通关手续，将化繁为简，实现"一次申报，一次查验，一次放行"。"属地申报，口岸验放"使企业在进出口货物时，可以选择在企业所在地海关办理申报纳税等通关手续，由货物实际进出境地海关办理货物验放手续，从而大大减少进出口货物在口岸的停留时间和通关环节，有效节约了企业的物流成本。

（2）进口报关时限

进口货物的申报期限为自装载货物的运输工具申报进境之日起 14 天内。申报期限的最后一天是法定节假日或休息日的，顺延至法定节假日或休息日后的第一个工作日。

申报的数据自被海关接受之日即申报日期起便产生法律效力。进口货物自装载货物的运输工具申报进境之日起超过 3 个月仍未向海关申报的，货物由海关提取并依法变卖。对不宜长期保存的货物，海关有权根据实际情况提前处理。进口货物收货人未按规定期限向海关申报，海关按规定征收滞报金，收货人可向海关申请发还变卖货物并扣除滞报金后的余额。

其计算公式为：

滞报金＝进口货物完税价格×0.5‰×滞报期间（滞报天数）

滞报金按日计征，起始日和截止日均计入滞报期间，以人民币"元"为单位，起征点为 50 元，不足 1 元的部分免予计收。

2. 进口报关程序

进口报关程序和出口报关程序类似，主要有申报、查验、纳税、结关4个环节。

（1）申报

申报是指货物入境时，由收货人或其代理人向海关提供申报，交验规定的单据文件（如进口货物报关单、进口许可证、提货单、发票、装箱单、减税或免税证明文件，海关认为必要时，应交验买卖合同、原产地证书和其他有关单证），请求办理进口手续的法律行为。

（2）查验

海关以报关单、许可证等为依据，对进口货物进行实际核对和检查，以确保货物合法进口。海关查验应在海关监管区域的仓库、场地进行，货物的收货人或其代理人应在场，并负责搬移货物，开拆和重封货物的包装。为了适应对外开放的需要，方便合法进出口，对进口的散装货物、大宗货物和危险品等，海关可以结合装卸环节，在现场直接验放。对于成套设备和“门到门”运输的集装箱货物，经申报人申请，海关可派员到监管区域外的地点就地查验放行，但海关须按规定收取费用。

（3）纳税

为了保证关税及时入库，进口货物的纳税人应在海关填发税款缴纳凭证的次日起15日内（星期日和假日除外）缴纳税款。

进口关税包括：进口货物关税，根据《中华人民共和国海关进出口税则》，除少数进口商品免税外，对绝大多数进口商品都征收进口货物关税；进口调节税，是进口货物关税的附加税，目前对国家限制进口的部分商品征收进口调节税；对入境旅客行李物品和个人邮递进口物品征收的进口税，仅适用于非贸易性的个人进口物品。

资料卡

进口关税大幅下降

在已陆续降低部分服装、箱包、鞋靴、特色食品和药品等消费品进口关税的基础上，财政部和海关总署昨日双双发布进口关税下调公告。

昨天，南都记者从财政部官方网站获悉，自2017年12月1日起，将以暂定税率方式降低部分消费品进口关税。这次进一步降低的消费品进口关税，范围涵盖食品、保健品、药品、日化用品、衣着鞋帽、家用设备、文化娱乐、日杂百货等各类消费品，共涉及187个8位税号，平均税率由17.3%降至7.7%。新税率将在12月1日正式实施。

有专家在接受南都记者采访时表示，此次税率调整对跨境电商影响有限，但对于部分因税率调整受到影响的产业而言，或者将需要做好相关应对准备。

1. 对跨境进口整体影响不大

广东卓志跨境电商供应链服务有限公司总裁李金玲昨日接受南都记者采访时认为，此次税率调整主要是对日常消费品（FMCG）一般贸易进口关税的调减，是国家促进消费升级鼓励进口的惠民政策。

她表示，由于跨境电商目前进口关税本就为0，且消费税按七折征收，因此对跨境电商整体影响不大。

“目前可能有影响的品类主要是纸尿裤，关税由7.5%下降为0。由于一般贸易进口纸尿裤税基为到岸价（CIF价），而跨境电商进口税基为电商平台零售价（增值税按70%征收），按目前纸尿裤的加价率来看，二者基本持平。因为纸尿裤一般贸易进口准入比较简单，且一般贸易具备可全渠道分销，不需海关三单对碰，不受年度个人购买限额等特点，纸尿裤类目会趋于一般贸易进口。当然特别喜欢海外原版的消费者青睐跨境进口货的除外。”李金玲如是说。

不过，也有跨境电商将此次税率调整解读为正面影响。聚美优品副总裁江南就向记者表示，此次下调关税，对于整个跨境电商行业来说是一个重大利好，将有利于合法经营的跨境进口电商企业发展，有利于打击“人肉代购”等灰色渠道进口，有利于保障进口商品质量。

在江南看来，当前跨境进口电商仍处于市场快速发展的红利期，得益于国家的相关优惠政策，跨境进口业务将继续保持快速发展。

2. 国内相关生产企业或将承压

在相关部门看来，此次降低消费品进口关税紧紧围绕消费需求旺盛、与人民日常生活息息相关、国内一时供给不上的一些优质产品和特色优势产品，有利于丰富国内消费选择，引导国内供给体系转型升级。

不过，也有部分业内专家认为，婴幼儿特殊配方奶粉、纸尿裤等商品一般贸易进口关税的降低，或将影响国内相关企业的业绩。

“我国的婴幼儿特殊配方奶粉价格每罐多在300元以上，国外的相关特殊配方奶粉由于原料成本原本就比国内便宜，其价格通常在国外对应人民币的价格每罐只需150元至200元。也就是说，在此次关税调整前，即便加上关税，国外进口的婴幼儿特殊配方奶粉就比国内少至少30%，如果此次再下调，那就会更具优势。”乳业专家宋亮分析说。

在他看来，婴幼儿特殊配方奶粉原本考验的就是奶企的研发能力和技术，而关税下调势必压缩国产特殊配方奶粉的利润，并进而影响国内相关企业的研发投入。

与婴幼儿特殊配方奶粉类似的情况还有婴儿纸尿裤，目前国内已鲜有品牌能与外资竞争。

3. 跨国消费品巨头重新布局

南都记者注意到，此次进口税下调由于还涉及包括装入2升及以下容器的味美思酒及其他加植物或香料的用鲜葡萄酿造的酒，蒸馏葡萄酒制得的烈性酒、威士忌酒。已有跨国酒企昨日表示，将对相关已经在华布局的产品做重新规划。

据了解，在本次涉及调整的187种消费品中，配制酒调整幅度最大，税率暂定由65%下调至14%，幅度高达51%。对此，法国卡思黛乐中国公司昨日已表示，公司重新考虑Very在中国市场的规划。据悉，卡思黛乐于2013年将旗下Very品牌配制酒引入中国市场，不过由于关税过高，Very此前在中国的表现一直不佳。

另外，白兰地、威士忌进口关税均由原来的10%下调至5%，也被视为将进一步刺激相关进口商布局中国市场。

以白兰地为例，酒类进出口商分会进口酒数据显示，2017年1至9月，白兰地进口额为6.1亿美元，约占烈酒进口额76.0%，同比增幅上升至44.4%，在各进口酒类中排名已仅次于原瓶装葡萄酒。

（4）结关

进口货物在办完向海关申报、查验、纳税等手续后，由海关在货运单据上签印结关放行。进口商或其代理人必须凭海关签印放行的货运单据才能提取进口货物。

3. 进口报关应提供的单据

目前，海关规定报关必须经由有资质的并与海关联网的报关行进行，所以大部分外贸企业都是经由报关行报关，由专业的报关行进行报关资料初审。

以下所涉及的单据是外贸企业应向报关行提供的资料，应全部盖上委托单位公章。外贸企业填写的报关单质押在报关行，报关行根据外贸企业的报关单内容录入报关系统。如果发生错误，海关首先追究报关行。

（1）必需单据

必需单据有以下几种。

① 进口货物报关单。

② 委托报关书。

③ 委托报检书。

④ 进口合同。

⑤ 发票。

⑥ 装箱单。

⑦ 提货单。

⑧ 保单（如果是 CIF）。

⑨ 代理协议书（如果是双抬头报关）。

其中，双抬头报关是指除经营单位即外贸企业外，还有一个实际收货单位，与经营单立享有共同的权利和义务（如关税可由两家中的任意一家交），原产地证书上的受益人是两家中的任意一家。

委托报关书和委托报检书都是指外贸企业委托报关行报关与报检的委托书，委托人除盖公章外，还要盖法人章，以示责任。

（2）其他单据

进口许可证及审批文件、未加工证明、质量证明、品质证明、银行付款证明等视海关要求提供。

如果享有关税优惠，必须提供原产地证书；享有关税优惠但经第三方运输中转的必须提供第三方未加工证明；如果是国家限制进口的商品，还应提供进口许可证等文件；如果属法定检验的进口商品，还须随附商品检验证书。

4. 进口报关单填制的要求

进口货物报关单（本部分中以下简称报关单）中很多栏目的填制方法与出口货物报关单类似，只是流向不一样，可参照填写，此处只介绍不同栏目的填制方法。

（1）境内收货人

填报在海关备案的对外签订并执行进口贸易合同的中国境内法人、其他组织名称及编码。编码填报 18 位法人和其他组织统一社会信用代码，没有统一社会信用代码的，填报其在海关的备案编码。

（2）进境关别

根据货物实际进境的口岸海关，填报海关规定的《关区代码表》中相应口岸海关的名称及代码。

（3）进口日期

进口日期指运载所申报货物的运输工具申报进境的日期。本栏目填报的日期必须与相应的运输工具进境日期一致。本栏目为 8 位数字，顺序为年（4 位）、月（2 位）、日（2 位）。进口申报时无法确知相应的运输工具的实际进境日期时，本栏目免予填报。应注意进口时申报日期应晚于进口日期。

（4）境外发货人

境外发货人通常指签订并执行进口贸易合同中的卖方。本栏填报境外发货人的名称及编码。如果不是互认国家（地区）AEO企业等情形，本栏的编码免于填报。名称一般填报英文名称，检验检疫要求填报其他外文名称的，在英文名称后填报，以半角括号分隔；对于AEO互认国家（地区）企业的，编码填报AEO编码，填报样式按照海关总署发布的相关公告要求填报（如新加坡AEO企业填报样式为：SG123456789012，韩国AEO企业填报样式为KR1234567，具体见相关公告要求）。

（5）货物存放地点

填报货物进境后存放的场所或地点，包括海关监管作业场所、分拨仓库、定点加工厂、隔离检疫场、企业自有仓库等。

（6）消费使用单位

消费使用单位填报已知的进口货物在境内的最终消费、使用单位的名称，包括自行进口货物的单位和委托进口企业进口货物的单位。

（7）许可证号

应申领进口许可证的货物，必须在此栏目填报外商务部及其授权发证机关签发的进口货物许可证的编号，不得为空，如填报以下许可证的编号：进口许可证、两用物项和技术进口许可证。如不需要许可证就不必填写。一份报关单只允许填报一个许可证号。

（8）起运港

起运港填报进口货物在运抵我国关境前的第一个境外装运港。

（9）起运国（地区）

起运国（地区）填报进口货物起始发出直接运抵我国或者在运输中转国（地）未发生任何商业性交易的情况下运抵我国的国家（地区）。经过第三国（地区）转运的进口货物，如在中转国（地区）发生商业性交易，则以中转国（地区）作为起运国（地区）。

（10）经停港

经停港填报进口货物在运抵我国关境前的最后一个境外装运港。

（11）入境口岸

入境口岸填报进境货物从跨境运输工具卸离的第一个境内口岸的中文名称及代码；采取多式联运跨境运输的，填报多式联运货物最终卸离的境内口岸中文名称及代码；过境货物填报货物进入境内的第一个口岸的中文名称及代码；从海关特殊监管区域或保税监管场所进境的，填报海关特殊监管区域或保税监管场所的中文名称及代码。其他无实际进境的货物，填报货物所在地的城市名称及代码。按海关规定的《国内口岸编码表》选择填报相应的境内口岸名称及代码。

（12）成交方式

本栏目应根据实际成交价格条款按海关规定的《成交方式代码表》选择填报相应的成交方式代码。无实际进境的，进口填报 CIF 价。

（13）标记唛码及备注

本栏目应注意填写以下内容。

① 当监管方式为“暂时进出货物”（2600）和“展览品”（2700）时，如果为复运进境货物，在本栏目填报“复运进境”。

② 跨境电子商务进口货物，在本栏目填报“跨境电子商务”。

③ 公式定价进口货物应在本栏目填写公式定价备案号，格式为：公式定价+备案编号+“@”。对于同一报关单下有多项商品的，如需要指明某项或某几项商品为公式定价备案的，则本栏目应填写为：公式定价+备案编号+“#”+商品序号+“@”。

④ 获得预审价决定书的进口货物，应在本栏目填报预审价决定书编号，格式为：预审价（P+2 位商品项号+决定书编号）。若报关单中有多项商品为预审价，须依次写入括号中，如：预审价（P01VD511500018P02VD511500019）。

能力实训题

任务一　开立和修改信用证

申请开立信用证相关资料如下。

进口铁矿石（自营进口，L/C 结算）

2018 年 2 月 12 日，浙江慧佳进出口股份有限公司（以下简称慧佳公司）与澳大利亚力拓矿业有限公司（RIO TINTO ORE INDUSTRY LTD. AUSTRALIA）签订了进口 1 200 吨铁矿石（iron ore）的合同，合同号为 HJ033C，允许溢短装 5%，允许转运，不允许分批装运。合同主要条款如下。

进口方名址：浙江慧佳进出口股份有限公司（ZHEJIANG HUIJIA IMP. AND EXP. CORP. LTD.）

28 GONGNONG ROUD NANTONG ZHEJIANG PROVINCE, CHINA

Tel：0086-0513-85529362

出口方名址：澳大利亚力拓矿业有限公司（RIO TINTO ORE INDUSTRY LTD. AUSTRALIA）

152-158 St. George’s Terrace Perth, WA, Australia 6000

Tel：＋618 9327 21278

① 单价为 CFR 南通 USD157/吨。

① 最迟装船期为 2018 年 2 月 29 日，装货港为布里斯班（Brisbane, AUSTRALIA），包装为散装，装船后 2 天内发出装船通知，在品质证书中卖方应声明可接受买方在货物到达目的港后 6 个月内对货物提出异议。

③ 支付方式为即期信用证，信用证到期日为 4 月 15 日，地点为受益人所在地。

④ 投保一切险。

2 月 15 日，慧佳公司派业务员王健向建设银行申请开证。请根据以上内容和条款填写开证申请书。

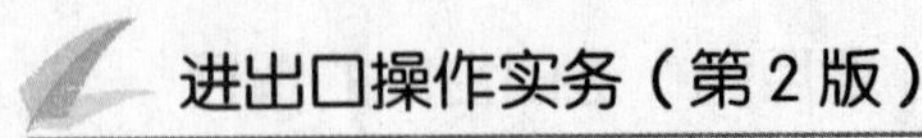

APPLICATION FOR IRREVOCABLE DOCUMENTARY CREDIT 不可撤销跟单信用证申请书

中国建设银行
China Construction Bank

TO: CHINA CONSTRUCTION BANK CORPORATION 中国建设银行股份有限公司 Date of this application 申请日期：

NANTONG GONGNONG BRANCH 分（支）行 **for bank's use only,L/C No.**

Please issue a documentary credit according to our instructions stated in this application form. The credit should subject to ICC Uniform Customs and Practice for Documentary Credits (UCP) latest revision effective on the date of issuance.

请根据我公司在本申请中的指示开出不可撤销跟单信用证，并适用在开证之日有效的国际商会《跟单信用证统一惯例》最新修订本。

Please mark "×" in□where appropriate 请于恰当处在□内画"×"

<table>
<tr><td>Contact Person 联系人_______Tel No._______</td><td>Expiry Date 到期日</td><td>Place of Expiry 到期地点</td></tr>
<tr><td>Applicant 申请人：(full name & detailed address，全称及地址)</td><td colspan="2">Amount 金额（currency and figures，币种及金额小写）
□Tolerance on amount 金额浮动范围：＋__%～__%
□Tolerance on goods quantity 货物数量浮动范围：＋__%～__%</td></tr>
<tr><td>Beneficiary 受益人（full name and address，全称及地址）</td><td colspan="2">Advising Bank 通知行（if blank, any bank at your option，如空白，请贵行自行选择）</td></tr>
<tr><td>□Place of taking in charge/dispatch from.../place of receipt 货物接管地/发运地/收货地_______
□Port of loading/Airport of departure 装货港/起飞机场_______
□Port of discharge/Airport of destination 卸货港/目的地机场_______
□Place of final destination/for transportation to.../place of delivery 最终目的地/运至/交货地_______
Latest date of shipment 最迟装运日：_______</td><td colspan="2">Partial Shipment 分批装运
□allowed 允许□not allowed 不允许
Transshipment 转运
□allowed 允许□not allowed 不允许</td></tr>
<tr><td colspan="3">Credit available by 信用证类型□sight payment 即期付款□acceptance 承兑□deferred payment 延期付款□negotiation 议付 with
ANY BANK 指定银行_______
If not chosen by us, it is at your choice 如果我公司未选，请贵行自行决定信用证类型及指定银行。</td></tr>
<tr><td colspan="3">Description of Goods 货物描述：（Brief description without excessive detail，请简要描述，勿加入过多细节）

Price term 价格条款： □EXW□FCA□FOB□CFR□CIF□___□Incoterms 2000</td></tr>
<tr><td colspan="3">□Draft (s) drawn on issuing bank for_______invoice value at □sight or □term: _______ days after_______
Documents required 需要提交的单据：
□Signed Commercial Invoice in [4] originals [ ] copies indicating this L/C No., Contract No.
□Signed Packing List in [ ]originals [ ] copies ISSUED BY BENEFICIARY INDICATING QUANTITY/GROSS AND NET WEIGHTS OF EACH PACKAGE AND PACKING CONDITIONS CALL FOR BY THE L/C
□Full set □2/3 set of clean shipped on board Ocean Bill of Lading marked "□Freight Prepaid□Freight Collect" made out to order of _______, notifying□applicant □_______
□Clean Air Waybills showing "□Freight Prepaid □Freight Collect" and consigned to_______ notifying□applicant□_______
□Rail Waybills showing "□Freight Prepaid □Freight Collect" and consigned to_______.
□Insurance Policy/Certificate in duplicate blank endorsed for 110 % of the invoice value, showing claims payable at destination in currency of the draft, covering All Risks and War Risks and_______
□Certificate of Origin in [ ] originals and [ ] copies issued by_______.
□Beneficiary's Certificate certifying that a whole set of document copies INCLUDING 1/3 ORIGINAL BILL OF LADING had been sent to the applicant _______
____
□other documents required 其他需要提交的单据：
1.
2.
3.</td></tr>
<tr><td colspan="3">Additional conditions 附加条款：
□All banking charges outside the Issuing Bank including reimbursing charges are for account of beneficiary.
□All documents should be issued in English and indicating _______
□Documents must be presented within____days after the date of shipment but within the validity of this credit.
□Documents issued earlier than the L/C issuing date not acceptable.
□Other terms and conditions if any 其他条款，如有：</td></tr>
<tr><td colspan="3">□本申请书及其后的任何修改（如有）为以下法律性文件（及其任何修改、补充和变更）不可分割的组成部分，并受其约束：
□编号为 的□《贸易融资额度合同》□《信用证开证合同》□___
□在信用证开立前按贵行要求存入开证保证金，作为本笔业务的一种担保，保证金比例为开证金额（含溢装金额）的 %。
□To be cominued on separate continuation sheet (s)其他内容见附件。 Stamp of Applicant（申请人签章）</td></tr>
</table>

2 月 15 日慧佳公司通过建设银行开出信用证，信用证内容如下。

SWIFT-MT: 700 NORMAL DM=2

SWIFT-DEST: HSBHSBCTWTP

SENT TO

CHINA CONSTRUCTION BANK, FUZHOU CHENGDONG SUB-BR. LC DEPT., NO.56 GUTIANRD., FUZHOU, FUJIAN, GHINA

27: SEQUENCE OF TOTAL

1/3

40A: FORM OF DOCUMENTARY CREDIT

IRREVOCABLE

20: DOCUMENTARY CREDIT NUMBER

87012010001855

31C: DATE OF ISSUE

180215

40E: APPLICABLE RULES

UCP LATEST VERSION

31D: DATE AND PLACE OF EXPIRY

180329 CHINA: 50: APPLICANT

ZHEJIANG HUIJIA IMP. AND EXP. CORP. LTD.

28 GONGNONG ROUD NANTONG ZHEJIANG PROVINCE, CHINA

59: BENEFICIARY

RIO TINTO ORE INDUSTRY LTD. AUSTRALIA

152-158 St.George's Terrace Perth, WA, Australia 6000

32B: CURRENCY CODE, AMOUNT

USD188,400

39A: PERCENTAGE CREDIT AMOUNT TOLERANCE

05/05

41D: AVAILABLE WITH...BY...

ISSUING BANK BY PAYMENT:

43P: PARTIAL SHIPMENTS

NOT ALLOWED

43T: TRANSHIPMENT

ALLOWED

44E: PORT OF LOADING

BRISBANE, AUSTRALIA

44F: PORT OF DISCHARCE

NANTONG, CHINA

44C: LATEST DATE OF SHIPMENT

180229

45A: DESCRIPTION OF GOODS AND/OR SERVICES

COMMODITY: IRON ORE
QUANTITY: 1,200 METRIC TON
UNIT PRICE: USD157.00 / MT CFR NANTONG, CHINA
TOTAL AMOUNT: USD188,400.00
PACKING: IN BULK:
46A: DOCUMENTS REQUIRED
+SIGNED COMMERCIAL INVOICE IN 4 ORIGINALS INDICATING THIS L/C NO., CONTRACT NO.
+2/3 SET OF CLEAN SHIPPED ON BOARD OCEAN BILL OF LADINC MARKED "FREIGHT PREPAID" MADE OUT TO ORDER OF CHINA CONSTRUCTION BANK CORPORATION, FUZHOU CHENGDONG SUB-BR, NOTIFYING APPLICANT.
+BENEFICIARY'S CERTIFICATE CERTIFYING THAT A WHOLE SET OF DOCUMENT COPIES INCLUDING l/3 ORIGINAL BILL OF LADING HAD BEEN SENT TO THE APPLICANT BY COURIER WITHIN 5 WORKINC DAYS AFTER SHIPMENT.
+SIGNED PACKING LIST IN 2 ORIGINALS AND l COPY ISSUED BY BENEFICIARY INDICATING QUANTITY/GROSS AND NET WEIGHT OF EACH PACKAGE AND CONDITIONS CALL FOR BY THE L/C.
+CERTIFICATE OF QUALITY/TEST REPORT IN 2 ORIGINALS AND l COPY ISSUED BY THE INDEPENDENT SURVEYOR.
+CERTIFICATE OF QUANTITY IN 2 ORIGINALS AND l COPY ISSUED BY INDEPENDENT SURVEYOR INDICATING THE ACTUAL SURVENYED QUANTITY/WEIGHT OF SHIPPED GOODS AS WELL AS THE PACKING CONDITION.
47A: ADDITIONAL CONDITIONS
+A DISCREPANCY HANDLING FEE OF USD50.00 (OR EQUIVALENT) AND RELATIVE CABLE CHARGES WILL BE DEDUCTED FROM PROCEEDS FOR EACH SET OF DOCUMENTS PRESENTED WITH DISCREPANCIES
+BOTH CREDIT AMOUNT AND SHIPMENT QUANTITY 5 PCT MORE OR LESS ARE ALLOWED.
+EXTRA COPIES OF DOCUMENTS ARE REQUESTED TO BE PRESENTED FOR ISSUING BANK'S REFERENCE ONLY.
+ALL DOCUMENTS SHOULD BE ISSUED IN ENGLISH.
+T/T REIMBURSEMENT NOT ALLOWED.
+IN ACCORDANCE WITH THE ARTICLE 16C (in) OF UCP 600, IN THE EVENT THAT WE OBSERVE DISCREPANCIES IN DOCUMENTS WE SHALL PROVIDE OUR NOTICE OF REFUSAL IN ACCORDANCE THEREWITH AND WE SHALL HOLD THE NOTICE OF REFUSAL IN ACCORDANCE THEREWITH AND WE SHALL HOLD THE DOCUMENTS UNTIL WE RECEIVE A WAIVER FROM THE APPLICANT AND AGREE TO ACCEPT IT, OR RECEIVE FURTHER INSTRUCTIONS FROM THE PRESENTER PRIOR TO AGREEING TO ACCEPT A WAIVER.
+DOCUMENT MUST BE SENT IN ONE LOT VIA COURIER SERVICES TO CHINA CONSTRUCTION BANK, FUZHOU CHENGDONG SUB-BR.LC DEPT., NO.56 GUTIANRD., FUZHOU, FUJIAN, CHINA, TANKER BILL OF LADING IS ACCEPTABLE
71B: CHARGES
ALL BANKING CHARGES OUTSIDE THE ISSUING BANK INCLUDING REIMBURSING CHARGES ARE FOR ACCOUNT OF BENEFICIARY

48: PERIOD FOR PRESENTATION
DOCUMENTS MUST BE PRESENTED WITHIN 30 DAYS AFTER THE DATE OF SHIPMENT BUT WITHIN THE VALIDITY OF THIS CREDIT
49: CONFIRMATION INSTRUCTIONS
WITHOUT:
78: INSTRUCTIONS TO THE PAYING/ACCEPTING/NEGOTIATING BANK
＋AMOUNT OF EACH DRAWING MUST BE ENDORSED ON THE REVERSE OF THIS CREDIT BY THE NEGOTIATING/PERSENTING BANK
＋ONLY UPON RECEIPT OF FULL SET OF DOCUMENTS AT OUR COUNTERS CONSTITUTING A COMPLYING PRESENTATION, WE WILL EFFECT PAYMENT AS PER YOUR INSTRUCTION

任务二 进口货物运输和保险

我国某外贸公司进口成交一批价值为CFR12 000美元的货物。现按CIF价格加成10%投保一切险和战争险，业务员应该怎么去办理保险手续？

任务三 进口付汇操作

我国A公司向加拿大B公司以CIF术语出口一批货物，合同规定10月份装运。B公司于10月10日开来不可撤销信用证，此证规定按UCP 600办理。证内规定：装运期不得晚于10月15日。此时我方已来不及向船公司办理订舱，于是立即要求B公司将装运期延至11月15日。随后B公司来电称：同意展延装运期，有效期也顺延1个月。A公司于11月10日装船，提单签发日期为11月10日，并于11月14日将全套符合信用证规定的单据交银行办理议付。A公司能顺利结汇吗？

任务四 进口接货、报检和报关操作

天朗公司于4月3日委托报关行向海关申报进口，海关审单无误后，于4月10日开出进口关税和进口增值税专用缴款书，天朗公司于次日在网上支付。天朗公司随即指令其委托的南通报关行将进口基础油（自营进口，L/C结算）的提货单交付铭鑫公司自提。

已知情况如下。

进口日期：2018年4月3日

申报日期：2018年4月3日

进口口岸：南通海关（代码2302）

境内目的地：南通其他（32069）

品名及规格：基础油150BS

商品H.S.编码：27101993

进口计量单位：千克

实际进口数量：1 437 426千克

起运国（地区）：台澎金马关税区（代码143）

请根据以上情况填写进口货物报关单。

中华人民共和国进口货物报关单

预录入编号：　　　　　　　　　　　　　　　　　　　　海关编号：

境内收货人	进境关别	进口日期	申报日期	备案号

境外发货人	运输方式	运输工具名称及航次号	提运单号	货物存放地点

消费使用单位	监管方式	征免性质	许可证号	起运港

合同协议号	贸易国（地区）	起运国（地区）	经停港	入境口岸

包装种类	件数	毛重（千克）	净重（千克）	成交方式	运费	保费	杂费

随附单证及编号

标记唛码及备注

项号	商品编号	商品名称、规格型号	数量及单位	单价/总价/币制	原产国	最终目的国（地区）	境内目的地	征免

特殊关系确认：	价格影响确认：	支付特许权使用费确认：

申报人员　　申报人员证号　电话　　兹声明以上申报无讹并承担法律责任	海关审单批注及放行日期（签章）
申报单位　　　　　　　　　　申报单位（签章）	

项目八

业务善后

学习目标

应知能力

了解我国的出口收汇制度，熟悉出口收汇流程；了解我国的出口退税制度，熟悉出口退税流程；熟悉提货及索赔的流程；了解索赔应该准备的资料，掌握索赔函的内容。

应会能力

会计算出口退税收入金额；能够办理具体的提货事宜，出现货损货差或其他受损情况时能及时按流程提出索赔，会撰写索赔函。

项目引入

出口业务善后：退税

上海玩具进出口有限公司向 Leisure International Trading Corporation 出口泰迪熊毛绒玩具。经过公司业务员的努力，该批货物已经顺利报关出港。2018年 2月 25日，中国银行上海市分行通知上海玩具进出口有限公司货款已到账。公司老总让王萍配合财务处的吴文亮一起去办理出口退税手续。

相关资料：CIF总额为 27 359.00美元，运费 2 000美元，保险费 300.95美元；上海玩具进出口有限公司采购时取得增值税发票总额为 127 530.00元（其中，销售额 109 000.00元，增值税税额 18 530.00元）。2月 20日 USD/CNY＝6.08，增值税税率为 17%，泰迪熊出口退税率为 15%。

进口业务善后：提货及索赔

2018年 6月，绿环公司以 FOB从鹿特丹进口牛肉罐头 1 500箱，即期信用证付款。货物装运后，公司负责进口业务的王晴接到货代通知船即将抵达天津港，接到通知后，王晴准备好提单、已投保一切险及战争险的保险单、发票、装箱单等单据去码头办理报关报检及提货业务。

2018年 8月 13日，货到天津港，在报检之后，王晴发现货物总共 1 390箱，缺少 110箱。如果你是王晴，该如何办理提货业务？面临以上短货情况，王晴又该向谁索赔？

情景模拟操作示例

任务一 出口业务善后：退税

根据 WTO 规则的要求，各成员国可以对本国出口产品实行退税，但退税的最大限度是不能超过出口产品在国内已征的税款。对出口产品实行退税是国家支持外贸出口的重要手段，符合国际惯例。

一般情况下，大多由财务部门工作人员负责办理出口退税手续，但外贸业务员应及时提供相关单证，配合好财务部门做好此项工作。出口退税的重点应关注单据是否齐全和正确，同时要在网上一起办理相应的手续。

上海玩具进出口有限公司在办理出口退税之前已到当地主管退税业务的税务机关办理了退税登记，并在退税机关审核后收到了出口企业退税登记证。

1．备齐单据

企业办理每笔出口退税均须提供必备的凭证，王萍整理并备齐了这些单据：购进出口货物的增值税专用发票（抵扣联）；商业发票；结汇水单；盖有海关验讫章的出口货物报关单（出口退税专用）；出口货物退税申请表。

2．退税申报及预审

上海玩具进出口有限公司通过中国电子口岸系统申报退税。报关单审结后，海关系统自动向中国电子口岸数据中心发送报关单已结关信息；根据已结关报关单信息，王萍前往海关打印纸质出口退税报关单；海关系统将所有已打印出口退税报关单的报关单数据传输至中国电子口岸数据中心；操作员登录本系统查询出口退税报关单数据，并提交报送申请；企业提交报送申请后，系统将企业确认的出口退税报关单电子数据传输至国税局；王萍和吴文亮持相关纸面单据出口货物的增值税专用发票（已认证）、出口货物报关单（出口退税专用）等单据向主管国税局申请出口退税，国税局查询本系统传输的出口退税报关单数据，核对企业的纸面单据，进行出口退税操作。

3．税票开具

单证审核人员将出口企业的退税申报表与企业的原始凭证进行对照审核。

审核结束后，审核人员打印出出口货物退税进货明细表、出口货物销售明细账、出口退税汇总申请表。国税局同意批准退税后，由税票开具人员向出口企业开具收入退还书。

4．企业得到退税款

王萍和吴文亮持收入退还书到国税局指定的开户行，从上海玩具进出口有限公司的出口退税专户上划转退税款。

根据扬州童欣毛绒玩具厂开出的增值税专用发票（见图 8-1）计算退税收入。

在图中增值税专用发票栏目中：

金额＝单价×数量＝55×2 180＝109 000.00（元）（指不含税货款）

税额＝金额×税率＝10 900.00×17%＝18 530.00（元）

价税合计＝金额＋税额＝109 000.00＋18 530.00＝127 530.00（元）

对于上海玩具进出口有限公司来讲，其可获得的出口退税税额为：

出口应退增值税税额＝外贸含增值税采购金额÷（1＋增值税税率）×出口退税率

＝109 000.00÷（1＋17%）×15%

＝19 129.50（元）

上海增值税专用发票

1100094140　　　　抵扣联　　　　NO. **87654321** 110094140

开票日期：2018 年 1 月 28 日

<table>
<tr><td>购买方</td><td colspan="5">名　　称：上海玩具进出口有限公司
纳税人识别号：42050512346789
地 址、电 话：中国上海市安远路 139 号 021-58201100
开户行及账号：中行 0000123456578</td><td>密码区</td><td colspan="2">1*6<+81+574+9*2+/>0-39063/*
-*0/968*624582>91*3/*1<6*42
2477<42**0+7-2<\24-630-391
611+>/51433*124*5-+44<>9/94</td><td rowspan="4">第二联：抵扣联 购买方扣税凭证</td></tr>
<tr><td colspan="2">货物或应税劳务、服务名称</td><td>规格型号</td><td>单位</td><td>数量</td><td>单价</td><td>金额</td><td>税率</td><td>税额</td></tr>
<tr><td colspan="2">泰迪熊毛绒玩具</td><td>款式号 SH226</td><td>件</td><td>2180</td><td>50.00</td><td>109000.00</td><td>17%</td><td>18530.00</td></tr>
<tr><td colspan="2">合　计</td><td></td><td></td><td></td><td></td><td>¥109000.00</td><td></td><td>¥18530.00</td></tr>
<tr><td colspan="2">价税合计（大写）</td><td colspan="7">⊗ 壹拾贰万柒仟伍佰叁拾元整　　（小写）¥127530.00</td></tr>
<tr><td>销售方</td><td colspan="5">名　　称：扬州童欣毛绒玩具厂
纳税人识别号：410305412345678
地 址、电 话：扬州市江阳工业园小官桥路 3 号 0514-87302088
开户行及账号：工行 9551804500202278941</td><td>备注</td><td colspan="2"></td></tr>
</table>

收款人：×××　　复核：×××　　开票人：×××　　销售方：（章）

图 8-1　上海玩具进出口有限公司增值税专用发票票样

任务二　进口业务善后：提货及索赔

Step 1　提货。

载货船舶佳庆轮抵天津港后，绿环公司派王晴协助货代办理接货，海关的报关、报检，以及设备交接，最后提取货物。如果未在规定的时间内提货，港区会向进口商收取额外的费用。其具体提货流程如下。

步骤 1　进口单据的准备。王晴准备好提单、装箱单、发票等进口全套单据交给货代，货代据此查清此货物由哪家船公司承运、哪家船代操作、在哪里可以换取提货单，然后联系场站并确认好提箱费、掏箱费、装车费、回空费。

步骤 2　换单。载货船舶到达天津港后，船公司通知收货人绿环公司凭背书的正本提单（如果电报放货，可带电报放货的传真件和保函）向船公司或其代理人换取提货单（Delivery Order，D/O，俗称小提单）。凭提货单可办理报关手续，去码头提货。

步骤 3　接货及报检。船方按提单上的地址，将准备卸货通知（notice of readiness to discharge）寄交接货代理。由港务局负责卸货，公司派王晴负责现场监卸。在卸货时，港务局对货物进行检查，发现比合同规定的数量缺少了 110 箱，于是港务局填写货损货差报告且交船方签名，并根据短缺情况向船方提出保留索赔权的书面声明。

货主可根据商品编码中的监管条件来确定该笔货物是否要报检。由于牛肉罐头属于法定检验商品，因此由货代持货运单据和进口货物报关单，并随附对外贸易成交合同、发票、装箱单、提单、进口货物通知书等必要单据向口岸商检机构申请办理报检。货代凭加盖有“已接受报检”印章的进口货物报关单向海关办理进口报关。

步骤 4　报关（清关）。王晴跟货代与海关积极配合，顺利完成了进口报关工作的申报、查验、纳税和结关 4 个环节的操作。

步骤 5　办理设备交接单。本次进口的 1 500 箱牛肉罐头，共 5 个集装箱，所以对于整箱货，由王晴凭带背书的正本提单（或电放放货的传真件和保函）去船公司或船代的箱管部办理设备交接单。

步骤 6　提箱提货。货代凭提货单和拖车公司的提箱申请书到箱管部办理进口集装箱超期使用费、卸箱费、进口单证费等费用的押款手续。押款完毕经船代箱管部授权后到进口放箱岗办理提箱手续，领取集装箱设备交接单，并核对其内容是否正确。绿环公司联系拖车去船代指定的码头、场站提取货物，拆空进口货物后，将空箱返回指定的回箱地点。空箱返回指定堆场后，王晴及时凭押款凭证到箱管部办理集装箱费用的结算手续。

Step 2　索赔。

由于在码头验货时发现货物比合同规定的数量短少了 110 箱，因此王晴需要就此对荷兰环诺食品有限公司（以下简称荷兰公司）进行索赔。具体如下。

① 确定损失原因及责任方。根据以上损失情况，由于货物短少了 110 箱与合同不符，但与提单上的数量一致，所以确定是卖方发货的责任。

② 确定索赔的金额。本次损失短少的 110 箱货物，以每箱 145 美元计，共计 15 950 美元，加上其他费用共计损失 16 320 美元。

③ 备齐索赔的证明文件。王晴取得了天津市港务局出具的经船方签名的货损货差报告，并准备好提单、发票、装箱单、理货报告等其他有关的证明文件，以便正式向出口方提出索赔。

④ 及时向索赔责任方发出通知。根据货物损失情况，王晴制作了短装索赔函（见图 8-2），并及时将索赔函传给了荷兰公司。

短装索赔函

第 FB2310041 号销售确认书项下 1 500 箱牛肉罐头，由佳庆轮于 8 月 13 日运抵，提货时发现少了 110 箱。轮船公司告知只有 1 390 箱装船。

由于短少数量较大，请在交付最后 2 个品种时将这 110 箱补交。请核对一下，当时在装运港 1 500 箱是否全都装上了船。

Dear Sirs,

RE: CLAIM FOR SHORT WEIGHT

1, 500 cartons of canned beef under the contract No. FB2310041 on Aug. 13th. When taking the delivery, 110 cartons have been found missing. We were told by the shipping company that only 1,390 cartons of the missing goods. When you deliver the last two items, you are kindly requested to check whether these 1,500 cartons of beef were loaded on ship in whole at the port of shipment. Please reply by cable.

Yours truely

图 8-2　短装索赔函

⑤ 处理索赔的方式。通过各种证明文件的提供，荷兰公司确认是装货时的疏忽造成了货物的短少，并承认是己方的责任。由于跟荷兰公司的合作属于长期合作，并且发货的批次还有若干批，而本次装货的短少可由下次发货时进行补偿，所以双方通过友好协商，确定了本次货物的短装由荷兰公司在交付第二个品种时补齐。

知识链接

一、出口业务善后：退税

（一）我国出口收汇核销制度的历史

1．出口收汇核销制度的建立

出口收汇核销制度是国家为加强出口收汇管理，确保国家外汇收入，防止外汇流失，而指定外汇管理部门对出口企业贸易项下的外汇收入进行监督检查的一种制度。我国于1991年1月1日起开始对出口企业的外汇进行跟踪核销。

主管出口收汇核销的部门是出口企业所在地的外汇管理局。核销工作由国家外汇管理局在海关、银行等部门的配合下具体实施。其做法是国家外汇管理局印发出口收汇核销单，由货物的发货人或其代理人填写，海关凭以接受报关，外汇管理部门凭以核销收汇。因此，出口收汇核销单是跟踪、监督出口单位出口货物收汇核销的重要凭证之一。

2．核销制度的取消

为大力推进贸易便利化，进一步改进货物贸易外汇服务和管理，国家外汇管理局、海关总署、国家税务总局决定，自2012年8月1日起在全国实施货物贸易外汇管理制度改革，并相应调整出口报关流程，优化升级出口收汇和出口退税信息共享机制。

自改革之日起，取消出口收汇核销单（以下简称核销单），企业不再办理出口收汇核销手续，国家外汇管理局分支局（以下简称外汇局）对企业的贸易外汇管理方式由现场逐笔核销改变为非现场总量核查。外汇局通过货物贸易外汇监测系统，全面采集企业货物进出口和贸易外汇收支逐笔数据，定期比对、评估企业货物流与资金流总体匹配情况，便利合规企业贸易外汇收支；对存在异常的企业进行重点监测，必要时实施现场核查。

（二）出口退税政策及要求

1．出口退税政策

出口退税（export rebates）是指对已报关离境的出口货物，将其在出口前的生产和流通各环节已缴纳的国内增值税或者消费税等间接税款部分或全部退还给出口企业的一项税收制度，由出口企业所在地国家税务局批准退还。那么，国家为什么要实行出口退税政策呢？

出口退税是一项国际惯例，主要通过退还出口货物在国内的已纳税款来平衡出口产品的税收负担，使本国产品以不含税成本进入国际市场，与国外产品在同等条件下进行竞争，从而避免国际双重征税，提高商品国际竞争力；也使企业及时收回投入经营的流动资金，加速资金周转，降低出口成本，提高企业经济效益。

1985年3月，国务院正式颁发了《关于批转财政部〈关于对进出口产品征、退产品税或增值税的规定〉的通知》，规定从1985年4月1日起实行对出口产品退税政策。此后，对出口产品的出口退税进行过多次调整。根据《中华人民共和国增值税暂行条例》《中华人民共和国消费税暂行条例》，国家税务总局专门制定的《出口货物退（免）税管理办法》的有关规定，有出口经营权的企业出口或代理出口的货物，除另有规定外，可在货物报关出口并在财务上做销售后，凭有关凭证按月报送税务机关批准，退还或免征增值税和消费税。

对于出口企业来说，其收入主要有两大来源：一是商品出口外汇收入；二是出口退税收入。近年来，随着汇改、人民币升值，进出口企业的利润空间不断压缩，及时足额地收到出口退税对企业提高经营效益举足轻重。国家为了扶持出口企业，近年来也加快了退税的速度，出口企业也越来越重视退税工作，企业一般都设有专门的退税财务人员。明确出口退税工作不只是财务部门单方面的事情，而是与每一个业务员紧密相关，实际上退税资料的收集、核对、退回重开等也主要由业务员负责，因为退税退不下来就意味着某一单业务、某一业务员或某一部门的收入减少，甚至造成公司的亏损。

2. 出口退税的基本条件

一般情况下，出口企业向税务机关申请办理退（免）税的货物除另有规定外，必须同时具备以下4个条件。

① 必须是增值税、消费税征收范围内的货物。增值税、消费税的征收范围，包括除直接向农业生产者收购的免税农产品以外的所有增值税应税货物，以及烟、酒、化妆品等11类列举征收消费税的消费品。

② 必须是报关离境出口的货物。货物是否报关离境出口，是确定货物是否属于退（免）税范围的主要标准之一。凡在国内销售、不报关离境的货物，如宾馆、饭店等收取外汇的货物等，均不得视为出口货物予以退税。

③ 必须是在财务上做销售处理的货物。出口货物只有在财务上做销售处理后，才能办理退（免）税，对非贸易性的出口货物，如捐赠的礼品、样品、展品、邮寄品等，因其一般在财务上不做销售处理，故不能退（免）税。

④ 必须是已收汇的货物。按照现行规定，出口企业申请办理退（免）税的出口货物必须是已收外汇的货物。

3. 出口商品的退税率

根据国家税务总局编制的20110201A版出口商品退税率文库，目前我国现行出口货物增值税退税率共有16%、15%、13%、9%、6%、5%、0%七档。一般来说，加工程度越高的商品，退税率越高。近几年来我国不断调整出口退税率，一方面提高我国拥有较多知识产权的信息技术等产品的出口退税率，另一方面降低或取消了“两高一资”（高能耗、高污染、资源性）出口产品的退税率。

4. 办理出口退税的时间要求

税务部门对退税严格规定了时间，现外贸企业所发生的部分单号不能退税的主要原因之一就是超过了规定的时间，这是无法补救的。因此，外贸企业做好退税工作的关键之一就是强调退税的时效性，业务员更要铭记于心。出口企业在办理出口退税时，应注意3个时限规定。

① 30天。外贸企业购进出口货物后，应及时向供货企业索取增值税专用发票或普通发票。增值税专用发票办理认证手续的时间为出票之日起30天内，超过时间发票作废。

② 90 天。外贸企业必须在货物报关之日[以出口货物报关单（出口退税专用）上注明的出口日期为准]起 90 天内办理出口退税申报手续，生产企业必须在货物报关出口之日起 90 天内申报免抵退税，过期则不能申报退税。如果无法及时收集有关退税资料，则要办理出口货物退税延期申报。

（三）出口退税业务流程

出口企业在产品报关出口，并在财务上做完销售处理后，按月、旬逐批填写出口产品退税申请书，报主管出口退税税务机关申请退税。我国税务部门规定，出口企业在首次申请退税的 1 年之内，不采用出口退税备案制，必须凭出口退税申报表和“两单两票”等向税务部门申报退税，经税务机关审核无误后，退还有关税款。其中，“两单两票”是指出口报关退税单、结汇水单、商业发票、出口购货发票。

近年来，由于中国电子口岸系统的建设不断完善，通过通信手段就可以监管到一笔交易的各个环节，出口报关、银行收汇都可以通过中国电子口岸系统监管，大大提高了监管的效率，简化了退税的手续。目前，出口企业在向税务部门申请出口退税时，只要向税务部门提供出口报关单（退税联）即可。税务部门可通过中国电子口岸系统核查其他的单据和手续。“两单两票”由企业保管，以便随时备查。出口退税程序如图 8-3 所示。

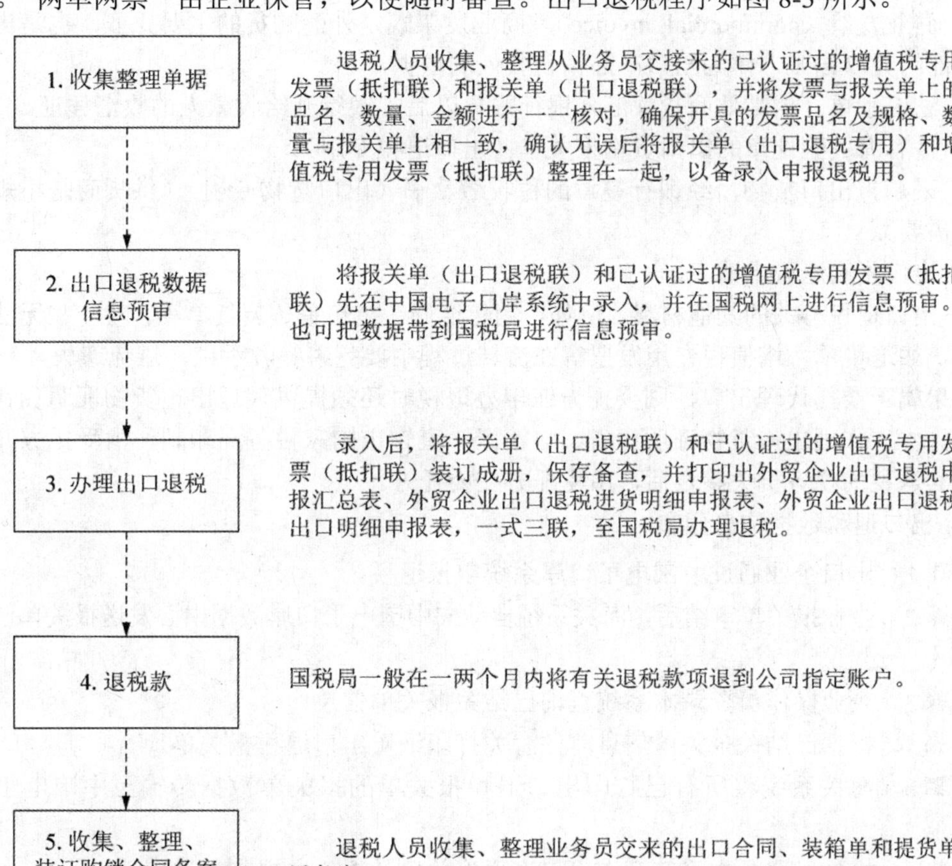

图 8-3　出口退税程序

出口企业在办理出口退税之前应先办理出口退税登记，即在取得外贸出口经营权的证明文件、工商行政管理部门核发的工商营业执照和税务机关核发的税务登记证明后，持出口经营权批件（复印件）和工商营业执照（副本），于批准日起30天内到当地主管退税业务的税务机关办理退税登记。企业领到出口企业退税登记表后，即按登记表及有关要求填写，加盖企业公章和有关人员印章后，连同出口产品经营权批准文件、工商营业执照、经海关盖有验讫章的商品出口报关单、商业发票、出口购货发票、结汇水单、产品征税证明和与出口退税有关的其他材料等一起报送当地外贸行政管理部门稽核签章，然后报所在地主管退税的税务机关。退税机关审核后发给出口企业退税登记证。

1．收集整理单据

国家为了打击日益猖獗的偷税骗税犯罪行为，连续出台了《国家税务总局关于出口货物退（免）税实行有关单证备案管理制度（暂行）的通知》（国税发2005年199号）及补充通知（2006年9月30日国税函904号），对退税单证进行了规范。一般外贸公司根据这一通知精神，规定业务员每一票业务必须备齐以下单据上交财务部门（业务俗称交单）。

① 购进出口货物的增值税专用发票（抵扣联）。这主要是为了确定出口产品的供货单位、产品名称、计量单位、数量、销售价格，以便划分和计算确定其不含税采购成本等。

② 商业发票（commercial invoice）。商业发票既是外商购货的主要凭证，也是出口企业财会部门凭以记账，作为出口产品销售收入的依据。

③ 结汇水单。这是外商货款汇入银行账户以后，银行开给收款人的收汇凭证。

④ 盖有海关验讫章的出口货物报关单（出口退税专用）。

⑤ 采购拟出口货物，经银行签章的税收缴款书（出口货物专用）（供货商是小规模纳税人时需要）。

⑥ 出口货物退税申请表。

⑦ 出口退税有关的其他材料。例如，销售合同、装箱单、装货单等。对一些无法复制的单据，如退税单、增值税专用发票等在流转过程中要完善签收手续，避免遗失。

如果属于委托代理出口，则委托方在申办退税时还须提供代理出口货物证明和代理出口协议副本。代理出口货物证明由省、自治区、直辖市国家税务局印制，由受托方开具并经主管其退税的税务机关签章后，由受托方交委托方。

2．出口退税数据信息预审

步骤1　出口企业通过中国电子口岸系统申报退税。

步骤2　企业报关单审结后，海关系统自动向中国电子口岸数据中心发送报关单已结关信息。

步骤3　企业操作员登录本系统查询已结关报关单信息。

步骤4　根据已结关报关单信息前往海关打印纸质出口退税报关单。

步骤5　海关系统将所有已打印出口退税报关单的报关单数据传输至中国电子口岸数据中心。

步骤6　操作员登录本系统查询出口退税报关单数据，并提交报送申请。

步骤7　企业提交报送申请后，系统将企业确认的出口退税报关单电子数据传输至国税局。

步骤8　企业操作员持相关纸面单据出口货物的增值税专用发票（已认证）、出口货物

报关单（出口退税专用）等向主管国税局申请出口退税，国税局查询本系统传输的出口退税报关单数据，核对企业的纸面单据，进行出口退税操作。

3. 办理出口退税

单证审核人员将出口企业的退税申报表与企业的原始凭证进行对照审核。

审核结束后，审核人员打印出出口货物退税进货明细表、出口货物销售明细账、出口退税汇总申请表。国税局同意批准退税后，由税票开具人员向出口企业开具收入退还书。

4. 退税款

企业操作员持收入退还书到国税局指定的开户行从出口公司的出口退税专户上划转退税款。

5. 收集、整理、装订购销合同备案

退税人员收集业务人员交来的出口合同、装箱单和提货单以备查。

（四）出口退税收入的计算

出口增值税退税额的计算比较复杂，为了与出口企业的会计核算办法相一致，原《出口货物退（免）税管理办法》规定了两种退税计算办法：一种是出口企业兼营内销和出口货物，且其出口货物不能单独设账核算的，应先对出口的货物免征出口环节增值税，然后对内销货物计算销项税额并扣除当期进项税额后，对未抵扣完的进项税额再用公式计算出口货物的应退税额，这种计算办法简称为“免、抵、退”办法；另一种计算办法是出口企业将出口货物单独设立库存账和销售账记载的，就依据购进出口货物增值税专用发票所列明的进项金额和退税率计算应退税额，由于运用这种办法是对购进的出口货物先缴税，然后纳入国家出口退税计划审批退税，所以简称为“先征后退”办法，主要适用于未按第一种“免、抵、退”办法退税的其他生产企业和外贸企业。

这里只介绍其中最简单的有进出口经营权的外贸企业收购货物直接出口或委托其他外贸企业代理出口货物时的出口退税的计算办法。其计算公式为：

出口应退增值税税额＝外贸不含增值税的采购金额×出口退税率

＝[外贸含增值税采购金额÷（1＋增值税税率）]×出口退税率

式中，外贸含增值税采购金额是指外贸企业的购货成本（或称含税价、采购价）。

外贸企业适用上述计算办法，其前提条件是必须做到对出口货物单独设立库存账和销售账，单独核算出口货物的购进金额和进项税额。外汇人民币牌价应按财务制度规定的两种办法确定，即国家公布的当日牌价或月初、月末牌价的平均价。计算方法一旦确定，企业在一个纳税年度内不得更改。

二、进口业务善后：提货及索赔

（一）提货的程序

载货船舶抵港后，由收货人协助货代办理接货，海关的报关、报检，以及设备交接、提取货物。其具体流程如下。

步骤1　提供进口单据。

① 收货人向货代提供进口全套单据；货代查清此货物由哪家船公司承运、哪家船代操作、在哪里可以换取提货单。

② 进口单据包括带背书的正本提单或电放副本、装箱单、发票、合同（一般贸易）。

③ 货代提前联系场站并确认好提箱费、掏箱费、装车费、回空费。

步骤2　换单。

① 货代在指定船代或船公司后，确认该船的到港时间、地点。如果须转船，则必须确认二程船名。

② 凭提单去船公司或船代换取提货单。

载货船舶到港后，由船公司通知进口货物的收货人凭背书的正本提单（或电报放货的传真件和保函）向船公司或其代理人换取提货单，收货人或其代理凭进口报关单、提货单、合同、发票等向海关申请报关。

步骤3　接货及报检。

进口企业通常委托货代办理接货业务——可在合同和信用证中指定接货代理，此时出口商在填写提单时，在被通知人栏内应填上被指定的货代的名称和地址。如果未在合同或信用证中明示接货代理，则也可由进口企业在收到船方径直寄来的准备卸货通知后自行监卸。但大多数情况下，仍可委托货代作为收货人的代表，现场监卸。

进口货物运达港口后，船方按提单上的地址，将准备卸货通知寄交接货代理，由港务局负责卸货，接货代理应负责现场监卸。在卸货时，港务局应对货物进行检查，如果发现货损货差，要及时填写货损货差报告且交船方签名，并根据短缺情况向船方提出保留索赔权的书面声明。如果卸货发现残损，应将货物存放在海关指定仓库，待保险公司会同商检机构检验后做出处理。

进口货物如果属于法定检验商品，进口商或其代理人须持货运单据和进口货物报关单，并随附对外贸易成交合同、国外供货商开来的发票、装箱单、提单、进口货物通知书等必要单据向口岸商检机构申请办理报检，由口岸商检机构审核，编号登记，并在进口货物报关单上加盖“已接受报检”印章。申请人凭此向海关办理进口报关，海关凭国家商检“已接受报检”印章验关放行，准予卸货。

步骤4　报关（清关）。

报关工作的全部程序分为申报、查验、纳税和结关4个环节。因此，进口企业在提货之前应与海关积极配合，顺利完成进口报关。

进口货物在办完申报、查验、纳税等手续后，由海关在货运单据上签名或盖章放行。未经海关放行的货物，任何单位或个人不得提取。收货人或其代理人必须凭海关签印放行的货运单据才能提取进口货物。货物的放行是海关对一般进出口货物监管的最后一个环节，放行就是结关。但是，对保税货物、特定减免税货物、暂准进出境货物、部分其他进出境货物，必须在补办进口报关手续、缴纳税费后，才能结关。

步骤5　办理设备交接单。

对于整箱货，货代凭带背书的正本提单（或电放放货的传真件和保函）去船公司或船

代的箱管部办理设备交接单。设备交接单是集装箱进出港区、场站时，回箱人、运箱人和箱管人或其代理之间交换集装箱及其他机械设备的凭证，也是管箱人发放集装箱的凭证。它分为进场和出场两种，交换手续均在码头堆场大门口办理。

拼箱货（CFS 条款交货）凭船代业务部进口科的通知单到箱管部交纳进口单证费，然后可凭提货单和分单（散货分提单）到码头直接提取货物，无须办理设备交接单。

步骤 6　提箱。

① 货代凭提货单和拖车公司的提箱申请书到箱管部办理进口集装箱超期使用费、卸箱费、进口单证费等费用的押款手续。

② 如果押款人不是提单上所注明的收货人，则押款人必须出具同意为收货人押款并支付相应费用的保证函（保函）。

③ 押款完毕经船代箱管部授权后到进口放箱岗办理提箱手续，领取集装箱设备交接单，并核对其内容是否正确。

④ 收货人拆空进口货物后，将空箱返回指定的回箱地点。

⑤ 空箱返回指定堆场后，收货人要及时凭押款凭证到箱管部办理集装箱费用的结算手续。

步骤 7　提货。

对整箱货而言，货代或收货人凭提货单联系拖车去船代指定的码头、场站提取。

拼箱货需要到船公司或船代理处取分单，然后凭提货单和分单到码头提取。

（二）索赔的程序

索赔（claim）是指合同一方当事人（受损方）因另一方当事人违约使其遭受损失，而向对方（违约方）提出要求损害赔偿的行为；理赔（settlement of claim）则是指违约方对受损方提出赔偿要求进行处理的行为。索赔和理赔是一个问题的两个方面，对受损害方而言是索赔，对违约方来讲是理赔。如果对方认为索赔不合理，不同意赔偿，称为拒赔。

在国际贸易实践中，损害赔偿最重要，也是最常用的违约补救措施。按照法律的一般规则，受损害的一方当事人在采取其他违约补救措施时，不影响该当事人向违约一方提出损害赔偿的权利。

在进口业务实践中，如果进口商没有收到货物，或者发现收到的货物在品质、数量和包装等方面与合同规定的不符或有残损，可向有关方提出索赔。进口索赔（import claim）事件虽不是每笔交易都会发生，但一旦出现卖方违约或发生货运事故，就应切实做好进口索赔工作。根据造成损失的原因的不同，进口索赔的对象也不同，具体如下。

1. 确定损失的原因及索赔的对象

交易双方当事人中的一方在遭受损失而提出索赔时，首先应查明事故的实际原因，找出责任人，然后做好索赔方案，再向造成损失的责任当事人进行索赔。

根据商品检验的情况，对于不同的损失分清责任方。进口商品的索赔对象主要有发货人、承运人、保险人和其他人 4 类，根据各自的责任范围承担相应的经济责任。

（1）发货人（卖方）责任

一般情况下，由于发货人所造成的货物损失或所交货物不符合合同规定的，大致有以下几种情况。

① 货物的品质、规格等不符合合同规定。

② 疏忽或故意少装，致使交货数量不足，质量短少。

③ 掺杂作假，以次充好，以旧顶新，造成交付的货物品质大大低于合同约定。

④ 包装不良或不符合合同要求造成货物残损。

⑤ 对凭样成交的商品，卖方在谈判交易时，故意使成交小样的品质高于实际交货的品质，致使收货人收到货物时，发现货物的品质不如样品的品质。

⑥ 未按合同规定的交货期限交货或不交货，造成收货人经济损失。

⑦ 因合同签订后市场价格上涨或资金困难等故意违约，不按期装运货物，造成经济损失。

⑧ 错发货物，使收货人丧失市场机会，对其造成经济损失，以及增加仓储运输费用或其他损害。

收货方应视发货人的违约情况和因违约造成损失的大小要求对方履行合同或采取补救措施，同时提出损害赔偿条件。

（2）承运人责任

有时索赔的起因在于承运人的疏忽或过失，如进口货物数量少于提单所载数量或发生残缺，而提单却是清洁提单，表面无不良批注，则多数为承运人的过失。具体如下。

① 短卸。这是指在卸船交货时，由于船方工作失误造成其数量或质量少于提单所列。

② 误卸。这是指误将应卸乙港之货卸在甲港。

③ 短失。这是指发货人确实已经将货物按照发票、装箱单所列交付给运输部门，但由于运输途中货物被盗等造成遗失。

④ 破损。这是指承运人未履行管制货物的基本义务，运输环节人为因素造成的货物破损，如积载不良、配载不当、装卸作业疏忽等造成货物损坏。

⑤ 船舶不具适航条件、设备不良造成所装货物损毁。

⑥ 由于承运人的运输问题造成到货延迟等。

承运人责任还须分清是船方、铁路运输部门，还是航空、邮政部门的责任，须对真正的责任人提出索赔。发生上述情况时，进口商应毫不迟延地将损害事实书面通知承运人，让承运人了解货物灭失或残损、短缺的实际状况，以便确定其赔偿责任。

（3）保险人责任

如果属于自然灾害、意外事故、外来原因或运输装卸过程中其他事故造成的货物受损，并且在保险范围内，那么进口商可以向保险公司索赔。对于属于承运人的过失造成货物残损、遗失，而承运人不予赔偿或赔偿金额不足抵补损失的部分，只要是属于保险公司承保范围之内的，进口商也应向保险公司或其代理人索赔。例如，按CIP条件成交的货物，在运输途中遭遇暴雨致水浸损坏，由于投保了水渍险，进口商可凭保险合同向保险公司索赔。

（4）其他人责任

① 货物自船上（或车上、飞机上）卸下后，因搬运工人疏忽或野蛮装卸造成的货物损

坏，应追究装卸公司的责任。

② 货物自港口运往内地途中发生的短损，由内陆运输部门承担责任。

③ 因银行工作人员未按信用证条件议付货款，或者因误寄、错开、遗失单证等而导致合同某一方利益受到损害，由银行承担责任。

例 8-1 某货代接受货主委托，安排一批茶叶海运出口。货代在提取了船公司提供的集装箱并装箱后，将整箱货交给船公司。同时，货主自己办理了货物运输保险。收货人在目的港拆箱提货时发现集装箱内异味浓重，经查明，该集装箱前一航次所载货物为精萘，致使茶叶受污染。

收货人可向保险公司索赔。对于茶叶的出口，有经验的贸易商会选择投保一切险或在平安险、水渍险上加保串味险。如果投保了相关的险种，根据保险合同，在保险公司承保期间和责任范围内，保险公司应承担赔付责任。收货人还可以向承运人索赔，因为根据运输合同，由承运人提供集装箱时，承运人应提供适合装载茶叶这类易吸味货物的集装箱。由于集装箱存在问题导致茶叶串味，承运人应承担赔偿责任。

2. 确定索赔的金额

如果买卖合同规定了约定的损害赔偿金额，通常应按约定的金额提出索赔；如果合同未做具体规定，应根据有关的法律和进出口贸易业务的实际情况确定损害赔偿金额。根据《联合国国际货物销售合同公约》的规定，索赔的金额应与违约所造成的实际损失相等，即根据商品的价值和损失程度计算，还应包括支出的各种费用，如商品检验费、装卸费、银行手续费、仓库租赁费和利息等。合理的利润也应计入索赔金额。

要正确确定索赔金额，在索赔时，所提出的索赔金额一定要有根据。索赔金额的确定主要以合同中的索赔条款及实际损失的检验鉴定报告为依据。除受损商品的价值外，有关费用也可提出索赔，如商品检验费、装卸费、银行手续费、仓库租赁费、利息等，都可包括在索赔金额内，至于包括哪几项，应根据具体情况而定。

3. 备齐索赔的证明文件

索赔依据是指受损害的一方当事人在提出索赔时必须提供的，证明对方违约事实真相的书面材料。索赔依据包括事实依据和法律依据两个方面：事实依据是指违约的事实、情节及书面证明；法律依据是指买卖合同和适用的法律规定。对于买方来讲，在实际业务中必须保证索赔所需的单据齐全，如果索赔的单据不全，对方可以拒绝。

对外提出索赔要提供足够的证据，其中以商品检验证书最为重要。在办理索赔时，应撰写索赔函、制备索赔清单，随附商检局签发的商检证书、发票、装箱单和提单副本，并可根据不同的索赔对象另附有关证件。

（1）向卖方索赔所需的证明文件

公证检验机构签发的证明货物实际状态的检验鉴定证书；索赔账单或索赔要求函件；提单；发票；装箱单或磅码单；理货报告等其他有关的证明文件。

（2）向承运人索赔所需的证明文件

公证检验机构签发的证明货物实际状态的检验鉴定证书；由船长及港务局理货员签证

的理货报告及船长签发的短卸货损货差证明；索赔账单；提单；发票。

（3）向保险公司索赔所需的证明文件

公证检验机构签发的证明货物实际状态的检验鉴定证书；索赔账单；陆、海、空难证明书；承运人签发的事故证明书；保险单；提单；发票；保险公司与买方的联合检验报告等。

4．及时向索赔责任方发出通知

按照有关法律和国际惯例，进口索赔必须在一定时限内提出方可有效；如果提出索赔要求时已超过了索赔时限，则视为索赔方自动放弃要求索赔的权利。

索赔时限的长短，应根据商品的性质、数量及金额大小、运输条件、港口情况等多方面的因素，由买卖双方在合同中约定。合同中的索赔有效期除具体约定提出索赔的有效时限（天数）外，还应注意签订好索赔的起始时间——一般采用自进口日期、卸毕日期、到场（厂）日期或提单日期起计算。

（1）向卖方索赔的时效

向卖方索赔的期限有约定和法定两种：约定索赔期限是指买卖双方在订立合同时一致同意的索赔期限，约定索赔期限的长短应视货物的性质、运输时间、检验时间等因素而定；如果买卖双方在合同中没有约定索赔期限，则适用法定索赔期限。与约定索赔期限相比，法定索赔期限时间较长，根据《联合国国际货物销售合同公约》的规定，买方必须在发现或理应发现不符情况后一段合理时间内通知卖方，否则就丧失了索赔的权利；最长的索赔时效为自买方收到货物之日起不超过 2 年。如果商检工作持续时间较长，买方可向卖方要求延长索赔期限。

（2）向船公司的索赔时效

根据《海牙规则》的规定，托运人或收货人在收取货物时，如果发现货物灭失或损坏，应在提货之日起 3 天内向运输公司提出索赔的书面通知。如果在提货时，双方已对货物进行了联合检验，托运人或收货人就无须再发出上述索赔通知，有关索赔依据可事后补送。如果货主的索赔未被受理，则诉讼时效为自货物交付之日起 1 年之内。

（3）向保险公司的索赔时效

按照《中国人民财产保险公司关于海洋货物运输保险条款》的有关规定，被保险人发现保险货物受损后，应立即通知当地的理赔、检验代理人进行检验。中国人民财产保险公司规定的索赔时效为 2 年，即从被保险货物在最后卸载港全部卸离海轮后起算，最多不超过 2 年。

5．选择处理索赔的方式

在国际贸易中，对索赔纠纷的处理方式通常有 4 种，即友好协商解决、调解解决、仲裁解决、司法诉讼。这 4 种处理方式各有特点，一般来讲如果买卖双方是长期合作关系，可以采取友好协商解决或调解解决；买卖双方争议激烈，无法通过以上 3 种方式解决的，不得已才会采用向法院提起诉讼的方式来解决索赔问题。采用诉讼方式耗时长、费用高，还影响当事人之间的关系和日后的贸易交往，故应慎用。国际贸易仲裁是解决国际贸易争议普遍采用的方式。

（三）索赔函的撰写

1. 索赔函的概念

索赔函是指合同争议或纠纷发生后，买卖合同中的一方，以法律法规和双方签订的合同条款为根据，具体指出对方违反合同的事实，提出要求赔偿损失或维护其他权利的书面材料。

索赔函电的撰写是索赔过程中必不可少的一项环节。对于索赔函电的撰写，索赔方要实事求是，据理力争，这样有利于纠纷的妥善解决。如果双方措辞激烈、剑拔弩张、咄咄逼人，或者非分奢望、赖账狡辩，则无助于纠纷的解决，最终很可能会适得其反。

2. 索赔的理由

索赔的原因千差万别，所以对不同的索赔对象有不同的理由。一般来讲，买方对卖方索赔的理由有以下几点。

① 质量不符合合同标准。

② 数量短缺。

③ 包装不完善。

④ 运输拖延。

⑤ 违反合同规定并按合同约定可以索赔的其他事项。

3. 索赔函的结构

索赔函作为一封英文函电，需要具备正式英文函电要求的完整格式，由标题、编号、受函者、正文、附件、签署6个部分组成。

（1）标题

标题的形式比较灵活，既可以根据实际情况写成包括索赔事由文种的完全标题样式，如《关于××的索赔函》，也可以简明扼要地写成不包括索赔事由而只写文种的简单标题形式，如《索赔函》。

（2）编号

编号是为了联系与备查用的，写在右上角，一般由年号、代字、顺序号组成。

（3）受函者

写受理索赔者的全称。

（4）正文

缘起，提出引起争议的合同及其争议的原因；索赔理由，具体指出合同项下的违约事实及根据，告知对方对自己造成的损失及影响；索赔要求和意见，根据合同及有关国家的商法、惯例，向违约方提出要求赔偿的意见或其他权利；希望对方尽快办理。

（5）附件

为解决争议，以有关的说明材料、证明材料、来往的函电作为附件。

（6）签署

写明索赔者所在地和全称及致函的日期。

资料卡

范文1

Dear ×××,

Upon examining your first delivery, we find that it does not contain the assortment which we ordered. Undoubtedly, you have made an error. We would like to hear from you on this immediately.

While awaiting words from you, we are holding the goods for your disposal in our warehouse.

Sincerely,

April 15, 2018

范文2

Dear Sirs,

Re:Our Order No.AC869

The 350 coffee sets supplied to the above order arrived at Shanghai on schedule but 20 of them were found badly damaged.

The packages containing the coffee sets appeared to be in good condition and we accepted and signed for them without question. We unpacked the coffee sets with great care and can only assume that the damage must be due to careless handling at some stage prior to packing.

We shall be glad if you will replace all 20 sets as soon as you can. Meanwhile, we have put the damaged coffee sets aside in case you need them to support a claim with your suppliers for compensation.

Yours faithfully,

(sgd)

Encl.

能力实训题

任务一　出口业务善后：退税

1．画出口退税的流程图。

2．5月30日，美源公司收到报关行转来的报关单（退税联）和场站收据（副本）。当日，业务员制作和整理退税的有关单据，并及时交公司财务税管员签收。试问：申请退税应提交什么单据？

3．北京旺通外贸有限公司的一笔业务资料如下：CIF总额为35 817.60美元，运费1 200美元，保险费354美元；采购时取得的增值税专用发票上标注总额为163 800元人民币（销售额140 000元，增值税税额23 800元）。已知10月15日USD/CNY＝6.35，增值税税率为16%，出口退税税率为13%。试问：北京旺通外贸有限公司应该拿到多少退税款？

4. 某外贸企业于2018年10月从某日化厂购进化妆品（包括口红、指甲油、胭脂等）直接出口，取得的防伪税控系统开具的增值税专用发票，标注总额为585万元（即含增值税采购金额）。该批出口货物成交价格为670万元，同时支付境内运费2万元。试问：该业务如何计算应退增值税税额（化妆品增值税税率为16%，出口退税税率为13%）？

任务二 进口业务善后：提货及索赔

1. 某商人从国外进口一批初级产品，CIF即期信用证付款。开证行、开证人已审单付款，并已将收到的货物向银行做了抵押货款后发现该批货物的提单日期倒签。试问：买方是否有权以提单倒签而开证行未审出为由向开证行提出索赔？买方是否可以向卖方、承运人索赔？

2. 美国公司从外国公司进口一批普通冷冻鸡，合同规定卖方应在9月底以前装船，但卖方推迟到10月10日才装船。货到美国后，美国进口商拒绝收货并主张撤销合同。双方发生争议。试问：在上述情况下，美国进口商能否拒收货物和主张撤销合同？为什么？

3. 我某出口企业按FCA上海机场条件向印度A进口商出口手表一批，货价5万美元，规定交货期为8月份，自上海空运至孟买；支付条件：买方由孟买××银行转交的航空公司空运到货通知即期全额电汇付款。我出口企业于8月31日将该批手表运到上海虹桥机场交由航空公司收货并出具航空运单，我方随即向印商用电传发出装运通知。航空公司于9月2日将该批手表运到孟买，并将到货通知连同有关发票和航运单送孟买××银行。该银行立即通知印商前来收取上述到货通知等单据并电汇付款。此时，国际市场手表价下跌，印商以我交货延期，拒绝付款、提货。我出口企业则坚持对方必须立即付款、提货。双方争执不下，遂提起仲裁。试问：仲裁结果如何？说明理由。

4. 某公司与外商签约出口一批货物，合同中规定了仲裁条款，且仲裁地点为北京。在履行合同时双方对货物品质发生争议，外商在其本国法院起诉我方，且发来了传票传我方公司出庭应诉。试问：我方是否应到国外应诉？为什么？

5. 索赔案例。

① 江苏水产品进出口公司从日本进口了一批鱼粉，经检查有200袋破损，脏鱼粉无法再做饲料。中国公司认为船公司无责任，因为在袋子装上船之前已经损坏，并给日本公司寄去了商检机构出具的商检报告。日本公司承认自己没有按合同规定采用新塑料袋包装，并且会赔偿中国公司所遭受的一切损失。

请分别扮演中国公司和日本公司进行索赔及理赔，并撰写索赔函和理赔函。

② 2018年11月，一家中国服装公司进口了一批牛仔特制纽扣。货到检验时发现，不仅纽扣数量短少，而且根本达不到合同规定的规格和性能要求。公司于2018年11月20日给国外客户写信，提出换货或电汇偿还CIF价款要求，同时要求其赔偿己方已支付的检验费85美元。

外国公司积极处理此事，2019年1月18日回函表明知悉此事，对中国公司寄送的商检机构出具的检验报告表示认可，证明其所交货物数量短少。经查，外国公司承认此次短少系外方工作疏忽所致，并决定下周以空邮方式将其补齐，向客户保证今后不再发生此事。

根据上述索赔案例情形，请分别扮演中国公司和外国公司进行索赔、理赔。

附录

海关总署等三部委：2012年8月起取消出口收汇核销单

国家外汇管理局、海关总署、国家税务总局《关于货物贸易外汇管理制度改革》的公告

为大力推进贸易便利化，进一步改进货物贸易外汇服务和管理，国家外汇管理局、海关总署、国家税务总局决定，自2012年8月1日起在全国实施货物贸易外汇管理制度改革，并相应调整出口报关流程，优化升级出口收汇与出口退税信息共享机制。现公告如下。

一、改革货物贸易外汇管理方式

改革之日起，取消出口收汇核销单（以下简称核销单），企业不再办理出口收汇核销手续。国家外汇管理局分支局（以下简称外汇局）对企业的贸易外汇管理方式由现场逐笔核销改变为非现场总量核查。外汇局通过货物贸易外汇监测系统，全面采集企业货物进出口和贸易外汇收支逐笔数据，定期比对、评估企业货物流与资金流总体匹配情况，便利合规企业贸易外汇收支；对存在异常的企业进行重点监测，必要时实施现场核查。

二、对企业实施动态分类管理

外汇局根据企业贸易外汇收支的合规性及其与货物进出口的一致性将企业分为A、B、C三类。A类企业进口付汇单证简化，可凭进口报关单、合同或发票等任何一种能够证明交易真实性的单证在银行直接办理付汇，出口收汇无须联网核查；银行办理收付汇审核手续相应简化。对B、C类企业在贸易外汇收支单证审核、业务类型、结算方式等方面实施严格监管，B类企业贸易外汇收支由银行实施电子数据核查，C类企业贸易外汇收支须经外汇局逐笔登记后办理。

外汇局根据企业在分类监管期内遵守外汇管理规定情况进行动态调整。A类企业违反外汇管理规定将被降级为B类或C类；B类企业在分类监管期内合规性状况未见好转的，将延长分类监管期或被降级为C类；B、C类企业在分类监管期内守法合规经营的，分类监管期满后可升级为A类。

三、调整出口报关流程

改革之日起，企业办理出口报关时不再提供核销单。

四、简化出口退税凭证

自 2012 年 8 月 1 日起报关出口的货物以海关“出口货物报关单（出口退税专用）”注明的出口日期为准（下同），出口企业申报出口退税时，不再提供核销单；税务局参考外汇局提供的企业出口收汇信息和分类情况，依据相关规定，审核企业出口退税。

2012 年 8 月 1 日前报关出口的货物，截至 7 月 31 日未到出口收汇核销期限且未核销的，按本条第一款规定办理出口退税。

2012 年 8 月 1 日前报关出口的货物，截至 7 月 31 日未到出口收汇核销期限但已核销的及已到出口收汇核销期限的，均按改革前的出口退税有关规定办理。

五、出口收汇逾期未核销业务处理

2012 年 8 月 1 日前报关出口的货物，截至 7 月 31 日已到出口收汇核销期限的，企业应不迟于 7 月 31 日办理出口收汇核销手续。自 8 月 1 日起，外汇局不再办理出口收汇核销手续，不再出具核销单。企业确须外汇局出具相关收汇证明的，外汇局参照原出口收汇核销监管有关规定进行个案处理。

六、加强部门联合监管

企业应当严格遵守相关规定，增强诚信意识，加强自律管理，自觉守法经营。国家外汇管理局与海关总署、国家税务总局将进一步加强合作，实现数据共享；完善协调机制，形成监管合力；严厉打击各类违规跨境资金流动和走私、骗税等违法行为。

本公告涉及有关外汇管理、出口报关、出口退税等具体事宜，由相关部门另行规定。之前法规与本公告相抵触的，以本公告为准。自 2012 年 8 月 1 日起，本公告附件所列法规全部废止。

特此公告。

二〇一二年六月二十七日

参 考 文 献

[1] 中国国际贸易学会商务专业培训考试办公室. 外贸业务理论与实务[M]. 北京：中国商务出版社，2012.

[2] 章安平. 进出口业务操作[M]. 北京：高等教育出版社，2012.

[3] 张军. 国际贸易实务：货物进出口业务操作流程[M]. 南京：南京大学出版社，2011.

[4] 刘淑芳. 出口贸易模拟操作教程[M]. 大连：东北财经大学出版社，2012.

[5] 祝卫，程洁，谈英. 出口贸易模拟操作教程[M]. 上海：上海人民出版社，2012.

[6] 黎孝先、石玉川. 国际贸易实务[M]. 北京：对外经贸大学出版社，2012.

[7] 王虹，耿伟. 外贸英语函电[M]. 北京：清华大学出版社，2013.

[8] 童宏祥. 进出口贸易业务模拟实训与操作指南[M]. 上海：上海财经大学出版社，2011.

[9] 倪军，严新根，殷宝庆. 新编国际贸易实务[M]. 北京：电子工业出版社，2013.

[10] 帅建林. 国际贸易实务[M]. 北京：对外经贸大学出版社，2012.

[11] 姚大伟. 国际商务单证理论与实务[M]. 上海：上海交通大学出版社，2010.

[12] 上海市对外经济贸易教育培训中心. 国际商务单证应试指导[M]. 上海：同济大学出版社，2008.

[13] 王莉. 中小企业外贸一本通[M]. 广州：广东经济出版社，2006.

[14] 中国国际货运代理协会. 国际货运代理理论与实务[M]. 北京：中国商务出版社，2012.

[15] 海关总署报关员资格考试教材编写委员会. 2013 年版报关员资格全国统一考试教材[M]. 北京：中国海关出版社，2013.

尊敬的老师：

您好。

请您认真、完整地填写以下表格的内容(务必填写每一项)，索取相关图书的教学资源。

教学资源索取表

<table>
<tr><td>书　名</td><td colspan="3"></td><td>作者名</td><td></td></tr>
<tr><td>姓　名</td><td></td><td>所在学校</td><td colspan="3"></td></tr>
<tr><td>职　称</td><td></td><td>职　务</td><td></td><td>职　称</td><td></td></tr>
<tr><td rowspan="2">联系方式</td><td>电　话</td><td colspan="2"></td><td>E-mail</td><td></td></tr>
<tr><td>QQ号</td><td colspan="2"></td><td>微信号</td><td></td></tr>
<tr><td>地址（含邮编）</td><td colspan="5"></td></tr>
<tr><td>贵校已购本教材的数量(本)</td><td colspan="5"></td></tr>
<tr><td>所需教学资源</td><td colspan="5"></td></tr>
<tr><td>系/院主任姓名</td><td colspan="5"></td></tr>
</table>

系 / 院主任：____________（签字）

（系 / 院办公室公章）

20____年____月____日

注意：

① 本配套教学资源仅向购买了相关教材的学校老师免费提供。

② 请任课老师认真填写以上信息，并请系 / 院加盖公章，然后传真到 (010) 80115555 转 718438 索取配套教学资源。也可将加盖公章的文件扫描后，发送到 fservice@126.com 索取教学资源。欢迎各位老师扫码关注我们的微信号和公众号，随时与我们进行沟通和互动。

③ 个人购买的读者，请提供含有书名的购书凭证，如发票、网络交易信息，以及购书地点和本人工作单位来索取。

微信号

公众号

反侵权盗版声明